二战全史

徐 谦 编著

1939 - 1945

辽海出版社

图书在版编目（CIP）数据

二战全史 / 徐谦编著 . — 沈阳：辽海出版社，2019.1
ISBN 978-7-5451-5254-8

Ⅰ . ①二… Ⅱ . ①徐… Ⅲ . ①第二次世界大战－历史 Ⅳ . ① K152

中国版本图书馆 CIP 数据核字（2019）第 033027 号

二战全史

责任编辑：柳海松
责任校对：丁 雁
装帧设计：廖 海
开　　本：630mm×910mm
印　　张：14
字　　数：237 千字
出版时间：2019 年 3 月第 1 版
印刷时间：2019 年 3 月第 1 次印刷

出版者：辽海出版社
印刷者：北京一鑫印务有限责任公司

ISBN 978-7-5451-5254-8　　　　　定　价：68.00 元
版权所有　翻印必究

前　言

　　1945年9月2日，在停泊于日本东京湾的美国海军最大战舰"密苏里号"上，隆重举行了日本向盟国总投降的受降仪式。至此，人类历史上规模最大、破坏最严重、影响最深的全球性战争——第二次世界大战终于结束了。

　　回首6年战争的日日夜夜：1939年9月1日，德国闪击波兰，英法随即对德宣战，第二次世界大战全面爆发。1940年，德军装甲席卷整个欧洲大陆，法国战败投降。6月10日，意大利向英法两国宣战，战火烧到了地中海和非洲。1940年7月16日，希特勒开始实施入侵英国的"海狮计划"，之后德国开始对英国城市进行密集轰炸。1941年6月22日，德国撕毁《苏德互不侵犯条约》入侵苏联，苏德战争爆发，二战规模扩大。1941年12月7日，日本偷袭珍珠港，太平洋战争爆发。次日下午，美国对日宣战，随后20多个国家包括中国正式对日宣战。1942年7月~1943年2月的斯大林格勒战役，苏联胜利，成为二战转折点。1943年9月3日，意大利无条件投降。1944年6月6日，盟军在诺曼底登陆，开辟了欧洲第二战场，德军全面溃败。1945年2月，美国、英国、苏联三国首脑在苏联雅尔塔召开会议，决定彻底消灭德国法西斯势力。1945年5月7日，德国无条件投降。1945年8月，美国投掷原子弹轰炸日本广岛和长崎。接着苏联对日宣战。8月15日，日本宣布无条件投降。

　　战争最激烈时，全球有61个国家和地区参战；20亿以上的人口被卷入战争；战火遍及欧洲、亚洲、南美洲、北美洲、非洲及大洋洲；

战线遍布大西洋、太平洋、印度洋及北冰洋；约9000余万人死亡；钱财损失约4万亿美元；大量房屋受破坏，工厂、农庄、铁路和桥梁的损坏则难以估计。战争不只是战场上的搏杀。西方著名军事理论家克劳塞维茨说过："战争不仅是一种政治行为，而且是一种政治工具，是政治交往的继续。"硝烟背后，政治巨头的决断主宰着战争，各种力量的演化扭曲着战争，无处不在的谍影影响着战争……二战的意义早已超出一场战争，它是世界历史的一个重要标识，也是人类文明的转折点，其影响延续至今。

本书力争完整重现第二次世界大战的全过程，详细解读前因后果，客观点评政治经济，拨开迷雾，还原历史真相，破解重重谜团。不仅从宏观上讲述战争，而且从细微之处着眼，努力搜寻历史的蛛丝马迹，为读者呈现出不一样的全史。

美国前总统富兰克林·罗斯福曾经说过："相对于战争结束来说，我们更希望所有的战争本就没有爆发。"唯愿人们在回眸二战时，多一些沉思和省悟，更加珍惜今日的和平与安宁。

目 录

序幕：战争阴云

一、凡尔赛播下的劫难恶种 ………………………………… 1
   德国——两次世界大战的罪魁祸首 …………………… 1
   凡尔赛宫镜厅见证冤冤相报 ……………………………… 2
   英法美各怀鬼胎 …………………………………………… 3
   "强盗和掠夺者的条约" …………………………………… 5
   世界经济危机点燃法西斯火药 …………………………… 7

二、墨索里尼乱世崛起 ………………………………………… 9
   "贝尼托"原来是英雄的名字 ……………………………… 9
   立志"让世界发抖"的顽童 ……………………………… 10
   经营《前进报》 …………………………………………… 11
   "战斗的法西斯" …………………………………………… 13
   决斗，用剑术击败政敌 …………………………………… 15
   黑衫党向罗马进军——夺权 ……………………………… 17

三、德意志再度疯狂 …………………………………………… 19
   流浪汉加入德国工人党 …………………………………… 19
   发布于小啤酒馆中的25条纲领 …………………………… 21
   纳粹党手里的"社会主义" ……………………………… 22
   从冲锋队到党卫军 ………………………………………… 23
   未遂的啤酒馆政变 ………………………………………… 25

审判：希特勒的狡辩 ……………………………………… 27
兰德斯堡与《我的奋斗》 ……………………………… 28
登上权力之巅 …………………………………………… 30

四、日本扰动远东 …………………………………………… 32
"开拓万里波涛"，将"国威布于四方" ……………… 32
一代枭雄的"爱国之情" ……………………………… 34
东三省飘起了青天白日满地红 ………………………… 36
宁予外贼不予家奴 ……………………………………… 37
黄浦江中流的是血 ……………………………………… 39
"兵是有的，不过要留着打红军" ……………………… 41

开场：远东硝烟

一、日本全面侵华 …………………………………………… 44
"二二六"法西斯军事政变 …………………………… 44
对内扩充军备，对外勾结德国 ………………………… 46
西安事变和平解决 ……………………………………… 48
卢沟桥上的枪声 ………………………………………… 50

二、淞沪血战 ………………………………………………… 52
张治中要主动出击 ……………………………………… 52
中国军队进攻受挫 ……………………………………… 54
一寸山河一寸血 ………………………………………… 56
蒋介石嫡系耗尽，各路军阀来援 ……………………… 58
日军金山卫登陆，淞沪会战告终 ……………………… 60

爆发：欧洲沦陷

一、波兰覆亡：一场"鹰击羔羊的悬殊对决" …………… 64
"白色方案"秘密出台 ………………………………… 64

《苏德互不侵犯条约》……………………………………… 66
德国遭波兰"进攻"………………………………………… 67
一号作战指令……………………………………………… 69
闪击战的"实验场"………………………………………… 71
奇怪的战争：西线的英法"宣而不战"…………………… 73
不甘寂寞的苏联…………………………………………… 75

二、闪电战继续逞威……………………………………… 77
为了铁矿，希特勒决定先发制人………………………… 77
丹麦和挪威的不同反应…………………………………… 79
挪威被攻陷………………………………………………… 81
"黄色计划"………………………………………………… 83
比利时无条件投降………………………………………… 85

三、德国在西线的胜利…………………………………… 87
不设防的马其诺防线……………………………………… 87
"绥靖者"张伯伦下台……………………………………… 89
敦刻尔克——炼狱还是奇迹……………………………… 91
巴黎不设防………………………………………………… 93
法国投降——又见贡比涅森林…………………………… 95
戴高乐在伦敦树起"自由法国"的旗帜………………… 97

激战：苏德大战

一、"巴巴罗萨计划"，让全世界震惊……………………… 100
恶魔的眼睛转向东方……………………………………… 100
"巴巴罗萨计划"…………………………………………… 102
斯大林不相信苏联遭进攻………………………………… 104
"两个月内消灭苏联"……………………………………… 105
"特急，国家机密，大使亲收"…………………………… 106

战争爆发 ……………………………………………… 107
大地在脚下颤动 ………………………………………… 109
坦克部队的激烈交锋 …………………………………… 110

二、苏联初战失利 …………………………………… 111
布列斯特要塞 …………………………………………… 111
激战格罗德诺 …………………………………………… 113
扎紧"死亡口袋" ………………………………………… 114
斯大林杀一儆百 ………………………………………… 116
强渡第聂伯河 …………………………………………… 117
"最后一道大门" ………………………………………… 120
封锁列宁格勒 …………………………………………… 122
基辅大合围 ……………………………………………… 124

三、希特勒发动"台风"攻势 …………………… 125
希特勒南北分兵 ………………………………………… 125
希特勒制造"台风" ……………………………………… 127
朱可夫临危受命 ………………………………………… 128
军事总动员 ……………………………………………… 130
宛如离弦的利箭 ………………………………………… 131

四、莫斯科城下大决战 …………………………… 133
上帝再次拯救了这片土地 ……………………………… 133
斯大林的电话 …………………………………………… 133
正西面突击 ……………………………………………… 135
包克说："我已到了山穷水尽的地步" ………………… 136
"真正的对手" …………………………………………… 137
"最黑暗悲惨的一天" …………………………………… 138
反攻！反攻！ …………………………………………… 138

反攻：光复欧洲

一、进军西西里 ······ 140
- 难产的"赫斯基"计划 ······ 140
- 海空权的激烈争夺 ······ 143
- 古佐尼劳思伤神 ······ 145
- 二将争功 ······ 147
- 墨索里尼下台 ······ 150
- 营救墨索里尼 ······ 152

二、会议桌上的较量 ······ 154
- 赫尔莫斯科之行 ······ 154
- 德黑兰三巨头会晤 ······ 157
- "联合国"的设想、战后德国问题和波兰问题 ······ 159

三、诺曼底登陆——史上最长的一日 ······ 160
- "霸王"计划 ······ 160
- 史上最重要的天气预报 ······ 162
- 艰难的登陆战 ······ 165
- 刺杀希特勒 ······ 168
- 施道芬堡是谁 ······ 169
- "眼镜蛇"行动 ······ 171
- 巴黎解放 ······ 172

四、苏军大反攻 ······ 175
- 解放列宁格勒 ······ 175
- 名将瓦杜丁之死 ······ 177
- 白俄罗斯战役 ······ 179
- 华沙起义 ······ 182
- 进军东欧 ······ 185

五、百万盟军前进！ ······ 186
    盟军向德国边界推进 ······ 186
    希特勒在阿登地区的反扑 ······ 189
    艾森豪威尔放弃占领柏林 ······ 193
    易北河会师 ······ 195

六、雅尔塔会议——确立战后新秩序 ······ 196
    准备——马耳他会议 ······ 196
    罗斯福身体状况恶化 ······ 199
    战后德国的处置 ······ 200

尾声：日本投降

一、重返菲律宾之战 ······ 203
    盟军突破"太平洋防波堤"——马里亚纳群岛 ······ 203
    攻破日本防卫大门——塞班岛 ······ 205
    东条英机内阁垮台 ······ 207
    莱特湾海战 ······ 209
    美军重返菲律宾 ······ 211

序幕：战争阴云

一、凡尔赛播下的劫难恶种

德国——两次世界大战的罪魁祸首

20世纪被称作"流血的世纪"，两次世界大战都发生在这个世纪。尤其是第二次世界大战，是近五百年来人类社会所进行的规模最大、伤亡最惨重、破坏程度最深的全球性战争。第一次世界大战结束的时候，人们被它空前的残酷所震惊，开始对战争深恶痛绝。殊不知，第二次世界大战的种子，恰恰埋在第一次世界大战结束的地方。

两次世界大战的罪魁祸首都是德国。德国位于欧洲中部，是一个后起的资本主义国家，长期来一直是一个小国林立的松散联邦。19世纪中期，普鲁士王国发起了德意志统一战争。统一战争期间，普鲁士与欧洲大陆的霸主法国发生冲突，爆发了普法战争。战争由法国发动，但最后普鲁士大获全胜，普鲁士也将战争由自卫战争转化为侵略战争，侵入法国。法国战败后，被迫接受苛刻的条款：把阿尔萨斯和洛林割让给德国，并赔款50亿法郎。而普鲁士则借势统一德国，建立起德意志第二帝国。

统一后的德国工业化进程十分迅猛，很快就超过其他资本主义国家，成为世界上主要的工业国之一。20世纪初期，德国等新兴工业化国家对英法等国主导的世界秩序越来越不满，希望重新瓜分世界。这最终导致了1914年第一次世界大战的爆发。

当德国政府于1914年8月宣战时，德国人民欣喜若狂，包括阿道夫·希特勒在内的德国士兵尤其兴奋。德皇甚至骄傲地宣称德国国内的党派斗争已经结束，"我不再认识党派，我只认识德国人民"。大多数德国人被狂热的民族主义情绪所鼓动，认为战争爆发后就可以愉快地告别沉闷的市民生活，他们希望战争在圣诞节前完美结束。

然而，胜利并没有像德国人想象的那样顺利到来，相反，战争变成令人绝望的拉锯式的消耗战。最终战争从欧洲战争扩展成世界大战，参战国达到 33 个，遍及五大洲，波及世界 1/4 的人口。据统计，"一战"期间各交战国总共动员了 7400 万人走上前线，使用了各种最新型的杀人武器，结果导致约 1000 万人阵亡，2000 万人受伤，500 万人失踪。

大战的头两年里，德国为首的同盟国和英法为首的协约国互有攻守，各有胜负。但 1917 年，美国向德国宣战，极大地改变了局势。一战爆发后，美国一直以中立为名，向交战双方出售军火，大发战争横财。在双方筋疲力尽之时，美国决定插手，于是在 1917 年 4 月 6 日借口德国潜艇攻击美国商船，向德国宣战。美国强大的生产能力，决定了德国的战败只是一个时间问题。

凡尔赛宫镜厅见证冤冤相报

1918 年 11 月 7 日晚，几辆德国汽车插着白旗越过前线阵地，开往对面的法国军营，车里面坐的是德国中央党领袖埃尔茨贝格尔为首的代表团。翌日，德国代表团到达巴黎东北 50 千米处的贡比涅森林——协约国联军总司令福煦元帅的司令部所在地。

费尔迪南·福煦是法国的军事统帅，1851 年生于法国比利牛斯省塔布市。法国在普法战争中的失败，给福煦留下了深深的烙印，战败的悲痛与耻辱使他立下誓愿：入伍当兵，光复阿尔萨斯和洛林！第一次世界大战爆发后，福煦出任新建的法军第 9 军团长；因指挥出色，先后升任北方军团总司令、法军总参谋长等职；1918 年又被推举为协约国联军总司令。

福煦见到德国代表团时，故作惊讶地问道："你们来干什么，先生们？"

埃尔茨贝格尔讪讪地说："我们想听听您的停战建议。"

福煦回答："噢，可是我们没有提过任何停战建议，我们很愿意继续打下去。"

埃尔茨贝格尔顿时满脸通红，只得坦白地承认："我们无法继续打下去了，需要您提出停战条件。"

"啊，这样来说，就不是停战，而是你们来求和。那可就是另一回事了。"

就这样，德国代表团被迫屈辱求和，他们得到的停战条件是：

1. 德国应保证在 15 天内从比利时、法国、卢森堡等国境内的占领区撤退，放弃阿尔萨斯、洛林和罗马尼亚，撤离奥匈帝国和土耳其；

2. 德国应向协约国交出 5000 门重炮和野战炮、3 万挺机枪、2000 架飞机、6艘主力舰、8艘重型巡洋舰、10艘巡洋舰、300艘潜艇、5000台机车和5000辆完好无损的汽车；

3. 由协约国军队占领莱茵河左岸，占领军的给养由德国负担；

4. 德国放弃《布列斯特条约》和《布加勒斯特条约》；

5. 东非的德军应当立即投降；

6. 被德军俘获的人员应当遣返回国，但德军战俘要继续拘留；

7. 继续保持对德国的封锁。

虽然每个条款都很苛刻，但德国代表团最终不得不接受。1918年11月11日德国签署《贡比涅停战协定》，第一次世界大战宣告结束。战事结束后，战胜国便开始磋商召开缔结对德和约会议问题。会议地点最后定在法国巴黎。1919年1月18日，和平会议在著名的巴黎凡尔赛宫镜厅正式开幕，即为巴黎和会。

法国人将会址选在凡尔赛宫，是有深刻用意的。普法战争中，普鲁士军队曾包围巴黎。1871年1月18日，普鲁士国王威廉一世就是在凡尔赛宫镜厅举行的加冕典礼，即德意志皇帝位。2月26日法国接受屈辱的《德法条约》（割让阿尔萨斯和洛林，赔偿50亿法郎）也是在凡尔赛宫。风水轮流转，这次被迫求和的是德国人。法国特意选择凡尔赛宫和1月18日作为和会的开幕地点和时间，显然是为了发泄郁积多年的仇恨。不过，法国人的报复不止于此。

英法美各怀鬼胎

巴黎和会是一战中获胜的协约国集团为缔结和约而召开的。共27国参加，苏维埃俄国没有被邀请。参加巴黎和会的各国代表有1000多人，其中全权代表70人。但实际操纵会议的，是有"三巨头"之称的美国总统托马斯·伍德罗·威尔逊、英国首相戴卫·劳合·乔治和法国总理乔治·克列孟梭。会议标榜通过和约建立世界永久和平，实际上却是一场"分赃"会议。

英、法、美三国的利益并不一致，所以他们参加和会时各自打着小算盘。最后达成的条约则是相互妥协的产物。

法国希望严惩并尽可能地削弱德国。第一次世界大战中，西线战场绝大部分在法国境内，所以法国的代价非常惨重——约500万军民伤亡。再加上德法两国之间的世仇，使得法国提出来的方案具有强烈的复仇情绪。

法国希望取得德国工业的控制权以补偿自身在战争中的损失，这也代表了法国民意。德国投降后,法国军队迅速占领了鲁尔工业区的重要城市,造成大批德国居民无家可归。法国还将该地出产的煤通过铁路运至本国。为对抗法国占领者,德国铁路工人组织了罢工,结果200人被法国当局处死。

克列孟梭代表法国提出了下列主张:象征性地惩罚德国军国主义,包括当众处死德国皇帝,以使德国再也不能恢复到1914年以前的政治格局;法国收回阿尔萨斯和洛林,建立莱茵非军事区,甚至要在法德之间建立一个"莱茵共和国"作为两国之间的缓冲国;德国对战争中法国的损失(包括人员、财产等)进行战争赔偿,将其军力削减至不再对法国构成威胁;由战胜国瓜分德国的海外殖民地;将德国军力削减至较低水平等等。由于这些苛刻的条件,克列孟梭获得了"老虎"的绰号。

虽然许多英国士兵也在战争中丧生,以致英国国内广泛的民意仍希望严惩德国,但英国首相戴维·劳合·乔治还是认为法国的主张过于严厉。英国传统的外交政策是维持一个均衡的欧洲,避免任何一个国家独大。如果法国的主张全部得到满足,就会成为欧洲大陆的超级强国,从而破坏欧陆均势。这不符合英国的长远利益。

另外,乔治担心过于苛刻的条件会激起德国强烈的复仇心理,这不利于争取长期的和平局面。德国还是英国的第二大贸易伙伴,过分削弱德国的经济同样会损害英国经济。总体来讲,英国的要求是:削弱德国军力至较低水平;保证英国的海上霸权,瓜分德国海外殖民地;德国进行战争赔偿但不可过分,以免激起德国的复仇心理;帮助德国重建经济。

与英法两国相比,美国总统威尔逊的建议要理想主义得多。早在停战前,威尔逊总统就提出了十四点和平原则,具体如下:

1. 杜绝秘密外交,签订公开的和约;
2. 确保平时和战时海上航行的绝对自由;
3. 取消一切经济壁垒,建立贸易平等条件;
4. 裁减军备;
5. 公正地处理殖民地问题,在决定一切有关主权问题时,既要顾及殖民地人民的利益,也应考虑殖民政府的正当要求;
6. 外国军队撤出俄国,保证俄国可以独立地决定其政治发展和国家发展,欢迎俄国在自己选择的制度下,进入自由国家的社会;
7. 德国军队撤出比利时,恢复比利时的主权;
8. 德国军队撤出法国,法国得到在普法战争中失去的阿尔萨斯和洛林;

9. 根据民族分布的情况，调整意大利疆界；

10. 允许奥匈帝国境内的各民族实行自治；

11. 恢复罗马尼亚、塞尔维亚和门的内哥罗的领土；

12. 承认奥斯曼帝国内的土耳其部分有稳固的主权，但土耳其统治下的其他民族在自治的基础上有不受干扰的发展机会，同时规定达达尼尔海峡要在国际保证下永远开放为自由航道；

13. 重建独立的、拥有出海口的波兰国家，并以国际条约保证波兰的政治、经济独立和领土完整；

14. 根据旨在国家不分大小、相互保证政治独立和领土完整的特别盟约，设立国家联合机构。

十四点原则比英法的主张都更为宽松，也更能让德国民众接受。但是英法却并不买账，尤其是其中的"民族自决"政策，让拥有大片海外殖民地的英国十分不满。美国国内一直盛行孤立主义，民众普遍不希望过分介入欧洲事务。美国民众更不想看到世界大战再次爆发。威尔逊感到过分苛刻的条款会造成德国的复仇心理，战争将无可避免。他的主张是建立国际联盟以维持国际秩序，即国际社会提供保证以避免弱国遭到强国侵略。

威尔逊对建立国际联盟非常热心，不仅因为政治理想主义，而且把它视为美国取代英法称霸世界的根本大计和必经之路。但英法两国对此没什么兴趣，他们心里的头等大事是瓜分德国领土和战争赔款问题。

除了英、法、美之外，参会的意大利、日本等国也都是怀着各自的争霸野心和掠夺计划来参会的。意大利希望取得阜姆港，以使其成为意大利在巴尔干的扩张基地。日本的主要目标则是夺取德国在中国山东的租借地和太平洋上的重要岛屿，以确立日本在东亚地区的优势。最后意大利的要求被驳回，日本的要求却得到了满足。结果，引起了中国人民的强烈愤慨，"五四运动"因此爆发。中国最终也未在和约上签字。

各方代表为了争取各自的最大利益，反复进行着唇枪舌剑，最终经过不断地争吵、角逐、妥协，就协约草案达成了协议。（1919 年 6 月 28 日，德国签署和约，宣告第一次世界大战正式结束。）

"强盗和掠夺者的条约"

虽然法国人极端的报复情绪遭到了英美的部分反对，但最后通过的《凡尔赛和约》对战败国的惩罚依然相当严厉。以致《凡尔赛和约》成为"帝国主义分赃的条约"，列宁则称之为"强盗和掠夺者的条约"。

根据和约规定，德国所有殖民地由主要帝国主义国家以"委任统治"的形式加以瓜分。和约重新划分了德国疆界，使德国失去了重要的工业区，丧失了1/8的领土，1/10的人口，65%的铁矿和45%的煤矿及大部分的海外投资、商船和海军舰队。和约还对德国的军备进行了严格的限制：解散总参谋部，废除义务兵役制，陆军不得超过10万人，海军不得超过1.5万人，不准有主力舰和潜水艇，不许建立空军，禁止拥有飞机、坦克、重炮等武器。另外，德国还必须支付巨额战争赔款。

和约的条款传出去之后，愤怒和屈辱感迅速在德国国内蔓延。德国国民议会呼吁政府"绝不可接受这项条约"。成千上万的德国群众在各处集会，愤怒谴责协约国对德国的掠夺。德国投入第一次世界大战时是抱着抢夺别人殖民地、争夺欧洲霸权的目的。结果由于战败，被迫陷入屈辱的境地，权利丧尽，经济破产，德国人在心理上完全无法接受。

由于民众的强烈反对，起初德国政府拒绝接受条约，德国海军还以自沉舰艇的方式表达对条约的不满。结果激怒了英、法、美、意等战胜国，战胜国向德国发出通牒，警告德国如在6月23日之前仍不同意签署和约，战胜国将向德国重新开战。而此时陆军总司令兴登堡称德军已无力再战。最后德国内部经过激烈的政治斗争，决定接受通牒。6月28日，德国外长米勒和司法部长贝尔在凡尔赛宫镜厅签署和约，德国被迫吞下战败的苦果。

德国是一个骄傲而且富有侵略性的国家。大战期间，德国民众得到的宣传一直是，胜利是必然的。直到战争的最后几个月，德国人依然相信自己会取得最后的胜利。这必然导致大多数德国人无法接受战败的事实，更无法接受苛刻的勒索。

《凡尔赛和约》中涉及赔偿的条款是最具惩罚性的，因为和约制定者认为德国要对发动战争负完全的责任。协约国以及相关的政府确认，德国必须承担德国及其盟国对所有的损失和破坏的责任。而且，协约国和相关政府以及它们的国民所遭受的这些损失和破坏均是德国及其盟国用侵略强加给他们的结果。

这样，德国就需要对四年残酷战争造成的全部物质损失承担责任。而且凡尔赛会议并未明确一个具体的赔偿数字，而是说将组织一个专门赔偿委员会，最终确定赔偿总额。德国提出抗议，因为这相当于让德国签一张空白支票，胜利者爱填多少填多少。但抗议无效。

1921年协约国赔偿委员会宣布了总账单——113亿英镑，且以黄金支付。当这个数字出笼时，甚至协约国的领导人都怀疑德国是否有能力担负这笔巨额赔款。先别说德国方面,协约国都有人看不过去了,最著名的代表人物是经济学家约翰·梅纳德·凯恩斯。凯恩斯认为,这笔天文数字般的赔款将摧毁德国的经济生活。而且这样做也威胁着协约国自身的健康和富裕,因为德国的进口一直远远超过出口。《凡尔赛和约》还剥夺了德国的海外收入,反过来更使德国不可能支付巨额赔偿。

凯恩斯说:"德国失去了所有的殖民地、海外联系和海运商船,同时失去了10%的领土和人口,以及45%的煤矿和65%的铁矿;有200万年轻的男性成为战争的受害者;它的人民已经饱受了四年的饥饿,并承受着巨大的债务;它的货币贬值到以前价值的1/7;它还面临着国内的革命和边境的布尔什维克主义;吞噬一切的四年战争和最终的失败给它在力量和希望上带来了难以估量的损失。"

凯恩斯指责和谈者们是伪君子和政治上的机会主义者,他们对一个公正和持久的和平社会的虔诚只是在"编制诡辩和狡诈之网,它最终给整个条约的外表和本质都笼罩了不真诚的阴影"。

《凡尔赛和约》下的和平是"迦太基式的和平",战胜了德国的法国有点类似在布匿战争中战胜了迦太基并将其彻底摧毁的罗马帝国。但德国并未被真正摧毁。德国依然是个大国,它有6500万人口,而法国人口只有4000万。它还拥有巨大的经济增长潜力,经济发展程度与美国相当。

战胜国对战败国的严厉惩罚,埋下了复仇的种子。长远来看,德国决不会甘心自己的失败,更不会长期容忍《凡尔赛和约》的束缚。几乎从条约签署之日起,德国就埋下了复仇的决心。法国元帅福熙事后评论说:"这不是和平,这是二十年的休战。"

世界经济危机点燃法西斯火药

凡尔赛体系是战胜国与战败国签署的一系列条约,除了对德条约,还有协约国同德国的盟国奥地利签订的《圣日耳曼和约》、同保加利亚签订的《纳依和约》、同匈牙利签订的《特里亚农和约》、同土耳其签订了《色佛尔和约》。

巴黎和会后,各大国之间的利益冲突得到了暂时的抑制。在凡尔赛体系下渐渐形成一种国际"新秩序"。新秩序在调整战胜国之间的矛盾上发挥了一定作用,但其实质依旧是强权政治下的"武力说话",未能从根本上解决各国之间的争议。

可以说,"一战"结束时就埋下了"二战"爆发的种子,地点就在巴黎凡尔赛宫。种子的萌发还需要空气、水、土壤等外部条件。1929年爆发的世界经济大危机，就为"二战种子"提供了恰逢其时的生长条件。

这次危机是资本主义发展史上空前严重、历时最长的一次，从1929年一直持续到1933年。除了时间久之外，这次危机还有以下三个特点：一是地域广。危机从美国爆发之后，很快蔓延到加拿大、日本和欧洲诸国。随后又波及各殖民地半殖民地国家，整个资本主义世界无一幸免。二是多病齐发。工业危机、农业危机、贸易危机和货币信贷危机交织在一起，盘根错节，难以治愈。三是破坏性大。危机期间，整个资本主义世界工业生产下降44%以上，失业人数达4000余万，各国失业率在30%~50%，国际贸易总额下降65.9%。造成的物质损失达2500多亿美元，比第一次世界大战所造成的1700亿美元的损失还要多出800亿美元。

为了转嫁危机，各资本主义国家对世界市场的争夺日趋白热化，甚至不惜以邻为壑。各国纷纷采取保护关税的措施，以阻止外国货物进入本国。先是美国在1930年提高关税，再是英国分别于1931和1932年通过一系列法案，大幅增加关税。其他国家也照葫芦画瓢，从此关税壁垒高筑，国际贸易陷入困境。

面对经济危机，每个国家都从己方的狭隘利益出发，采取损人利己的经济措施，而没有顾及世界经济的整体安全。这就导致1929~1933这四年的大萧条成为两次大战间由和平向战争过渡的历史时期。世界政局和思潮因之发生大的转向，经济领域的贸易摩擦逐步发展为政治对抗乃至军事冲突，最终点燃了第二次世界大战的导火索。

各国进行贸易战的手段是利用廉价商品对他国进行倾销，在金融领域，则纷纷采取放弃"金本位"，让本国货币贬值。带头的是英国，1931年9月英国银行停止英镑的金本位制，英镑大幅贬值。接着瑞典、挪威、日本等50多个国家争相效仿。整个国际金融市场一片混乱。在这一过程中，出现了以某国为核心的集团化对抗。金融联系较为密切的国家组成了英镑集团、美元集团、日元集团等相互对立、封闭的货币集团。最终形成了国家集团对抗的局面。

经济危机对法西斯上台有很大的"帮助"。德国受到的打击十分沉重，危机高峰时的1932年，德国工业产量比1929年下降近一半，失业者到处都是。而统治阶层为把危机转嫁到普通民众身上，又实行了征收新税、削减工资、削减救济金和养老金等政策，致使社会矛盾迅速激化。在这种情势下，法西斯党的影响力迅速扩大，最终为希特勒上台执政铺平了道路。

对日本来说，1929年"大萧条"蔓延过来的时候，使本就动荡的日本政局愈加混乱，经济亦随之恶化。外出逃荒、倒毙路旁、全家自杀、卖儿卖女的事件层出不穷。面对困局，日本财阀产生了建立"强力政权"的冲动，致使以陆军为主力的法西斯势力乘机抬头，利用英美经济危机、中国内乱，加大了入侵中国的步伐。

总之，许多国家的面貌因经济危机而改变。严重的经济危机造成了深刻的政治危机，引起了资本主义国家内部和彼此之间矛盾的空前尖锐化，这就给军事冲突提供了条件。从此，帝国主义列强重分世界和争抢势力范围的"看家本事"——战争又被提上了日程。

二、墨索里尼乱世崛起

"贝尼托"原来是英雄的名字

当全世界都在经济危机中挣扎时，黑暗也在意大利的上空蔓延。这时，一个人正悄悄浮出历史的水面，开始掀起血雨腥风，他便是贝尼托·墨索里尼。

瓦拉诺·迪科斯塔，属意大利东北部普雷达皮奥省。这个地方早在13世纪就已经出名了，文艺复兴时期这里曾诞生过许多知名的人物。1883年7月29日，一声啼哭划破了这个古老村庄的宁静，铁匠亚历山德罗·墨索里尼迎来了他的第一个孩子。亚历山德罗·墨索里尼是早期的意大利社会党党员。他的妻子是一个正直、勤劳、受人尊敬的小学教师。当时在意大利，教师的生活是非常清苦的，不仅工资低微，而且不受社会重视，但她总是以"贫可育人"和"自古雄才多磨难"的思想教导学生。

年轻的墨索里尼夫妇希望自己的儿子长大了也像他们一样，正直地生活，正直地做人，于是给儿子起名贝尼托，表示对墨西哥的民族英雄贝尼托·胡亚雷斯的敬仰。胡亚雷斯1806年出生于印第安人的一个农民家庭，1858~1872年任墨西哥联邦总统。在任期间，胡亚雷斯曾进行了许多重大改革。他废除了教士与军官武士的特权，没收用于教堂建筑以外的一切教会地产，剥夺教会的世俗权利。1862~1867年，他领导人民抗击拿破仑三世组织的墨西哥远征军并获得了胜利，从而推翻了以麦克西米连为傀儡的帝国。他曾兴办印第安人教育，镇压退伍军人暴动与迪亚斯叛乱。亚历山德罗·墨索里尼对胡亚雷斯的英雄事迹十分崇拜，他希望自己的儿子长大成人后要像胡亚雷斯一样，做一个有利于人民的人。

然而，美好的愿望被历史扭曲，贝尼托·墨索里尼，却逐渐成为一战以后黑暗意大利的始作俑者。

立志"让世界发抖"的顽童

名人，无论是正面的还是负面的，出名之后，人们都喜欢探究其成长历程，试图探究出一些成为名人的"规律"，墨索里尼也不例外。

墨索里尼完全出乎父母对他的期待，秉性骄野。他小时候不但淘气，而且霸道，在全村都出了名。同别的孩子玩耍时，他总是充当指挥的角色，而且说一不二。假若有谁不服从他的命令，轻者一顿臭骂，重者一通恶打，就连他的弟弟妹妹也不例外。

1890年，墨索里尼被送到一所离家较远但较有名气的学校，但他野蛮与暴戾的秉性却丝毫没有改变：随意破坏学校纪律，不听教诲，屡教不改，更不懂得尊敬老师，班里许多同学都挨过他的打。有一次，他在课堂上把邻座同学拧得嗷嗷惨叫。老师批评他，他却和老师顶撞起来。老师一气之下，打了他的手板。他认为受了委屈，气呼呼地回到座位上，抄起桌上的墨水瓶就向老师扔去，差一点打中老师的脑袋。还有一次，他同班里一位同学为件小事发生争论，由于辩论不过那个同学，便用铅笔刀把那位同学的手割了一道口子，鲜血直流。学校为严明纪律，最终决定将其开除。

墨索里尼的父母对他虽然非常失望，但仍然设法将他送进了另一所小学继续读书。在新学校里，墨索里尼仍然是个出名的闹事者，老师和同学都对他头疼不已。不过，他的聪明的确是出众的。老师夸奖他是"栋梁之材"，这更助长了他的狂妄。一天，市政府开音乐会，因为不让他进入，他便翻窗而入，抢占了一个座位。在父母的道歉声中，墨索里尼勉强完成了小学学业。

墨索里尼的青少年时代，真是像疾风骤雨，变化莫测。当时社会主义、民主主义、帝国主义、封建极权主义，各种思潮竞相泛滥。在墨索里尼头脑中充斥着种种幻想。他非常向往罗马，希望到罗马一游。不久，他同母亲到拉文纳旅行，瞻仰了大诗人但丁的坟墓，深为但丁的文采所折服。

墨索里尼在政治方面受父亲的影响很大，在与父亲一起劳动的过程中，逐渐明白一些穷朋友所讨论的政治社会问题。他那幼稚简单的头脑开始领悟到：警察局为什么要那样地小心防备，立了那么多法规。他看到和他父亲来往的朋友们，多半生活在贫困和颠沛流离之中，他们对社会、对政府充满着愤怒和不满之情。

到了十三四岁,墨索里尼的父母希望他将来做个自食其力的劳动者,便将他送到福林波波利的师范学校去学习。这是一座很有名的培养教师的学校,学制六年。进入中学的墨索里尼,似乎变了一个人。他爱好学习,成绩很好,经常受到老师夸奖,尤其是他的口才,有一次口试,他一口气说了半小时,教员给了他一个零分,但是称赞他的口才好。他利用课余时间阅读大量书籍,特别是文学著作,如但丁的《神曲》、雨果的《悲惨世界》等。他文笔犀利,有时写些短文向报刊投稿。他常常替多病的母亲在本村小学代课,或帮父亲抄写社会党的宣传材料,一有空闲还练习演说,问及原因,他说:"长大后,我一定要意大利听我指挥。"

1901年2月2日,意大利天才作曲家威尔第逝世。在学校举行的纪念会上,墨索里尼崭露头角,发表了非常感人的歌颂威尔第的长篇演说,博得了师生们的热烈掌声。意大利社会党机关报《前进报》特意报道了这次纪念会,墨索里尼的名字第一次出现在社会党的报纸上。

毕业之后,墨索里尼在哥尔替瑞地方谋到了一个乡村小学校长的位子。但是,他经常幻想有个"光辉灿烂"的前程,一年之后,他决心到社会上去闯荡。为了表示自己的决心,临行前写了一篇题为《坚强的意志乃是成功之母》的文章。从此墨索里尼结束了短暂的教师生涯,开始自己的另一番"事业"。

经营《前进报》

1902~1908年,墨索里尼背井离乡,经历了各种各样的生活。在两度不成功的教学经历中,他在瑞士待了两年(1902~1904),当过泥瓦匠、脚夫、缝工、帮厨,但都不能持久。有时找不到活儿还得饿肚子。据说他当时曾以行乞和抢劫为生。幸亏侨居瑞士的意大利工人经常给他一些接济,帮他渡过难关。后来在朋友的帮助下,墨索里尼同意大利社会党人在洛桑主办的《劳动者前途报》拉上了关系,成为该报记者,开始了他的记者生涯。根据社会党的要求,墨索里尼经常向侨居瑞士的意大利工人宣讲社会党的主张,并介绍国内形势,很受工人欢迎,却引起瑞士当局的注意。后两年(1904~1906)墨索里尼则回到意大利参军,由此显现了其爱国激情。其后,他先去了瑞士,又因公开攻击教会势力而被驱逐出境。他被迫移居奥地利,并在那里认识了著名的意大利民族主义者巴蒂斯蒂。他在巴蒂斯蒂创办的《人民报》做助理编辑,一再发表文章,鼓吹特伦托地区脱离奥地利回归意大利,因而被奥地利逮捕入狱,最后驱逐出境。

1908年，墨索里尼从奥地利回乡之后，正式参加了意大利社会党，不久又被选为社会党弗利省委书记，他利用手中的权力，创办了一份名为《阶级斗争》的周刊，开始在弗利的社会党内建立个人影响。墨索里尼对办报十分重视。他说："报纸不是拿文字堆积起来的。报纸是党的灵魂，党的标记。""现在的社会党，实在是尸居余气，没有什么好的理想。""现在的社会主义，变成做官的捷径，为政客奸人所利用，不能谋物质上、精神上的进步了。社会主义，注重人类的合作，非努力工作、洗涤个人的身心是不能实现的。"可见此时，他还是忠实的社会主义者。他四处树敌，既攻击共和党，又攻击社会党的"保守派"，由他随心所欲地解释什么是社会主义。墨索里尼的文字尖锐泼辣，富有煽动性。不久之后就因在《阶级斗争》周刊发表文章反对政府侵略利比亚和鼓动示威游行而被捕，并被判处5个月徒刑。这样一来，墨索里尼的威信反而大大提高。1912年3月，他刑满获释，7月便被社会党全国代表大会选为中央领导机构成员，11月又被任命为社会党机关报《前进报》的社长，经过他的经营，《前进报》销量猛增，使得社会党在工人群众中的影响力扩大。29岁的墨索里尼控制《前进报》后，如虎添翼，更加野心勃勃，从而开始了新的个人"奋斗"。

在墨索里尼事业蒸蒸日上的同时，意大利的时局更加动荡不安，第一次世界大战越来越近。早在20世纪初，意大利就进入了帝国主义阶段。在军事和经济方面实力薄弱的帝国主义意大利，力图在力量相匹敌的各帝国主义国家和各集团之间随机应变，并利用它们之间的矛盾来实现本国的侵略、扩张目的。意大利早在三国同盟（德、意、奥）期间，便采取了同英、法、俄接近的方针。1911年，意大利同土耳其开战，并侵占了的黎波里、昔兰尼加和多得坎尼群岛。

为了巩固意大利帝国主义的社会基础并加强国内实力投入世界再分割的斗争，意大利总理饶里蒂改变了对内政策方针。他企图用微不足道的让步来分化工人运动，并吸引社会党和总工会的改良派领袖同资产阶级合作。为了这个目的，他给予工人一定程度的集会、组织工会和罢工的自由，实行了某些社会保险的措施，对工人合作社提供了某些优待。1912年，为了减缓意土战争的政治危机，饶里蒂对选举法进行了改革，选举人数从321.9万人增加到856.2万人。这种政策促进了社会党内部的改良主义和机会主义倾向的发展，并促进了改良派的领袖们同资产阶级政府合作关系的建立。政府的"自由主义"方针是和对工业资本家、农业资本家有利的高关税壁垒保护政策相结合的,而且是和残酷剥削南部地区的劳动人民的政策相结合的。那些被压迫和破产的农民群众、农业工人的运动,则遭到了残酷的镇压。

意大利统治集团进行连年战争和对劳动人民的盘剥,激起了广大群众的反抗。1901~1910 年,意大利约有 300 万人参加了罢工运动。在 1905~1907 年俄国革命的影响下,以及由于 1908 年开始的工业危机,和 1911~1912 年的意土战争,阶级斗争日趋尖锐,群众革命情绪越来越高涨。面对统治阶级的残酷镇压,到处在发生暴动,到处在举行起义,社会党内部反改良派占据了优势,掠夺战争的最公开的拥护者和主张同政府合作的毕索拉蒂和波诺米等人在 1912 年被开除出党。1914 年 6 月 8 日,根据社会党和总工会的号召,开始了抗议安科纳警察击毙参加反帝游行示威的三个工人的总罢工。以"红色周"而著名的这次罢工,有的地方带有疾风骤雨的性质,起义者已经把政权夺到自己的手里。

1914 年第一次世界大战爆发,作为社会党 1910~1914 年左倾路线创始人之一的墨索里尼,最初是忠实地坚持党的官方路线,反对意大利参加欧洲战争。然而到了 1914 年 10 月,他看到德国社会党极力帮助德皇,协约国的力量在扩大,形势对德、奥不利,便转到"积极的中立"立场上,并利用所控制的舆论工具宣扬自己的主张。10 月 18 日,墨索里尼擅自以社会党的名义在《前进报》发表自己撰写的长篇社论,鼓吹"意大利参战的必要性和战争将给意大利带来的好处"。社论发表后,意大利社会党领导机构谴责了墨索里尼独断专行的恶劣做法,决定免去其《前进报》社长职务。随后,社会党米兰支部又通过决议,将墨索里尼开除出党。

从此,墨索里尼同社会党分道扬镳,走向了创建法西斯党的道路,也为世界人民埋下了灾难的种子。

"战斗的法西斯"

墨索里尼惆怅地离开社会党后,并没有陷入万劫不复的境地。1914 年 11 月 15 日,他受到一些主战的垄断资本的赞助,很快便在米兰创办了一份能同《前进报》媲美的报纸——《意大利人民报》。

该报自我标榜为"社会主义的报纸",实际上却代表垄断资产阶级的利益,鼓吹参战。其创刊时引用的两句格言:"谁有铁,谁就有面包——布朗基。""革命是一种理想,需要刀枪维持——拿破仑。"充满了战争的火药味。

墨索里尼曾说:"我所以成为一个政治家,一个新闻学家,一个主战派，一个法西斯党的领袖，都与这张报纸有关。"《意大利人民报》就是在墨索里尼的悉心呵护下，成为他的发迹之地、他的工具和他的喉舌。

1915年5月23日，意大利向奥地利宣战，正式参加第一次世界大战。墨索里尼立即借此机会利用《意大利人民报》大造舆论，迎合政府的决定。他大声疾呼："意大利，我的祖国！我决心为你献出生命。我既不悲伤，也不害怕。"

1915年8月31日，墨索里尼带着他的承诺奔赴战争的前线。他的勇猛与顽强助他很快当上了排长。

1917年2月22日，在一次战斗中，墨索里尼不幸因为手榴弹的走火而身负重伤，伤愈之后无法继续作战，因此退役。他又回到了米兰，回到了《意大利人民报》。

这次的回归，墨索里尼抛弃了大战之前新闻记者的角色，他不再是简单的利用办报纸从政，而是披着更为虚伪的外套——以社会活动家的身份登上了意大利的政治舞台。

四年的战争给世界留下了伤口，也挫伤了本就贫穷落后的意大利帝国，国内一片萧条与凄凉，人民群众生活在水深火热之中。此时俄国十月革命的影响传入了意大利，促使无产阶级觉醒，工人罢工，农民起义此起彼伏。然而，曾自诩为中立派类型的意大利社会党却奉行着反工人、反革命的右派路线，他们藐视退伍军人，指责主战派。

国内外的形势正好满足了墨索里尼的胃口，为他提供了大展拳脚的好时机，他开始在《意大利人民报》上不断发表文章，公开为退伍军人和失业青年叫屈，并号召他们组织起来寻找出路，这为法西斯党的建立铺平了道路。

1919年3月23日，在米兰的圣·塞波尔克罗广场，墨索里尼主持了一个主要由退伍军人参与的新政治运动团体——"战斗的法西斯"。

探究法西斯这个词的来源，最早可以追溯到拉丁文"Fasces"。法西斯党的标志是中间插着一把斧头、由红布条紧系着的棒束。早在古罗马共和国时期，它代表着长官的权杖，是一种权力的象征。同时，它也标志着意大利的光荣，认为其中的斧头是领袖的象征，棒束则是人民的象征。

在后来的意大利文中，法西斯又有了"联盟"或"协会"的意思，19世纪末，受到"劳动者法西斯"组织（即劳动者联盟或劳动者协会）曾提出的一个改善矿工劳动条件和反对资产阶级霸占耕地的纲领的影响,法西斯一度被赋予"革命"的含义,在意大利广为流传。墨索里尼在建立"战斗的法西斯"之初,本意就是想借助"劳动者法西斯"对工农群众的影响,以获取人心。

这一新的运动团体同社会党的思想形成了明显的对立,它的纲领是共和的、反教会的和民主的,它主张分权、妇女选举权和比例代表制,将剩余战争收益充公,让工人参加各种工业管理并管理公共设施,使军工厂国有化,实行最低工资和8小时工作制以及取消帝国主义。然而,这一纲领最终只是纸上谈兵,没有起到什么作用,法西斯成员们的士气极为低落,但是墨索里尼并没有因此泄气。

1920年,法西斯进入了一个全新而又重要的复生发展阶段。随着新成员的加入,法西斯队伍的逐步扩大,其暴力活动也得以升级,"战斗的法西斯"便在意大利的土地上掀起了一场旋风,法西斯的讨伐也成了家常便饭。

疯狂的法西斯们或许是为了填补战后的枯燥无味来寻求刺激,或许是为了反抗社会党人,又或许是为了推翻腐朽的统治,抵制一切的压迫,他们最终想从法西斯主义中获取些什么,没有确切统一的说法,也很难用片言只语解释清楚,但随着1921年11月"战斗的法西斯"改名为意大利国家法西斯党,"法西斯"名副其实地背上了"战斗"的名号,残暴与侵略也尾随而来。

决斗,用剑术击败政敌

秉性骄野的墨索里尼为了夺取政权,发展法西斯的队伍,他用欺骗宣传的伎俩得心应手于资产阶级和无产阶级的队伍中,就如他曾对其心腹们所说:"我们的政策就是左右逢源,既讨好贵族,又讨好平民,既反动,又革命。"

受尽战后挫伤的意大利充满了喋喋不休的不满与愤怒,墨索里尼除趁此机会利用《意大利人民报》大造舆论,宣扬法西斯主义的种种好处,拉拢广大劳苦大众之外,他对金融财团、工业资本家等资产阶级亦是信誓旦旦地宣称,"法西斯保护私有财产,实行自由经济,反对马克思的阶级斗争学说"。

然而这样的两面政策并没有给墨索里尼带来多少惊喜,1919年9月,狂热的民族主义者邓南遮为了扩张意大利的领土,率领一批支持者进军阜姆。墨索里尼热情高涨,给予大力支持,但还是以失败告终。随后11月16日的大选中,法西斯的选票惨不忍睹。墨索里尼故作镇定地安抚法西斯党徒们,为了转移人民对于法西斯的注意力,他把矛头指向了当局的尼蒂政府,且大肆宣扬民族沙文主义。

意大利的上空飘起了群众的怒吼,法西斯党徒们的仇恨,暴力成为人们得以宣泄的途径,就像墨索里尼所说"法西斯所需要的是暴力、流血与牺牲"。

墨索里尼不仅仅宣扬暴力,组织暴力活动,他自身对于暴力手段亦是身体力行,这在他从小的残暴行为中便能看出些端倪,就连他的妻子拉凯莱都是通过暴力的途径得到的。

1904年,墨索里尼认识了小他9岁的拉凯莱,后因常年在外的奔波谋生,两人很少见面,随着时间的流逝,拉凯莱越发貌美脱俗。1908年,墨索里尼返乡,看到受人喜爱的拉凯莱,他顿感受到威胁,便用手枪威胁自己的父亲和继母(即拉凯莱的母亲)同意他与这位没有血缘关系的妹妹结婚。

残忍成性的墨索里尼在生活中习惯使用暴力,甚至在同别人进行政治辩论时,也总喜欢用暴力来解决问题。

1914年11月墨索里尼被开除出社会党之后,继续利用《意大利人民报》鼓吹参战。一位名叫麦里诺的律师,在《前进报》上同墨索里尼展开了激烈的论战,墨索里尼觉得在报刊上的辩论过于憋屈,于是向麦里诺提出了挑战进行决斗。决斗按传统的方式进行,双方都邀请了证人,1915年2月5日,墨索里尼拿着利剑,杀气腾腾地出现在这个带着政治气息的决斗现场,经过几个回合的较量,并没有分出谁胜谁负,最终也只是以一个平局落幕。

虽然这次决斗并没有为墨索里尼带来荣誉,但后来他又以类似的方式先后与政敌西科蒂·斯克日斯和巴斯吉奥等对阵厮杀,在这些决斗过程中,墨索里尼利用其擅长的剑术狠狠地将对方击败。为了鼓舞决斗的精神能够在法西斯党徒中盛行起来,墨索里尼不惜将奥格斯塔的坟场变为罗马的音乐会场,借以发扬武士精神,并以"决战决胜,视死如归"来要求党徒们。

伤痕累累的意大利再加上法西斯分子们狂暴的破坏、搅拌,其经济形势日益恶化,全国陷入了一个难以为继的境况,人们面面相觑,纷纷议论,不知前面是更为深重的灾难还是猛然的觉醒。1922年1月,墨索里尼作为《意大利人民报》总编辑出席了正在法国戛纳召开的国际联盟会议。会上,他对于意大利货币的比值少于法国的一半这一事实感到极为耻辱,认为这是对战胜国的打击,这是意大利帝国危亡的征兆。随后他在《戛纳会议以后》一文中声称:"在目前精神与经济恐慌的情形之下,必须往前进,否则就要沉沦下去了。"

前进的方式便是反抗,狂躁不安的法西斯党徒们夺权的欲望在这种前进声中愈加浓厚,为了壮大反革命武装力量,全面夺权,墨索里尼专门组织了一个广招军官和旧军人的军事参议会,主要采取武装训练,并对共产党和革命人民团体进行残酷镇压,制造恐怖气氛。

这群信奉法西斯的人们对其领袖实行无条件的服从,他们以颇具古罗马帝国军人的姿态招摇于意大利街头,就如脱缰的野马,肆意张狂着。1922年,墨索里尼以威胁的口吻对当局的法克达政府说道:"现在法西斯党要自行其是了,或者做一个执政党,或者做一个乱党,何去何从,要看局势的发展了!"

蠢蠢欲动的法西斯党徒们要行动了!夺权的声响开始从四面八方涌入阴云密布的意大利。

黑衫党向罗马进军——夺权

黑衫党是对法西斯党的另一称呼,因都穿黑色衬衫而得名,它在法西斯运动之前就已存在,本是由意大利退伍士兵组成的一个松散组织,利用社会的混乱和政府的无能,趁机胡作非为。墨索里尼从为所欲为的黑衫党中得到了启示,发现武装力量是镇压反动派和人民大众的有效手段,很快墨索里尼便通过黑衫党的首领费鲁乔·韦基收编了黑衫党,第一支法西斯武装力量就此成立。

由于法西斯的暴力淫威、青年的懵懂无知,再加上当时一些军政团体和大资产阶级的支持,黑衫军得到了快速的发展,逐渐形成了一个颇具规模的准军事组织。

1921年春季大选中,法西斯党一雪前耻,35名法西斯成员成为国会议员,组成了议院最右翼的势力。墨索里尼本人亦成为法西斯党拥有无限权力的领袖。

1922年墨索里尼向政府提出:要么解散政府,要么组建包括法西斯党在内的联合政府,但都遭到了拒绝。随着法西斯势力的猛增,加之政界、农民和商人的支持,法西斯的热情膨胀到了极点,其首脑们策划的最终夺权、进军罗马迫在眉睫。

墨索里尼先在克雷莫纳、米兰和那不勒斯等地检查了政变的准备情况,并于10月16日,潜伏于罗马,同支持法西斯夺权的军政要员秘密策划进军的编队、行动路线和纲领。同时他还试探了梵蒂冈教皇和意大利国王对他的态度，并对邓南遮等民族主义者进行了积极的争取。

10月20日，法西斯总部下令全国总动员，最高司令部发文宣布"进军罗马"，文中强调其目的只是为了推翻腐朽的统治，改善人民的生活，劝告军警不要和他们作战，声明会保护工农的正当权益，安抚有产阶级不要害怕。他们为了拉拢意大利的保皇党，减少其在夺权过程的阻碍，还宣称会效忠于皇室。

10月24日，墨索里尼在那不勒斯召开了法西斯头目秘密会议。会议讨论了法西斯四路大军将由米提斑琪、德邦诺、意大罗巴波和朱里亚迪分别率领沿第勒尼安海进军罗马，沿路要占领城市、邮电局、政府部门、警察总部、火车站、兵营及其他重要设施等具体事项，决定墨索里尼为最高统帅，进军指挥总部设在交通发达、易于进退的中部城市佩鲁贾。

墨索里尼深知法西斯的暴动多少有些虚张声势，因为真正参加行动的人数并没有吹嘘的多，再加上其简陋的装备，一旦政府抵抗，军队听从皇家的差遣，暴动便会轻而易举地被压制下去。但意大利国王和其他保守派集团则希望通过支持法西斯来驯服法西斯主义，这倒为夺权扫清了道路。

1922年10月28日，墨索里尼在《意大利人民报》上发表《革命宣言》，宣布法西斯向罗马进军正式开始！

黑衫党进军取得节节胜利，沿途政府军和警察都采取中立立场，没有什么阻力，只遇到了部分共产党领导的革命群众的反抗，但很快便被镇压下去。当天，一群代表资产阶级利益的国会议员曾求见墨索里尼，想用改组内阁的办法试图说服墨索里尼休战或者停战，但墨索里尼的一句："这次我决不放下屠刀，非要获取全部胜利不可。"使得议员们灰头土脸地跑回了罗马城。

10月29日，墨索里尼接到从罗马国王办公处打来的电话，说请墨索里尼速到罗马，国王将委派重要职务给他。然而诡计多端的墨索里尼表示要将这一消息以电报的形式正式通知他，以得到白纸黑字的确认。

很快，一封"米兰墨索里尼阁下：国王陛下请您立即前来罗马，因为他想委任您组建内阁"的电报以号外的形式出现在《意大利人民报》上。

31日，墨索里尼辞去了《意大利人民报》总编辑的职务。随后在黑衫党和其支持者们的欢送下，驱车前往罗马，到达罗马后，墨索里尼便去皇宫会见国王，并陪同国王检阅了进入罗马的10万法西斯大军，以显示法西斯不可战胜的力量。

11月6日，墨索里尼正式宣誓就职，意大利开始进入法西斯统治时代。

法西斯运动,墨索里尼的上台,对于德意志的纳粹运动无疑起到了推波助澜的作用,促使他们也加速了夺权的步伐。

三、德意志再度疯狂

流浪汉加入德国工人党

1919年9月16日,一位年约30的男子走进了德国慕尼黑绅士街48号,在这里他被推选为德国工人党领导委员会的第7名委员,专门负责宣传工作。从此这位男子带动着德国工人党走向了疯狂发展的道路,德国和世界的目光都聚焦到他的身上,这位男子便是阿道夫·希特勒。

1889年4月20日晚上6点半,在奥地利勃劳瑙镇的一家小客栈里,阿道夫·希特勒出生了。其父阿洛伊斯是个私生子,是奥地利的一个海关小职员,他一生结过三次婚,阿道夫·希特勒是他第三次婚姻中所生的孩子。

1895年,年满6岁的希特勒被送进公立学校去读书。11岁时,阿洛伊斯希望儿子能像他一样做一名公务员,于是花费了一笔钱把他送到了林茨州立中学,然而此时的希特勒并不想做公务员,而是要当一名艺术家,正如其后来在《我的奋斗》中写道:"当时我才11岁就不得不第一次违抗(我父亲的意愿),我不想当公务员。"他反抗的方式是不再好好学习。

1903年1月3日,希特勒的父亲因肺出血去世。他的母亲觉得有义务按照丈夫的遗愿来继续要求儿子上学,希特勒仍然以荒废学业来同母亲进行对抗。

"接着一场疾病突然帮了我的忙,在几个星期之内决定了我的前途,结束了永无休止的家庭争吵。"

1905年,16岁的希特勒得了肺病,母亲不得不让步,因为医生说,像希特勒这样的身体,将来不宜坐办公室。在他养病的两三年里,希特勒认为这是他一生中最快乐的日子,他整天逍遥在美丽的多瑙河畔,沉醉在做艺术家的美梦里。

1907年9月,希特勒病愈之后,便来到维也纳报考美术学院,然而几次考试都因为绘画成绩不够理想而名落孙山。1908年12月,希特勒的母亲因病去世。

面对这一连串的打击,希特勒离开了家乡,他在心中暗暗发誓,若不干成一番事业,决不回乡。

重返维也纳的希特勒开始了一段辛酸和贫困的生活。为了生存他打过小工，在街头画过画，当过流浪汉，进过收容所……同样他也在感受着维也纳那份独特的文化，他随着人们进剧院、逛公园、看书籍。

在维也纳的经历，促使了希特勒世界观的形成，如他在这段时间里看的大量反犹书籍激化了他的反犹情绪，使他成为一个彻底的反犹主义者。

1913年春天，24岁的希特勒为了逃避服兵役，移居到了德国。在慕尼黑，希特勒同在维也纳时一样，过着孤单、贫苦的流浪生活。

1914年，第一次世界大战爆发，希特勒久积心头的抑郁终于找到了发泄的机会。8月3日，他上书巴伐利亚国王，申请志愿参加巴伐利亚步兵团，很快便获准。

1918年11月10日，正在医院养伤的希特勒听到德国战败的消息之后，悲痛不已，无法接受战败的事实，同许多德国人一样，他坚信战争的失败是国内出现了卖国贼。愤怒的希特勒被仇恨熏红了双眼，他决心放弃艺术，投身政治，为德国报仇雪恨。

伤好之后的希特勒又回到慕尼黑，开始在一个战俘营中担任警卫，随后被第二步兵团调查委员会吸收为情报员。

1919年秋天，希特勒接到了一项要他调查德国工人党的任务。

德国工人党是1919年1月由慕尼黑机车工厂钳工安东·德莱克斯勒和报社记者卡尔·哈勒共同创建的。

9月12日晚，希特勒参加了德国工人党在施端纳克勒劳啤酒馆的集会，一共有25个人参加。一开始，希特勒并没有觉得这个党和别的新组织有什么不同之处。正当他要起身离开之时，一位自称"教授"的人站了起来，建议巴伐利亚邦脱离德国，同奥地利组成一个南德意志国家。这种观点触怒了希特勒，他用尖锐、刻薄的言语痛斥了这位"教授"，使得听众目瞪口呆，甚至在会后这个党的副主席安东·德莱克斯勒还追上已走出啤酒馆的希特勒，并递给他一本宣传小册子。

第二天，希特勒惊讶地接到一张说他已被接受为德国工人党的明信片，并邀请他于9月16日到绅士街48号参加德国工人党领导委员会会议。感到好气又好笑的希特勒却在这个荒唐的小党身上看到了自己投身政界的欲望，再三思考过后，希特勒决定应德国工人党之邀赴会。

1920年4月1日，德国工人党改名为民族社会主义工人党，其德文的缩写译音为"纳粹"（Nazi），因而简称纳粹党。

希特勒刚进入德国工人党时，该党穷得只有7马克50芬尼。

为了解决党的经费问题，希特勒想尽各种办法来筹钱。他常常通过到群众当中去演讲进行募捐，他认为在群众中演说不仅能为党集资，还能争取到更多的群众；他打通资本家的渠道，向他们伸手要钱，不管是中小资本家，或是大资产阶级，还是外国资本家，都对纳粹党伸出过援手；希特勒还向军方筹资，他的上级迈尔上尉就曾答应每周给他20马克作为活动经费。

1920年12月希特勒买下了《人民观察家报》，此报作为纳粹党的机关报，为纳粹党的发展和希特勒的上台都立下过"汗马功劳"。

希特勒早年于维也纳的流浪，使得他对资产阶级政党所惯用的那些"精神上和肉体上的恐怖手段"有了深刻的认识，再加上意大利法西斯运动的冲击，纳粹这个当初穷得只有7马克50芬尼的党在希特勒加入后变得活跃起来。

发布于小啤酒馆中的25条纲领

1920年2月24日，慕尼黑著名的霍夫勃劳豪斯啤酒馆的宴会厅里，不时传来人们的喊叫、欢呼声，德国工人党正在举行一场史无前例的集会。

阿道夫·希特勒醉心于这样澎湃的场景，他慷慨激昂地在台上发表着演讲，附和和调动着人们高涨的情绪。在这次演讲中第一次公开阐明了由他和德莱克斯勒、弗德尔三人拟定的德国工人党的25条纲领。

会上，除了支持者的喝彩声之外，也有反对者的唏嘘声，但在大会结束之时，纲领还是得到了大家的一致同意。这个纲领从未修改过，一直保留到1945年纳粹党灭亡，它在1920年4月成为纳粹党的正式纲领。

纲领内容由25条组成，其首要提出的是大德意志民族主义的立国方针，纲领要求"基于民族自决的权利，联合德意志人为大德意志帝国"、"国土和领土（殖民地）足以养育我们的民族及移植我们的过剩人口"。后来希特勒吞并奥地利，占领苏台德区等侵略行为正是这一方针的实践。

希特勒的反犹情绪在25条纲领中亦得以体现，它规定：在德国，具有德意志血脉的人才称得上是国民，犹太人不是国民，不能担任公职，不能享有公民的基本权利，甚至规定自1914年8月2日以来迁入德国的非德意志人立即离开德国。强烈的民族国家意识使得在党纲中出现了建立中央集权政府和民族军队的主张。高度的中央集权，迫使人们一切以国家利益为重，公民必须无条件地服从国家。

纲领还要求废除《凡尔赛和约》和《圣日耳曼条约》。

为了争取中下阶层群众，党纲中还不乏社会主义色彩的改革主张。如"取消地租和禁止土地投机""取消一切不劳而获的现象""粉碎利息奴役制度""对卖国贼、高利贷者、投机分子判处死刑""分享大企业利益""将托拉斯收归国有""造就一个健全的中产阶级""大规模改组养老设施"等。然而这些所谓的"社会主义"仅仅是为了收买人心，获得他们的肯定，真正付诸实践的没有几样，到最后都成了纯粹的骗人把戏。

这个看似面面俱到、考虑周全的纲领，其实质却是以国家和民族利益为幌子，对内实行专制、对外进行扩张的纲领。但这丝毫没有影响满怀激情的希特勒和德国工人党的宣传，煽情的演讲、"合理"的纲领不仅吸引了群众的注意力，还打破了工人党以往小俱乐部聚会形式的羁绊。

成功地迈出这一步，对于希特勒和整个德国工人党而言都是尤为重要的，但是希特勒也深知，这仅仅是个开始，要想完善整个工人党，真正影响到群众，还需要做出更多的努力。颁布出25条纲领之后，他立即着手于党的标志和象征的问题上。

1920年5月，一面红底白圆心、中间嵌个黑"卐"字的旗帜成为纳粹党的党旗。

纳粹党手里的"社会主义"

希特勒和纳粹党，除了疯狂地反对犹太人之外，对马克思主义斗争亦心怀恐惧，他认为这些人会威胁到德国人民的生活，扰乱德国的正常秩序。

前面我们提到，在1920年4月1日，德国工人党改名为民族社会主义工人党（即纳粹党）。纳粹党带着社会主义的帽子，骨子里却是极端野蛮残酷的帝国主义、种族主义和恐怖主义，和社会主义主张的"解放和发展生产力"完全相悖。

1920年2月制定的25条党纲中也有不少带社会主义性质的条例，希特勒正是打着这面染着"社会主义"和"民族主义"色彩的旗帜为纳粹党上台铺平了道路，把自己推上了舞台。

当时的德意志正处于动乱不安中。1919年签订的《凡尔赛和约》对于德国来说更是个致命的打击，它割走了本属于德国的领土，以战败赔款的名义被剥夺了大量的金钱，还有意地减弱了德国的武装力量，排除其在欧洲称霸的可能性。顿时，举国上下充斥着愤怒，人们纷纷起来抗议、游行，以此表达对这个条约的抗拒。

尽管拒绝的声音响彻整个德意志上空，1919年6月28日，魏玛临时政府还是在凡尔赛宫的镜厅签订了条约。

《凡尔赛和约》的签订，使得德国炸开了锅，本就存在争议的各党派之间出现了更为纷乱的不合。掌握着经济实权的德国保守派本就不支持魏玛共和国，更别提是接受条约的限制与规定；陆军作为国家的军队，却并不属于内阁和议会掌管，它更像是一个国中之国，从一开始就没有打算接受这个限制性条约。

群众的反抗，党派的挤兑，使得魏玛共和国摇摇欲坠。年轻的希特勒察觉到时局对他而言颇为有利，当国内所有的矛头都指向共和国时，他知道，他有机会趁乱崛起。

深信未来必将刮起日耳曼热潮的阿道夫·希特勒虽然反对马克思主义，但是他又十分佩服这些人对于信仰的坚定与激情，他常常想，若是把这样一群人收归于自己的旗下，那将是一股不可小觑的力量。为了赢取更多工人、群众的支持，希特勒和他的同伴们又不能打着种族主义的标志公开招募，他需要一块面纱作为掩饰。

1920年，德国工人党改名为民族社会主义工人党，贴上"社会主义"的名字，是为了表明这个政党是属于工人的，是对工人负责的，他们好披着这块面纱招引更多的工人，为之进行起义、罢工和革命。

对于共产党员的争取也得到了党内一些成员的反对，虽然反犹是首要的目的，但是共产党带来的威胁不可小看，这为希特勒敲响了警钟，也为纳粹党注了醒酒药，社会主义在纳粹党手中永远都只是个棋子，一面前进的幌子。

因此，1920年25条纲领的颁布，"分享大企业利益""将托拉斯收归国有""取缔地租和禁止土地投机""取缔一切不劳而获的现象"等社会主义色彩的条例为纳粹和希特勒招揽了不少的支持与喝彩，但是这些条例最终都没有真正得以实施，成为纳粹骗人的把戏。

可见"社会主义"只是披在纳粹身上一件虚假的外套，主要是为了掩藏那副凶残而又丑陋的贪婪嘴脸！

从冲锋队到党卫军

阿道夫·希特勒认为，纳粹运动要迅速发展，就必须拥有一支属于自己的强有力的武装力量。

1921年8月，希特勒招募了一批拳大臂粗的退伍军人，这是一支具有严密组织，手段又极为凶狠的队伍，建立之初，为了躲避柏林政府的镇压，称为"体育运动队"，这支队伍的建立美其名曰是维持纳粹党的秩序，实际上却是希特勒握在手上的一个供他指挥、颇具进攻力量的政治工具。

1921年10月5日，体育运动队改名为冲锋队。

11月4日，希特勒在慕尼黑的皇家啤酒馆举行演讲，到会的800多人当中挤满了前来捣乱的社会民主党人，演讲开始时，希特勒下令关闭了所有的门，并对冲锋队员们说："除非死后被抬出去，否则，我们谁都不准离开大厅。"一声一声的"万岁"使得这样的追随多少带有些朦胧的浪漫色彩，他们觉得希特勒能够带着他们回到往日的光辉岁月里。

随着演讲的进行，反对者们也开始有了行动，吵闹、讥笑等行为演变为激烈的肢体冲突。50名冲锋队员们大打出手，仅用了不到半小时的时间，便打退了社会民主党派来的数百人。

身着褐色制服的冲锋队，高歌"头戴'卐'字盔，臂戴黑白红袖章，希特勒冲锋队，我们的名字多响亮！"在街头巷尾，他们有意无意地挑起一系列的公开暴动。仅仅维持纳粹党集会的秩序已经远远不能满足冲锋队队员们的欲望，他们开始去别的党的集会上捣乱，制造事端。

早在1921年9月14日，冲锋队在希特勒的带领下破坏了巴伐利亚联邦主义者（主张接受魏玛政府的社会纲领，反对集权主义）在罗文布劳酒店举行的集会。当时，其领导人巴勒斯特，一个被希特勒称作"最危险的反动派"的工程师，正要发表演讲时，希特勒走了进来，早已混在听众席中的冲锋队队员们开始起哄。喊叫声、助威声、口哨声，在一句"巴伐利亚目前之落后状态完全是犹太人造成的"之后达到了沸点，人们纷纷要求巴勒斯特把发言权让给希特勒，混乱之中，冲锋队员冲上了演讲台，并痛打了巴勒斯特。而因此受到牢狱之苦的希特勒并没有丝毫悔意，反而更具斗志，他曾对调查此事的警察吹嘘道："那没有关系，我们的目的已经达到了，巴勒斯特没有能讲成话。"

1922年1月12日，冲锋队主动出击，由希特勒带领破坏了社会民主党的集会。

凶狠的冲锋队员除了起到保卫纠察的作用之外，还负责在建筑物的墙壁上粉刷标语、张贴广告，以此来为纳粹党进行宣传。激情、狂热还带着些许神秘色彩的活动，对于不谙世事的青年人起到了巨大的吸引力。因此冲锋队由最初的旧军人组成的队伍，扩展到了大批社会青年的加入，到希特勒上台前夕，冲锋队已发展到200多万人。

随着队伍的急剧膨胀，其组成成分就如多彩的调色盘，复杂多样，整个队伍也越来越难控制。于是，在1925年11月，希特勒在冲锋队中挑选了一批可靠的精英队员，组成了党卫军，他们主要围绕在希特勒等纳粹头目身边，专门负责他们的安全。

党卫军原意为近卫军，又称黑衫军，因为他们同意大利法西斯分子一样都穿黑色制服。希特勒的司机施雷克是第一任党卫军的领袖。1929年，海因里希·希姆莱接管后，党卫军获得了极大的发展，它逐渐成为一支保卫纳粹的秘密警察队伍。1931年6月情报机关党卫军安全处建立，次年1月设党卫军种族局，1933年初，其成员已发展至5万余人。1936年7月，冲锋队的头儿罗姆被处死以后，党卫军在纳粹组织中起主导作用，由希特勒直接掌管。

一个善于煽动人心的领袖，一个具有欺骗性的纲领，一支令人生畏的武装力量，一面灵魂似的旗帜，各色各样的人撞入了纳粹这张蛛网中，还带来了源源不断的经费，纳粹运动随着人数的增加得到了迅猛的发展。

1919年德国工人党在希特勒加入之时，仅有55名党员。1922年初，纳粹党员达到3000多人，1923年发展到5万人，1928年发展到18万人，1932年这支队伍已经直逼百万。

从冲锋队到党卫军，从地方小党到全国性的组织，行动起来的纳粹党即将要席卷全国。

未遂的啤酒馆政变

纳粹队伍的不断壮大，墨索里尼率领黑衫党进军罗马夺权的成功激发了希特勒的夺权欲望。1923年德国境内经济凋敝，通货膨胀使得人民大众的生活苦不堪言；加上巴伐利亚发生叛乱，激化了地方和中央政府的矛盾，政治局势一片混乱。希特勒深感夺权的时机已经到来，但是仅凭他一个人的力量还不足以领导这次运动，于是他产生了团结巴伐利亚所有反共和的民族主义势力的想法，希望借助巴伐利亚政府、武装团体和驻扎在巴伐利亚的国防军来完成像墨索里尼进军罗马一样的进攻，推翻魏玛共和国的统治。

1923年11月8日，邦长官卡尔将在慕尼黑东南郊一家名叫贝格勃劳凯勒的大啤酒馆举行的集会上发表有关巴伐利亚政府的施政纲领的演说，冯·洛索夫将军和冯·赛塞尔上校（与卡尔并称为主宰巴伐利亚政权的三大巨头）以及其他的政要们都将参加此次聚会。

正当卡尔对着三千名听众发表深情的演说时，冲锋队冲了进来，包围了整个啤酒馆，希特勒挤开人群，走进了大厅，掏出随身携带的手枪朝着天花板开了一枪，混乱的人群停止了骚动，大厅顿时安静了下来，吓得屁滚尿流的卡尔看到希特勒走上讲台，便乖乖地退了下去。

"全国革命已经开始！"希特勒站在讲台上大声叫喊道，"这个地方已由600名武装人员占领。任何人不许离开大厅。大家必须保持肃静，否则就在楼厅上架起机关枪。巴伐利亚政府和柏林政府已被推翻，临时全国政府已经成立。国防军营房和警察营房已被占领。军队和警察正在'卐'字旗下向市内挺进。"

混乱中，人们对于事实的真相已经失去了判断力，尽管在实际上希特勒的这些言语中存在着虚假的恫吓，纳粹队伍只是在罗姆率领下占领了当地的陆军司令部，连火车站、电报局和政府大厦都没有控制。但是会场上的冲锋队，还有架起的机关枪却是实实在在地存在。三大巨头在武力的威逼下，乖乖地听从希特勒的差遣，跟随着希特勒到后台的一间私室里去了，留下了目瞪口呆、惊慌失措的群众。

希特勒要求三人同他一起组织新的政府，并且答应只要他们合作，愿意在新的政府中给他们保留重要的职位。然而，三人毕竟是见过大世面的高官，对于希特勒的要求他们都不答应，即使希特勒拿出手枪威胁，三个人还是不肯就范。

无可奈何之际，希特勒把赫赫有名的原德军副总参谋长鲁登道夫请来帮忙，卡尔三人才表示愿意合作。

会议过后冲锋队一个名叫高地联盟的武装团体的打手们在陆军工兵队营房同正规军发生了冲突，希特勒决定驱车前往解决冲突，把政变之事交鲁登道夫处理，这个决定后来证明是个极为致命的策略性错误。

希特勒一走，冯·洛索夫将军便要求回办公室去下达命令。鲁登道夫觉得这个要求没什么不合理的，便允许他走出啤酒馆，其余二人也乘机离开。

希特勒回到啤酒馆，发现本是囊中之物的三巨头竟溜走了，大受打击。而他的同伴们亦没有像他构想的那样在为进军准备计划，他们几乎什么都没有做。

回到第9师师部的洛索夫立即把政变的消息报告了柏林的中央政府，巴伐利亚军队按照命令准备镇压这次政变。卡尔也发表声明，宣布取缔纳粹党，严惩政变首犯。

心有不甘的希特勒无法接受即将到手的胜利就这样化为乌有，他同鲁登道夫商量后决定，要率领冲锋队员向慕尼黑市中心前进，希望这样能够唤起民众的支持。

11月9日中午,希特勒和鲁登道夫率领大约3000名冲锋队员开始向市中心挺进。一开始游行队伍在前进的过程中并没有遇到太大的阻力,还有部分民众自愿加入到行列中来。但是当队伍即将到达目的地时,和警察发生了摩擦,引发了枪战。在极为短暂的冲突中,十几名冲锋队员当场毙命,包括希特勒在内多人受伤。

枪战一发生,希特勒立即登上附近的汽车,抛下死伤的同伴,还有勇往直前的鲁登道夫,逃往乡间。纳粹党徒遭到军方的驱散,鲁登道夫当场被抓,希特勒也在两天之后被捕,其余的纳粹领袖不是被捕就是逃亡,甚至叛变。

啤酒馆政变就这样以闹剧的形式结束,纳粹党被勒令解散,纳粹运动跌入低谷,希特勒这位独裁领袖亦由他那飞奔逃命的举动名誉扫地。

审判:希特勒的狡辩

希特勒那看似已经走到了尽头的政治生涯在后来证明只不过是其间的一个小小的中断。纳粹党虽然被解散,但是依旧在暗中活动,那些仍然忠心于希特勒的盟友们给他带来了极大的鼓舞与支持,在经历过短暂的绝望之后,希特勒很快便"回来"了。

1924年2月26日,特别法庭在慕尼黑开始对希特勒进行审判。清醒的希特勒明白,此次审判不会是他的终结,很有可能还会是他反败为胜、走向更远的一个转折点。

在指控中,鲁登道夫当然是所有被告中最有名的,也是第一个被点名的,但是希特勒很快便把所有的焦点转移到了自己的身上,他带着他那颇具煽动性的声音站在法庭上滔滔讲述着,他解释着起义的原因,谈到了游行的过程,血腥的对抗,他的出逃,他的入狱,他承担起了这次起义的全部责任,但他没有把自己当成是一个罪人,一个被告,而是自诩为一个原告,一个重振德国、拯救群众的革命者。他的名字随着报纸飞到了世界各个角落,他不仅在巴伐利亚出了名,在整个德国甚至世界,人们都开始知道"阿道夫·希特勒"。

人民法庭座席上的法官们也开始被能说会道的希特勒所影响,再加上巴伐利亚司法部长弗朗兹·古特纳是希特勒的老友和保护者,他做足工作,尽量做让在场的法官们保持满不在乎和宽大为怀的情绪。包庇使得希特勒在法庭上不受时间限制的发言,可以任意打断证人的话,随时为自己进行辩护,这种行为引起了一群人的不满,他们觉得这样的放纵根本就不是一场审判。

尽管遭到了不少官方和非官方的反对，但是丝毫没有影响希特勒把审判的法庭当作演说的讲台，并且取得了不错的效果。在随后的审判中，希特勒逐渐把矛头指向了背叛了他的三大政治巨头。他说："如果说我叛国的话，那么同我一起共谋反对全国政府的另外3个人也一样有罪，他们也应该同我一起站在被告席上，而不应该作为主要控告者站在证人席上。"

本来就同当局政府矛盾重重的三巨头被希特勒狡猾地带入到一个不利的处境当中，形势猛然地得到了逆转。法庭上，希特勒犹如对待犯人似的大声提问三巨头，使得本就做贼心虚的他们惴惴不安。

虽然希特勒站在被告席上，并且按照当时德国的法律，很有可能由于叛国大罪而被判处无期徒刑，但是他对自己抱着极大的信心，甚至在同法官、证人唇枪舌剑时，他还不忘分析起义失败的原因，考虑怎样重振纳粹党，如何建立一个纳粹国家。这种狂热的气氛在这个后来被认为极为畸形的审判中一直延续到了最后，他说："我们准备面对上苍最后伟大的判决，到那个时候，我们又将和好如初。因为可以审判我们的不是诸君。审判我们的应该是永恒的历史法庭。你们会做出什么判决，我是完全知道的。但是那个法庭不会问我们：'你们到底犯了叛国罪，还是没有犯叛国罪？'那个法庭会判定我们，前陆军军需总监鲁登道夫，他的官兵，都是一心为了他们同胞和祖国，愿意奋斗牺牲的德国人。你们可以不止千次地宣判我们有罪，但是永恒的历史法庭的女神会一笑置之，把邦检察官的诉状和这个法庭的判决书撕得粉碎。因为她会宣判我们无罪。"

希特勒的滔滔雄辩最终取得了胜利，1924年4月1日，法庭内外挤满了同情和追随希特勒的观众，有的妇女还争先恐后地要为他们的偶像献花。判决书宣读了几乎一个小时，希特勒的判决是第一个被宣布的，他被判在兰德斯堡前炮台监狱服5年徒刑，由于在审判前已拘留了6个月，再减刑半年，并允许在刑期满半年后可以申请假释。法庭拒绝把希特勒作为外国人驱逐出境，他们认为希特勒是德国化的奥地利人。

12月20日，不到9个月的时间希特勒就获释出狱。啤酒馆政变虽然失败了，希特勒也被送进了牢笼，可是他却成为全国无人不晓的人物，那次审判也使得希特勒成了很多人心目中的"爱国志士和英雄"。

兰德斯堡与《我的奋斗》

兰德斯堡的生活是极为平静和惬意的，除了偶尔抱怨铁窗的闭塞和忧心党内的不合之外，希特勒大部分时间都还是不错的。在这里，他独住一室，享受着贵宾式的待遇。

每天，除了吃饭睡觉，监狱里还会举办体育活动，希特勒经常和同伴一起散步聊天，他们经常在一起讨论，但很少涉及政治，往往都是些戏剧、艺术或者汽车等话题。在狱中，希特勒常用闲暇的时间来看书、学习或写日记。

由于早在入狱之前，希特勒便已经在酝酿写一部《犹太史》，清净的牢狱生活使得希特勒更是萌发了著书的念头，他常常将自己的想法记在日记本当中，而且还独出心裁，把他的秘书——忠实的鲁道夫·赫斯招到身边，向他口述。他还从典狱长处租来打字机，将手稿打出来。

起初，希特勒是想把书的题目叫做《四年半来对谎言、愚蠢和胆怯的斗争》，定位为一本普通的历史著作，但是负责出版这本书的纳粹党出版社经理不喜欢这个冗长而没有金钱味的书名，加上书中内容包括了对希特勒童年、在维也纳的岁月、革命以及在慕尼黑的初期活动的叙述，于是书名改成了简短的《我的奋斗》。

在兰德斯堡，希特勒花了大量的时间和精力在这本书上，这是一本汇集了希特勒所有反动思想的册子。把所有的政治理论付之于笔墨，对于希特勒而言，是一次自我的思考与教育的过程，正如他曾经说的"在我坐牢期间，我有时间去为我的哲学思想提供一个自然的、历史的基础。""假若他们老让我讲演，不给我喘息的机会，这种做法会明智得多！"

1925年秋季，《我的奋斗》第一卷正式出版，全书约400页，售价比当时德国出版的大部分书籍要贵一倍，这本书在当时并没有引起畅销。它既不是一本有趣的个人自传，又不是一本有关政变的内幕书，而是希特勒法西斯理论最集中的体现，其理论水平和逻辑性也并不是很高明，因此并没有引发人们广泛的兴趣。1926年又出版了第二卷。

《我的奋斗》一书系统和详细地阐述了希特勒的思想，全书充满了民族主义的狂热和对犹太人、马克思主义的仇恨，宣泄了他集国家主义、帝国主义、反犹主义、反共产主义和反自由主义于一炉的法西斯主义。他在书中强调，只有日耳曼人才是上帝钦点的民族、主宰世界的民族。

随着1930年纳粹党渐渐复苏后，《我的奋斗》的销路也开始逐渐走俏，特别是希特勒当上总理之后，购买《我的奋斗》几乎成为一种人人遵循的义务，这本读起来较为枯燥乏味的书被冠名为纳粹党的"圣经"，即使没有读过这本书，也必须拥有这本书。

书中，希特勒描绘了"创建第三帝国和征服欧洲"的理想蓝图，它宣称"新帝国必须再一次沿着古代条顿武士的道路进军,用德国的剑为德国的犁取得土地,为德国人民取得每天的面包,夺取新的生存空间"。在第一卷中,希特勒详尽地讲述了通过同法国的决战、对东方的领土扩张等途径来恢复德国世界大国地位、从而走向世界霸权。

《我的奋斗》由于其内容的华而不实虽然遭遇到了一些批评,然而不管其多么荒诞不经、荒唐可笑,但因为纳粹党的壮大,希特勒的崛起,书中第一人称式的详尽叙述,使得人们在这本书中似乎看到了时局的走向,为德国的历史指明了一个继续前进的方向,其中的某些观点,如德国种族主义,在军队和青年当中受到了极大的追捧。

这本集希特勒反动思想之大成的《我的奋斗》,被法西斯势力和帝国主义狂人视为至宝,为纳粹党夺取全国政权,进而践踏欧洲奠定了理论基础,成为德国法西斯内外政策的思想基础和纲领,是德国法西斯发动第二次世界大战的思想和行动的纲领,给世界人民带来一场空前的灾难。

登上权力之巅

铁窗的背后留给希特勒的是大把的时间,在狱中除了著书立说之外,他还不忘抚今追昔,回顾过去的挫折与晦暗,为新的远景养精蓄锐。

1924年的冬季,希特勒离开了兰德斯堡监狱,开始重操旧业。这个萧瑟的冬季,寒气和不佳不仅围绕着希特勒,连整个德国也开始出现了经济的恐慌,一直持续到了1929年。精明的希特勒并没有被一时的挫败打倒,反而更具耐心和信心,出狱后的他没有改变其夺权的初衷,只是变换了策略。他曾在狱中反省啤酒馆政变,并悟出既然通过政变夺权行不通,那就采取相反的途径,同当局政府合作来夺取政权,也就是说利用时势靠合乎宪法的手段来实现目标。

1925年1月4日,希特勒迈出了他新策略的第一步,他向新任巴伐利亚总理海因里希·赫尔德表态,保证今后一定会忠诚于政府,循规蹈矩,恪守法律,并答应与他合作共同反对马克思主义的斗争。这位肤浅的总理并没有发现希特勒那隐藏着的野心,反而错误地认为,"希特勒这头野兽已给制住,我们可以松松链子了",于是纳粹党和《人民观察家报》的禁令得以撤销,纳粹活动的复苏指日可待。这可以说是"转型"后的希特勒通过走合法路线赢得的第一仗。

《人民观察家报》于1925年2月26日复刊,希特勒特地写了一篇题为《新的开端》的长篇社论,以此振奋纳粹党徒的精神,号召他们起来继续奋斗。第二天，在那次归于惨败的政变出发地——贝格勃劳凯勒啤酒馆，希特勒举办了出狱后纳粹党的第一次集会，也是他出狱后的第一次公开亮相。虽然曾经共同作战的很多忠实信徒们死的死，逃的逃，决裂的决裂，但是在这个会场里，依旧聚集了4000多人，构成了一个盛大的场面。

希特勒知道，重建纳粹党是当务之急。他不仅需要把纳粹党建设为一支通过合法手段攫取权力的队伍，还要把这支队伍完全控制在自己的手上。为了重燃党徒们的士气，他发挥了自己演讲的天分，口若悬河地讲了两个小时，赢得了台下观众雷鸣般的掌声。

如此热烈的公开集会引发了当局政府的警惕，他们感觉这头被"制服"的野兽还是如此地不安分，于是禁令他在两年的时间内都不能公开进行演讲。这一棒给了希特勒重重的一击，但也没有使他有丝毫的退却，因为除了演讲，希特勒还是个出色的领导者、组织者。

不能在公开场合演讲的希特勒开始把精力放在了建设纳粹党的身上，他不断吸收党员、筹集经费、组建武装力量、完善党内机构。在他的努力之下，纳粹的队伍急剧壮大，组织也越来越正规和严密，到1928年纳粹党已成了"拥有一批具备接管政府事务能力的干部队伍的政党"。

1928年5月20日，纳粹党在国会选举中仅获得少得可怜的选票和议席。为了站稳脚跟，纳粹党必须进入到国家议会当中去。

此时经济危机给德国带来了严重的危害，工厂倒闭，工人失业，下层群众过着居无定所、饥寒交迫的生活，国内充满了对当局的不满之情。希特勒抓住了这个天大的机会，带着那三寸不烂之舌开始奔波于全国各个竞选场地，他知道这是个笼络人心的好时机。终于，在1930年的国会选举中，希特勒迎来了巨大的惊喜，纳粹党一跃成为国会中的第二大党，开始崭露头角。

但是，喜悦之后还有更大的焦虑，在选举中，共产党的得票也增加了，要想再获得稳定的多数选票已经相当困难，为了能够继续生存下去，希特勒想到了拉拢陆军和垄断资产阶级，这是德国的两大支柱。

早在啤酒馆政变之时，陆军就警惕过纳粹这支一心想要夺权的队伍。为了争取陆军的支持，希特勒不断发表演说，反复强调纳粹和陆军是朋友，社会党和共产党才是陆军的敌人。他利用年轻军官热衷于政治的特点，向他们展开疯狂的宣传。到了1930年，很多军人都被希特勒狂热的民族主义精神所感染，他们相信纳粹就是他们需要的东西。

1932年1月27日，希特勒前往杜塞尔多夫工业俱乐部发表演说，他反复强调纳粹会保护他们的利益,会从他们的利益出发,愚蠢的资产阶级巨头们满以为同纳粹党达成协议,用金钱笼络住希特勒,帮助他扫清道路,会为自己赢得更多的利益。

1932年7月3日的大选中,纳粹党果不其然成为国会第一大党,并且攫取了国会议长职位。一切都已经准备妥当,希特勒只欠一股东风把他吹向成功的顶峰。

深刻的经济危机、强大的工人运动,德国政府出现了前所未有的危机,各个政党的钩心斗角,以及希特勒的从中作梗使得政局飘忽不定,1933年1月30日,总统被迫接受提议,决定任命阿道夫·希特勒为政府总理。

那一天,43岁的希特勒兴奋地站在总理府一扇打开的窗户前,看着他的信徒们手舞足蹈、高声歌唱;狂欢的纳粹党徒们亦看到他们的总理留着卓别林式的小胡子,挂着满身的喜气,不断地举起手臂向他们致礼。

希特勒的登台标志着魏玛共和国走向了尽头,第三帝国得以建立,法西斯主义风潮由墨索里尼和希特勒的登台开始传向东方。

四、日本扰动远东

"开拓万里波涛",将"国威布于四方"

在世界的东方,一个贪婪而又恣肆的江洋大盗正在崛起,它就是日本法西斯。

早在明治天皇即位之时,日本便制定了用武力征服中国、朝鲜乃至整个世界的"大陆政策"。明治天皇在"天皇御笔信"中还宣布:要"开拓万里波涛",将"国威布于四方"。从此野心勃勃的日本开始猖獗了起来。

1894年7月23日,日军侵略朝鲜,拘禁了国王李熙。同年,打响了甲午中日战争,入侵中国辽宁,占领旅顺口和大连港。1914年,第一次世界大战爆发,日本利用此次机会对德宣战,出兵中国。

中国,长期以来便被日本视为主要的侵略扩张对象,日本的魔爪在中国的东北地区肆意地飞舞着,在这里它拥有一个东印度公司式的殖民机构——南满铁路公司,殖民扩张的基地——关东州,还有一支推行其殖民政策的军事力量——关东军。同时,为了维护其本身的在华利益,日本还不忘同其他帝国主义列强在中国的领土上展开利益的角逐。如早在1905年日俄战争结束以后,日本就取代沙俄,在中国东北攫取了不少殖民特权。

序幕：战争阴云

1919年日本法西斯第一个组织——犹存社成立。

1927年6月，日本首相田中义一在东京主持召开了"东方会议"，这次会议有陆军、海军、外务三省以及驻中国的外交官、军事首脑和行政长官等要员参加，会上，他们就侵略中国的政策和方针进行了周密的策划。会议还通过了《对华政策纲领》，纲领规定把中国东北划为日本"在国防及国民生存上有重大利害关系"的特殊地区，并说，一旦它的这个特殊地区受到损害，"不论来自何方"，"都必须抱定决心不失时机地采取适当措施"。

1929年，全球性的经济危机爆发，再加上早前关东大地震带来的破坏，日本面临着严重的打击。国民经济的亏损，黄金不断外流。工业萎缩，农业告急，使得日本法西斯对觊觎已久的中国更是垂涎三尺，为了摆脱世界经济危机所造成的深重困扰，转移国内的注意力，日本帝国主义迫不及待地走上了侵略道路。

日本的矛头首先指向的便是中国东北地区。不仅仅是因为它在地理位置上是日本的近邻，还因为这块土地资源丰富，土地肥沃，能够给日本提供充足的原料。侵占东北可以巩固对朝鲜的殖民统治，它还是日本进入中国和北上苏联的跳板，东北地区毫无悬念地成了日本的战略基地和日本军国主义前进的"生命线"。

为了使日本的经济发展能够满足侵略战争的需求，1929年12月，日本政府颁布了《产业合理化纲要》、1930年6月成立了临时产业管理局、1931年4月发布了《重要产业统制法》等措施，通过这些举措日本在许多工业部门强制建立卡特尔，加大国家对经济的控制力度，把国民经济的发展纳入战争经济的轨道。

1931年6月，日本陆军制定了军制改革的方案，增加在朝鲜境内的军事力量，使关东军的编制和配备能够适应战争的需要。此外，日本还计划新建和增建航空队、坦克队和其他机械化兵团。

日本还大力加强军国主义的舆论宣传，为侵略中国进行思想准备。日本在中国大肆宣传要在东北地区建立所谓的"王道立国的新国家"。1931年六至七月，日本参谋本部制定了侵略计划，就侵略中国东北的行动进行了具体的部署。

1931年9月18日，日本帝国主义在经过了一系列的精心策划和准备之后，发动了对中国东北的突然袭击。当晚10点30分，一声巨响炸毁了一段路轨，这是日军事先就策划好的，并立即以此为借口，污蔑是中国士兵的行径，并用早就从旅顺运来的大口径榴弹炮猛轰北大营。翌日凌晨占据北大营，当天，沈阳城失守。

日军在攻打沈阳的同时，还兵分几路开向了长春、四平、公主岭等中国兵营。

9月21日日军占领吉林市和吉长、吉敦两段铁路；22日侵占辽源四洮铁路；11月，黑龙江省沦败在日寇的铁蹄之下；1932年1月2日，锦州被占领，中国军队全部撤至关内。仅仅三个多月的时间，美丽富饶的东北三省便被日本帝国主义者吞噬了。

日本挥舞着屠刀，马不停蹄地冲向中国，国民党当局奉行的不抵抗政策，更是纵容了日本侵略者的侵略行为，使他们肆无忌惮。

1932年1月28日，日本的魔爪触及到了上海——这个中国沿海的重要经济、政治中心。它想控制上海来建立连接长江流域和中国内地的新侵略基地。

此起彼伏的事端，随处可见的战火硝烟昭示着一场席卷东亚地区的侵略战争已经慢慢地铺展开来。

一代枭雄的"爱国之情"

日本帝国主义为了更好地控制中国东北，不仅大力地对东北地区进行投资，同英、美等帝国主义竞争，还拉拢号称"东北王"的军阀张作霖。

张作霖，字雨亭，远祖时姓李，居于河北大城，后迁山东，清道光年间又迁至辽宁省海城县，他的祖父过继给舅父张氏，故改姓张。1875年3月19日，张作霖生于海城县驾掌寺村。张作霖年少时仅仅念过3个月的私塾，后因生活所迫而辍学。失学后的张作霖学过木工，卖过包子，当过小贩，学习兽医，甚至在走投无路时，投奔军营当过伙夫。

1894年中日甲午战争爆发，张作霖应征作为一名谍报员渗入到敌方打探军事情报，这期间，他表现机灵获取了不少重要情报，先后被授以功牌，升为哨长。1895年中日甲午战争结束，张作霖回到了故乡。

此时的中国在列强的疯狂瓜分下，进一步沦为了半殖民地半封建的国家，而张作霖所在的东北地区更是在帝国主义的掠夺下呈现出一片难民遍野、盗匪横行的局面。人们的生活苦不堪言，生命受到了严重的威胁。混乱的时局下，退伍的张作霖同一帮土匪、散兵流民打成了一片，他们打家劫舍、征粮征饷，大量抢夺财物，渐渐地在东北成了赫赫有名的"红胡子"。

1900年，张作霖在其岳父的帮助下，成立了一个自保的武装组织，主要负责他所在地和附近几个村子的治安。在其管辖范围内，部队十分遵守规矩，受到了百姓的称赞。

　　1902年，社会逐步趋于稳定，鉴于张作霖与民众和绅商的融洽相处，得到了大众的交口称赞，11月9日他的武装团队被政府收编为省巡防营，张作霖任管带（营长）。张作霖由一个民团武装的头目摇身变成了政府的军官，这是他人生重要的转折点，骁勇作战的张作霖开始扶摇直上，飞黄腾达。

　　1907年，张作霖因剿灭辽西大土匪杜立三有功，升为奉天巡防营前路统领。1912年，张作霖被任命为第27师中将师长。1916年4月，张作霖升任奉天督军兼奉天巡按使，掌握了奉天省的军政大权，成了封疆大吏，有了相当的地位。1918年9月被任命为东三省巡阅使，利用日本的势力控制了奉、吉、黑三省，成为奉系首领。1926年12月1日，张作霖任职北洋军阀安国军总司令。从此，张作霖的势力范围便从东北、华北一直伸展到黄河、长江流域。

　　就任安国军总司令的张作霖，为了缓解同南方军阀的矛盾，他开始大肆阻挠人民革命的运动，同时派兵与北伐军作战，阻止北伐军北上。

　　张作霖之所以能长期控制东北，主要是靠日本帝国主义的扶植和支持。

　　1922年，在华盛顿会议后，美、英、日等帝国主义列强之间的矛盾表面上得到了缓解，但是在中国他们都紧紧扶住各自的军阀，维持自身的在华利益。随着军阀势力发展，1920年爆发了直皖战争，1922年、1924年又相继发生直奉战争，军阀之间日益尖锐的矛盾使得日本帝国主义加大了对张作霖的扶植，而张作霖本身也非常关注日本对其的态度。

　　但是随着张作霖在战争中的节节胜利，以及其地位的不断提高，他渐渐的不太愿意被日本政府所摆布，也不太理会日本帝国主义的要求，因此他的名字便逐渐引起日本当权者的注意。

　　日本开始加紧对张作霖施加压力，并且急于想要索取其在东三省的权益。充满野心的张作霖本想借日本的势力来壮大自身的权力，而不是束缚自己的手脚，所以对日本的逼迫十分不满。再加上他认为自己手中的几十万大军是具备一定实力的，日本人并不能真正把他怎么样。同时，东北人民的反日运动日益高涨，使得张作霖开始拒绝日本提出的要求，这惹恼了日本帝国主义。

　　随着张作霖与日本的关系恶化，日本决定除掉张作霖。想通过张作霖之死，扫除阻碍，引起社会混乱，乘机出兵，挑起大规模武装冲突，用武力彻底解决问题。

1928年6月4日5时半，张作霖乘着蓝色铁甲车从北京返回奉天，当火车刚刚开到皇姑屯铁路交叉点时，早已被日本关东军埋好的炸弹炸毁了装甲列车，张作霖身负重伤，当天便去世，享年54岁。一代枭雄——张作霖就这样陨灭了。

东三省飘起了青天白日满地红

张作霖被炸死的消息传出去以后，即将登上皇位的日本裕仁天皇欣喜若狂。而张学良由于收集不到确切的证据，在万般无奈的情况下，也只能假装此事已经了结，但他和他的部下暗中仍在追查凶手。

此时，日本政府和军部为了争取张学良继承他父亲继续做其在华代理人，软硬兼施。于是，他们以参加张作霖的葬礼为名，派林权助代表日本对张学良做工作，劝说张学良千万不要因此而误会日本，以免伤了两家的和气。他还说："日本皇军所向无敌，东北土地肥沃，资源取之不尽，少帅年轻有为，如果与大日本合作，那少帅和东北就如日之东升，前途无量。"

美国，一个新兴崛起的帝国主义国家，对中国也有极大的侵吞野心。而此时的张学良不管是在军事实力上还是在政治影响上，都是中国举足轻重的人物，美国为了获取利益，是绝不会放弃他的，因此美国准备抓住张作霖之死这个千载难逢的机会，插手东北的事务。

于是美国派蒋介石去游说张学良："东北地区是中国的领土，涉及我们中国的切身利益，绝对不可以落入日本人的手中，让日本人在这片土地上为所欲为。一旦日本侵占了东北，就会把东北作为他们后方的基地，由此向关内、向全中国内陆进攻，到那时你少帅就被动了。不如把五色旗换为青天白日满地红旗，表示少帅已赞成中国统一，来共同反对日本人的侵略，这可是造福子孙的千秋功业。"张学良被这样的话语所迷惑，他并没有看清这位蒋总司令实际上是位名副其实的亲美派，他这样做不是为了什么中国的切身利益，而是为了自身和美国的利益。

张学良一边与日、蒋代表谈判，一边与其智囊团商量对策。经过反复研究，他们认为，蒋介石鞭长莫及，而日本人则兵临城下，于是决定采取实用主义的态度，先稳住日本再说。可是当这个消息一传出去，马上就引起了美帝国主义的不安。

1928年6月13日，美国驻华公使马克谟立即来到了奉天，在奉天的美国领事馆同张学良的心腹杨宇霆见面交谈。他了解了张学良的想法和担心后，分析了日本的情况，从日本军事准备的速度看，要向中国动武，多则需要5年时间，少则需要3年时间，在这段时间里张学良完全可以与蒋介石合作。接着他分析了美日在中国的势力分配和发展前景，让杨宇霆三思。

张学良因多年旁观父亲同日本人打交道的情景，故对日本人极为反感，认为日本的当权者们无论军界、政界、商界，都是虎狼之辈，对中国人绝不安好心，其要求五条铁路的承建权只是个开头，彻底吞并东北才是目的。

关于蒋介石，张学良了解到此人有口是心非、不讲信义等弊病，但也算一个坚忍不拔的人物。何况，以目前中国局势，除了蒋某，似无第二人能统一中国。而东北不可能自立，务必靠拢一头。所以与其在日本人的卵翼之下过日子，不如倒向蒋介石的南京政府。至于蒋介石日后将如何对待自己，再说。

于是，6月23日，张学良召开了东三省军民联合会议，讨论保安总司令人选及东北易帜等问题。

6月25日，张学良派邢士廉到达上海，告诉蒋介石："东北三省服从国民政府已不成问题。"

张学良虽然集国难家仇于一身，但他深知要想报仇雪恨，赶走日本帝国主义，仅奉军力量远远不够。他一面采取一些措施来稳定政局，以防日本关东军乘机发动武装进攻；一面积极促进南北议和，统一国家。

1928年7月6日，张学良派特使带着他的亲笔信到达北京，商议东三省易帜和撤兵等重大问题。当日，蒋介石、李宗仁、冯玉祥、阎锡山等人正在香山碧云寺向孙中山先生之灵告祭北伐完成。随后召开了会议，研究处理张学良改挂旗帜和军队编遣问题。蒋介石对张学良易帜的想法十分赞同，并一再催促张学良尽快易帜。

张学良在南京政府的催促和东北民众的拥护下，易帜的决心更加坚定，遂于1928年12月29日在奉天省府礼堂举行了易帜典礼。

12月31日南京政府正式任命张学良为国府委员、东北边防军司令长官，张作相、万福麟为副司令，并通过了东三省及热河省委员名单。

从此，东北三省升起了国民党的青天白日满地红旗。

宁予外贼不予家奴

日本帝国主义为了长期霸占东北，在军事占领的基础上，开始策划在东北建立一个傀儡政权——伪"满洲国"。这个国家以日本为盟主，以日、满、蒙、汉、朝五族组成，以溥仪为首脑，下设五个镇守使。这个政府从1932年成立到1945年崩溃，经历了长达14年时间，日本帝国主义利用它直接对东北人民进行血腥统治，犯下了滔天罪行。

除了建立伪"满洲国"以外，日本侵略者为了维护和巩固自己的统治，在各地驻有关东军外，还把它的宪兵、警察和特务遍布东北各城市和乡村。这些宪兵、特务，动辄以"抗日嫌疑"屠杀、犬食、活埋中国人民，制造了大量惨案。他们还制造了大规模的"无人区"和"人圈"，采用"以华制华""以夷制华"等手段进行统治。

在经济上，日军侵占东北后，大肆掠夺经济资源。他们依照所谓的"日满经济一体化"方针，完全控制和操纵了东北的经济命脉，达到"以战养战"的目的。

为了适应战争需要，日军还极力推行细菌战，组建了进行细菌战的"细菌实验所"，以活人代替动物进行试验，专门培植、制造鼠疫、霍乱、坏疽、伤寒、结核、破伤风、鼻疽、牛瘟等疫病细菌，还进行毒气试验、冻伤治疗试验、真空环境试验，及活人解剖，用各种暴行残害中国人民。

面对日本人的残忍行径，国民党不仅不奋勇抵抗，还一再妥协，纵容日军的侵略行径。如在1931年9月18日，日军发动"九一八事变"，占领了东北。国民党政府"绝对不抵抗"，请西方列强"调停""先以公理对强权，以和平对野蛮，忍怒含愤，暂持逆来顺受态度，以待国际公理之判断"。

此外，1932年1月28日，日军发动"一·二八事变"，进攻上海。国民党同样表现懦弱，5月5日国民党政府同日军签订《上海停战协定》，划上海为非武装区，中国不得在上海至苏州、昆山一带地区驻军。

1933年5月31日国民党政府签《塘沽协定》，承认了日本对东北、热河的占领，划绥东、察北、冀东为日军自由出入地区。

1935年6月27日国民党政府签《秦土协定》，中国丧失了在察哈尔省的大部分主权。

1935年7月国民党政府签《何梅协定》，中国河北省主权大部丧失。

日本吞并整个华北的威胁和国民党政府的投降卖国政策，激起了华北人民和全国各阶层人民的强烈抗议。此时中国共产党，在这国家危亡的关键时刻，挑起了保卫国家，振兴民族的重任。早在1935年6月15日，还在红军长征途中，中华苏维埃共和国中央政府和工农红军革命军事委员会就发表了《为反对日本并吞华北和蒋介石卖国宣言》。

1935年，党中央和红军主力胜利地到达中国的西北地区同陕甘红军会师之后，11月13日，党中央又发表宣言，揭露了日本帝国主义企图把全中国变为它的殖民地和蒋介石出卖中国的丑恶行径，以及我们中华民族所面临的危险境况，指出抗日反蒋是全中国民众救国图存的唯一出路。宣言号召全国民众动员起来、组织起来，拥护这个唯一正确的救亡图存的主张。

中国共产党的这一宣言很快就在全国范围内流传开来。1935年12月9日，在中国共产党的领导下，北平一万多大、中学生举行了伟大的抗日救国运动，群众高呼"停止内战，一致对外""打倒日本帝国主义"等口号，并同时向国民党政府提出了抗日救亡的基本条件，即为"一二·九"运动。国民党政府用屠杀和逮捕等各种残酷手段来镇压学生运动，但爱国学生以更大规模的群众运动来回击反动派。12月16日，在中国共产党领导下，北平学生和市民3万人在天桥举行大会，会后还开展了声势浩大的爱国游行运动，迫使原本在这天成立的傀儡政府"冀察政务委员会"不得不延期成立。"一二·九"和以后的爱国运动，冲破了国民党政府的恐怖统治，很快得到全国人民的响应，抗日救亡运动迅速扩大到全中国。这一系列抗日爱国运动，表明国人已从沉睡中觉醒过来，表明了他们誓死不当亡国奴的决心。

黄浦江中流的是血

上海是守卫南京的屏障，在政治、经济和军事上具有极其重要的战略地位。而且是长江的门户，是我国最大的商业城市和进出口贸易港口，也是世界东方的金融贸易中心。它通过沪杭、沪宁铁路和长江成为通往内地的枢纽。

日军认为如果在上海挑起事端不仅能够转移中国和世界对其占领东北的视线，又能使中国丧失经济中心，达到迅速灭亡中国的目的，所以他们加紧了侵略行径的策划。

1932年1月，关东军派坂垣大佐回到东京，与参谋本部研究发动上海战争的准备工作。坂垣大佐利用田中、东珠进行了大量特务间谍活动。尤其是东珠利用与国民党要员的关系，获得大量关于国民党内部派系斗争的情况，了解到国民党正处于分崩离析群龙无首的混乱状态，是日本举事的大好时机。她在上海雇用了很多当地的地痞流氓，充当她的打手，不断为在上海发动事变煽风点火。

后来，日本驻上海领事馆以日僧受挑衅为由，向国民党政府提出抗议，要求中方道歉，严惩凶手，赔偿一切损失和取缔抗日运动等多项无理要求。随后日军又以"保护日侨"为名,加紧调兵遣将。

至27日,日军在上海囤积了大量兵力,军舰的数目已增至30余艘,飞机40多架,铁甲车数十辆,陆战士兵已增至6000多人。同时日军还派海军陆战队在上海四川路、闸北、天通庵一带武装巡逻。日军策划好这些以后,在27日晚向上海市政府发出最后通牒:28日下午6时前对四项条件予以答复,否则日本海军将自由行动。上海市市长吴铁城执行了国民党的不抵抗政策,在1月28日下午3时答应了日军所提出的四项要求。

国民党政府的息事宁人并没有换来日军的就此罢休,反而更加滋长了他们的侵略野心。当天深夜23点30分,日军行到闸北通天庵路时,突然向驻守在那里的19路军156旅发动袭击,震惊中外的上海"一·二八事变"爆发了。当时驻守在上海的军队主要是由蒋光鼐、蔡廷锴等人领导的国民党第19路军。事发以后,蔡廷锴立即指挥全军,以实际行动来反击日军的挑衅。

第一次中日交战,我军毙敌300余人、伤数百人,战果不大。但19路军依然没有放弃,继续英勇奋战,到29日天亮时,陆续击退了日军的猛烈进攻。但此时,日本加大了进攻的力度,盐泽海军大将下令调动两艘航空母舰上的战斗机,空袭我方军队,并在闸北南市一带人口密集的居民区投下大量炸弹。随后,无以计数的妇女、儿童被炸得血肉横飞,大量的房屋建筑轰然倒塌,惨不忍睹。

面对日军的进攻和狂轰滥炸,蔡军长向全军发出号召:"纵令血染黄浦江,19路军也要和日军战斗至最后一人。"但由于19路军的抗日行动是违背蒋介石的旨意的。当他听到上海市市长吴铁城的报告后,当夜即同汪精卫返回南京,召见了海军部长陈绍宽,对陈严肃地说:"中国海军决不能与日本海军打起来,相反,要友好地相处。"因此,在19路军与日海军浴血奋战时,中国海军奉令调入长江躲避。

蔡军长并没有执行这个命令,他义无反顾,继续率领全军与日军展开浴血奋战。由于19路军兵官上下齐心协力,抗日英勇行为又得到上海人民的极大支持,日军虽有飞机助战,但各路进攻均被击退,我军截获敌铁甲车3辆,打死打伤大量日军。

1月28日打退日军进攻后,为了表明抗日决心,争取全国和全世界人民的支持,19路军于29日凌晨1时向全国发出通电:"特急!暴日占我东三省,版图变色,国旌垂亡!最近更在上海杀人放火,浪人四出,世界卑劣凶暴之举动,无所不至。而炮舰纷来,陆战队全数登岸,竟于二十八夜十一时三十分公然在上海闸北侵我防线,向我挑衅。——为救国保种而抗日,虽牺牲至一卒一弹,决不退缩,以丧失中华民国军人之人格。——19路军总指挥蒋光鼐、军长蔡廷锴、淞沪警备司令戴戟叩绝。"通电发出后,立即受到全国人民的称颂,各地拥电纷至沓来,上海人民也掀起了反蒋抗日新高潮。这一行动对于蔡军长来说是一个极大的鼓舞,也使他进一步坚定了抗战的决心。

与此同时,日军也加紧调兵遣将,不论是武器装备质量还是军队数量都有了极大的提高。2月4日,敌人经过一段时间的整顿之后,重新向我军发动总攻,战火开始蔓延到江湾、吴淞一带。在这次战役中,各线士兵均同敌人展开了激烈的搏斗。在我军将士的英勇战斗和反击下,闸北地区的日军被迫撤退;江湾日军一个联队也被我军全部歼灭。

经过9个小时的激战,日军的总攻计划被我军完全粉碎。

2月11日下午,日军飞机在闸北地区投下了大量燃烧弹,同时用大炮猛轰,闸北在顷刻间成了一片火海。

正当19路军孤军奋战之时,上海又杀出一员大将:张治中将军。他深深地被19路军的壮举所感动,但认为19路军孤军作战,难以持久,必须动员全军一起抗日。他给蒋介石发了一电,表示"此次奉命抗战,即下了最大决心,誓以死报国,并与19路军团结一致……和衷共济"。同时又发布了《告全军将士书》,指出:"打倒日本帝国主义,是我们全国一致的呼声,一致的要求,一致的决心。"

经过多次战斗动员,全军将士群情振奋,斗志昂扬,与敌展开了激烈的战斗,打退了敌人的多次进攻。

"兵是有的,不过要留着打红军"

"兵是有的,不过要留着打红军",这就是蒋介石的一贯思想。

蒋介石在"九一八事变"以后,就遭到全国人民的强烈谴责和反对,又因囚禁胡汉民等卑劣行径,受到两广粤系实力派人物的强大压力,要求他下野。所以他在没有选择的情况下,只好勉强同意了张治中提出的反抗日军入侵上海的意见,并命令军政部长何应钦调动驻京沪、京杭两线上的第87和第88两师,合成第5军,另加中央军校教导队,统一由张治中指挥,援助第19路军,开展抗日行动。

1932年2月20日早晨,敌人又一次发动了总攻,一路进攻张华浜一带,一路由杨家浦进犯,攻势甚猛,从早到晚战斗没有停歇。经过一天的血战,入夜后敌人继续进攻,炮声不绝。

21日，植田总司令亲自指挥进攻，我阵地工事被毁很多。我军官兵深刻总结了同日军作战的经验教训，应该在敌军炮轰时，隐蔽在战壕内，沉着不动，等待敌军的步兵慢慢接近，然后就用手榴弹、步枪迎头痛击，冲锋肉搏，迫敌后退。

22日，敌人又倾巢来犯。这时，张治中亲率教导总队到88师指挥、策应。

3天以后，蒋介石在写给张治中将军的电报中声称："自经过22日一役，我军声誉在国际上顿时增高十倍。各国舆论莫不称颂我军的精勇无敌，而倭寇军誉则因此而一落千丈也。"蒋介石嘴上讲得特别好听，但他并不增派援兵，使守沪官兵处境依旧十分艰难。

渐渐地，日军也吸取了教训，认识到与我军正面作战不太容易取得胜利，又看出了我军在布局上存在缺陷和漏洞，于是就改变了战术，沿长江沿岸向我军侧背两面同时进攻。

3月1日拂晓，日军又炸毁了吴淞要塞及狮子林地区的全部炮位，从正面发起总攻。与此同时，20余艘战舰携带无数民船和马达船，利用烟幕掩护，在我侧背沿江一线的要地进行猛扑。

张治中将军立刻命令87师两个团飞驰截击。但是这两个团仅仅只得到11辆汽车，援助途中又遭遇敌人的围追堵截，只得与之展开白刃格斗；运输汽车在前进途中几乎全都被敌机炸毁，部队只好徒步前行，致使一个营一直处在三面围攻之中。

这个营虽然伤亡惨重，但在营长的率领下，全营官兵视死如归，临危不惧，自晨至夜，使敌未能前进一步。但我军一直都是侧背整个战线，猝不及防，且敌众我寡，后续无援，节节败退。战局的突然恶化，使中国守军立即陷入腹背受敌、时刻可能被围歼的危险境地。为了保存实力，3月1日晚9点，蒋介石下达了转移阵地的命令，我军被迫后撤。

凌晨1时，1000多日军忽自浏河猛扑过来。我军与日军激战2小时后，敌军越来越多，我警戒线已丧失二分之一，到上午8时，敌又增加主力4000余人，开始向我阵地突击，并向我右翼包围，情况十分危险。10时，敌又增到七八千人，环绕于娄塘一带我阵地前面。敌军此举的企图是突破我嘉、太中间地区，直下铁路，截断第5军和19路军退路，并予以包围歼灭。

而我军孤军奋战，弹药已将用尽。到午后，各点均被突破，核心被围，我军死伤逾半。下午，虽然援兵已经到达，但517团战况越陷不利。

这一战役，我军虽然牺牲了近千人，但却粉碎了敌人断我后路、围歼我军的企图，使我军大部分部队撤出重围。

1932年3月3日，国际联盟做出决定，要求中日双方立即停止战争。

国民党政府毅然不顾全国人民的强烈反对，于5月5日与日本侵略者签订了《淞沪停战协定》。该协定规定日军可以在吴淞、闸北、江湾及南翔等广大区域永久驻兵；南市、浦东不准中国任何军队驻扎；把长江沿岸地区包括福山到太仓、安亭及白鹤江起直到苏州河为止的广大地区，交给日本及英、美、法、意等帝国主义共同管理；取缔全国范围内的任何抗日活动；把第19路军调到福建。

开场：远东硝烟

一、日本全面侵华

"二二六"法西斯军事政变

20世纪30年代，日本军队内部存在着很严重的斗争。由于对政治的看法、理念不同，军队内部逐渐分成两派："皇道派"与"统制派"。统制派主要是陆军中央机关内的军官，"皇道派"的人多为野战部队的少壮派军官。

"皇道派"认为，日本天皇已经被周围的"奸人"包围和蒙蔽，无法得知民间疾苦，所以必须起来"清君侧"。其手段就是废除内阁，让天皇成为类似希特勒的直接军事独裁者。"统制派"则完全反对这种主张。不过两派的政治主张虽迥异，目的却都是要将日本进一步转型为法西斯国家。

"皇道派"的代表人物是荒木贞夫、真崎甚三郎、冈村宁次、桥本欣五郎和相泽三郎等人。统制派的领袖则是宇垣一成、杉山元、永田铁山、东条英机等人。两派主张建立军部法西斯独裁的手段有很大区别。"皇道派"为实现目标不惜采用政变、暴动以至暗杀等恐怖手段。统制派则主张运用合法手段，从事合法改革。统制派极力主张建立总体战体制。两派的对立还在于人员安排上的钩心斗角和争权夺利。两派并不是明确的组织，每派内部的行动也往往并不统一。

两派的斗争影响到没有实际权力的年轻军官。1936年2月25日深夜，东京城降下百年一遇的大雪。26日凌晨5时左右，香田清贞大尉、安藤辉三大尉、河野寿大尉、野中四郎大尉等9名政变核心军官率领1400余名官兵，从驻地武器库中夺取了步枪、机枪等武器，然后从位于皇宫外西侧三宅坂的第1师团驻地出发，分头去刺杀"天皇周围的坏人"。

这批"皇道派"的少壮派军官，他们袭击了首相官邸、警视厅（首都警察厅）等重要政府机关，杀死了内阁大臣、前首相斋藤实，藏相高桥是清,陆军教育总监渡边太郎,天皇的侍从长铃木贯太郎也被打成重伤。他们试图通过在首都东京发动军事政变来建立军部法西斯独裁。

叛军占领陆军省、参谋本部、国会及首相官邸等一带地区,要求陆军上层对国家实行法西斯化改造。政变激怒了日本天皇,天皇敕令平叛。后来经过上层两派势力激烈斗争后,暴乱在2月底被全部平定下去。

军部对政变的处理极其严厉。参加政变的青年军官中两人自杀,其余19人被起诉,此外被起诉的还有民间人士北一辉、西田税等和士官,共123人。经过不到三个月的审理,7月5日做出了判决,政变的直接策划组织者香田清贞等17人被判处死刑,其他关联人员也分别被判刑。

"二二六兵变"之后,"统制派"借机对"皇道派"进行了大规模的清洗和排斥,从此掌握了军部内的主导权。具有讽刺意味的是,"皇道派"发动政变时所设定的目标,在政变失败后反而得以实现。他们的军部独裁、国家政权法西斯化等愿望被同属法西斯派别的统制派逐步实现。统制派从此牢牢掌握了军部大权,而且内阁也被以新首相广田弘毅为首的文官法西斯集团所控制。

法西斯军阀要挟政府说:"政治的主导权如不让给军部,就会发生第二、第三个'二二六'事件!"在军部的强烈要求下,日本政府在1936年5月恢复了1900年制定、1913年一度废止的陆海军大臣、次官由大、中将现役军人担任的制度。为了缩小议会权限,消除政党政治,法西斯军阀还提出所谓改革政治制度的"计划",从而使议会完全变成军部法西斯独裁的附属品。

日本的军部法西斯独裁在"二二六兵变"后,正式宣告确立。之后,日本军部在国内推出了一连串的反动措施。对内加强"特别高等警察";实行警察的特务统治;压制言论思想自由;迫害共产党人和进步人士等等,加紧镇压日本人民。对外则加紧侵吞华北。继1935年8月提出"广田三原则"(对华外交方针三原则:1.中国方面要彻底取缔反日言行;2.中国要承认"满洲国",在这之前日本和中国在华北方面实行经济、文化的交流合作;3.日本和中国合作,在接近外蒙古的地区内排除共产主义。)之后,1936年8月,日本政府通过了《第二次处理华北纲要》,进一步重申要使华北五省(河北、山东、山西、察哈尔、绥远)实现"特殊化",以达到"华北分治"的侵略目标,意图肢解华北,使其脱离中国,沦为第二个"满洲国"。

日本由于国内长期存在军国主义反动传统,军部又在天皇制统治机构中占有特殊地位,所以日本不需要像德国和意大利那样组织法西斯政党来夺权。日本法西斯主义的显著特点是天皇制军国主义的法西斯化。依靠和利用现存的天皇制统治机构，以建立军部法西斯独裁的方式来推行国家的法西斯化。"二二六兵变"是日本军部法西斯独裁确立的标志。从此日本整个国家体制完全纳入战争和法西斯轨道。

对内扩充军备，对外勾结德国

日本军部法西斯独裁体制确立之后，日本向海外扩张的步伐进一步加快了。标志之一即是"国策基准"的制定。1936年8月7日，日本政府召开由首相广田弘毅主持的五相会议。所谓五相会议，就是有首相、陆相、海相、外相和财政大臣五人参加的会议。这次会议在军部提出的方案基础上，讨论通过了一个决定日本国策的纲领性文件"国策基准"。

"国策基准"是日本夺取亚太地区霸权的纲领性文件。它规定，日本的根本国策在于外交和国防互相配合，一方面确保帝国在东亚大陆的地位，另一方面向南方海洋发展。

这是日本官方文件第一次反映出海军对"南进"的要求。日本过去多年的侵略政策都是以"北进"的大陆政策为主导，陆军是方针受益者和支持者。华盛顿体系建立后，日美矛盾日益突出，海军乘机鼓吹"南进"主张。1935年冬召开第二次伦敦海军裁军会议后，日本国内更是掀起"南进论"的热潮。持"南进论"者扬言，日本有三条生命线，第一是中国东北，第二是"内南洋"即太平洋的委任统治地，第三是"外南洋"即荷属东印度、菲律宾等地。并说日本已握有前两条，现在应该夺取"外南洋"。

为保证对外侵略扩张的顺利实施，"国策基准"还规定了"扩充国防军备"的基本方针：陆军军备以能对抗远东苏军为目标，海军以能对抗美国海军、确保西太平洋制海权为目标。对于军部操纵外交工作、改革行政、统一舆论、加强军国主义教育，以及"加速制定国防和产业所需重要资源、原料的自给自足计划"等，都有原则性的规定。20世纪30年代中期日本对外侵略扩张的狂妄野心在这一"国策基准"中充分显露出来。

日本"国策基准"出台之前，军部还修订了《帝国国防方针》等有关军事作战的文件，对军事战略目标、扩军备战和军事作战方针等问题重新作了规定。首先，苏联和美国并列成为第一目标，中国和英国属地也被列入进攻计划；其次，规定在今后10年内大力扩充陆、海、空军，做到上述目标所要求的、足以征服东亚大陆及西太平洋的空前庞大的兵力。具体指标是：陆军常备师团为20个，战争初期所需兵力大体以50

个师团为基干。海军对外作战部队，应配备战列舰12艘、航空母舰10艘、巡洋舰28艘、驱逐舰102艘、潜艇77艘。陆军航空兵力在战争初期要有140个中队，海军的常备基地航空兵为65个飞行队。

自1936年下半年开始，日本的扩军备战工作便根据这些文件的规定，"有条不紊"地开展起来。首先是庞大的军事预算，1936~1937年度军费达103亿日元，占当年财政支出的近46%。1936年仅为了入侵华北的军事需要就追加预算1780万，制造大口径远射程的火炮，重新装备野战炮兵部队。对军工生产的投资也大为增加，1936年达9.82亿日元，比1935年增加2.2亿左右，占1936年工业生产总投资的49.1%。1937年更增为22.39亿，在总投资中的比重增长到61.7%。

这样一来，1936年和1937年，日本军队不仅技术装备水平大幅提高，而且人员和武器也都增长迅猛。日本陆军常备编制从1931年的23万人，增长到1936年38万人，1937年的45万人。海军作战人员编制，1937年扩充1/4以上。1937年日本步兵师团装备的火炮数量超过了法国，几乎赶上英美，并且拥有一批新式火炮。飞机也从1931年的600架增为1936年的1500架。海军舰艇数量和海军基地建设也加紧扩充。1936年还计划建造世界最大的战舰。

日本在国内扩军备战的同时，在国际上也动作频频，主要是和德意志法西斯加紧勾结。早在1935年，希特勒就拉拢日本做侵略伙伴，1936年广田出任首相后，两国走得更近了。1936年春天，德日两国在东京、柏林同时举行谈判。德国法西斯外交代表和日本参谋本部人员都参加了谈判。

双方经过几个月的外交谈判，达成协议，于同年11月25日在柏林签订了《日德关于反共产国际协定》，有效期为5年。同时签订附加议定书。"协定"和"议定书"的主要内容，是缔约国双方加强有关共产国际的情报交流、协调反共手段、镇压各自国内为共产国际工作的人和抵制共产主义影响，以及要求第三国采取反共措施及参加本协定。

日德双方同时签订还有《反共产国际协定的秘密附加协定》。它规定：签字国一方受到苏联的进攻或进攻的威胁时，另一方不采取足以减轻苏联负担的一切措施；不经缔约国双方同意，任何一方不得同苏联签订与本协定精神相违背的任何政治性条约。这是一个具有反苏军事条约性质的秘密协定。

协定签订之后，日本法西斯军部和官僚们欢欣鼓舞。著名的法西斯政客松冈洋右兴奋地说："只有大和民族和日耳曼民族即德意志能同这一国际危险物（指共产国际）做斗争，日德两国应以殉情精神携手并进。"

日德两个法西斯国家是一丘之貉，它们同为最富侵略性的帝国主义国家，不论是侵略扩张还是反苏反共，两国都有相同的利益诉求。1936年日本陆军省发布的一份材料称："国际上的冲突正在加剧，蕴藏着一触即发的危机。现在的国际形势好像有人要把它弄得和上次世界大战前夜的样子"，"纵观目前国际形势，一方面是维持现状国与打破现状国的对立，另一方面是标榜人民战线的自由主义或社会主义国家与盛倡国家主义的全体主义（即法西斯主义）。""结局，战祸何时爆发，实不可测。"

为了应对世界大战再次迫近的局势，日本终于和德国走在了一起。日德《防共协定》的签订，意味着"东京—柏林轴心"的正式形成。有了西方伙伴的支持，日本在东方的侵略扩张更加肆无忌惮，亚洲上空的战争阴云更加浓厚了。

西安事变和平解决

1931年"九一八事变"后，日军几乎未受到任何抵抗便迅速占领了辽宁、吉林、黑龙江三省。在舆论的强压之下，张学良被迫下野，只好于1933年4月赴欧洲"治病"。

从欧洲回来之后，1934年2月张学良被任命为豫鄂皖三省剿总副总司令。1935年3月，任武昌行营主任，10月，兼任西北剿总副总司令。此时，日本侵华日甚，国民政府一再妥协，中共中央发表《为抗日救国告全体同胞书》，提出反蒋反日等口号，全国要求停止内战实行抗日的呼声日益高涨。

当时在西北地区，以西安为中心的国民党军队的主要力量有张学良率领的东北军和杨虎城率领的第十七路军。1935年4月，蒋介石为了削弱张学良的实力，命令张学良围剿红军，在屡遭挫折后，使张学良逐渐对蒋的调遣有所反感。1936年4月起，张学良开始和中国共产党秘密接触。4月9日，张学良乘专机飞抵延安会见周恩来。1936年9月，中国共产党与东北军正式签订了《抗日救国协定》，双方正式结束敌对状态。张学良拿出巨额私款，赠送红军作冬季衣食补给费用。共产党也在西安设立办事处。

张学良自从在西北地区实行联合抗日之后，曾多次劝谏蒋介石停止内战，一致对外，均遭拒绝。蒋介石调集嫡系军队约30个师准备从河南开入陕甘。而蒋介石本人也于1936年12月4日飞抵西安，要挟张学良、杨虎城，要他们将张、杨两部分别调往安徽、福建，由中央军进驻西北。张、杨力劝蒋介石联共抗日，蒋拒绝。两位爱国将领决定实行兵谏。

12月7日，张学良到华清池见蒋介石，再三苦谏，要求停止内战，一致抗日，遭蒋拒绝。

12月9日，中国共产党组织大规模的群众游行示威，纪念"一二·九"运动一周年。特务军警开枪打伤一名小学生，群众非常激愤，决定到临潼直接向蒋介石请愿示威。蒋介石强令张学良制止学生运动，必要时可以向学生开枪。张学良接到命令后，赶上游行队伍，极力劝说学生回去。东北大学学生高呼"中国人不打中国人！""东北军打回老家去，收复东北失地！"等口号。张学良向群众表示一周内以实际行动答复学生要求，如果做不到，你们其中任何人都可以"置我张学良于死地"。请愿学生们在华清池前高唱《松花江上》一曲，感动了在场的东北军，全场爱国情绪高昂。

当晚，张学良找到蒋介石，再次劝蒋抗日，并要求蒋放过学生，但是蒋介石怒称："对这批学生，除了拿机关枪打以外，是没有其他办法的！"张听后大怒，心想："机关枪不打日本人反而去打爱国学生？"张蒋再次大吵，盛怒下的张学良于当晚决定兵谏。当晚张学良与杨虎城商议，决定发动兵变，命令白凤翔去捉拿蒋介石，白凤翔说"只见过照片，没见过本人，到时候乱军之中怕出错误"。于是，12月10日，张学良带着白凤翔见到了蒋介石，蒋正在召开会议，正式通过发动第六次"围剿"计划，决定在12日宣布动员令。

12月12日晨5时，张学良、杨虎城发动兵谏，东北军到临潼的华清池捉蒋介石，蒋从卧室窗户跳出，摔伤后背，躲在一块大石头后面，被发现活捉。17路军还扣留了在西京招待所的陈诚、内政部长蒋作宾、邵力子、福建绥靖主任蒋鼎文、陈调元、卫立煌、朱绍良等国民党军政要员，西安事变爆发。

当天，张学良、杨虎城向全国发出了关于救国八项主张的通电，提出：

1. 改组南京政府，容纳各党各派，共同负责救国。
2. 停止一切内战。
3. 立即释放上海被捕的爱国领袖。
4. 释放全国一切政治犯。
5. 开放民众爱国运动。
6. 保障人民集会结社一切政治自由。
7. 确实遵行孙总理遗嘱。

8. 立即召开救国会议。

西安事变爆发后，南京政府顿时陷入混乱状态，各方势力意见不一，争论不休。南京国民政府的军政部长何应钦是亲日派，他极力主张讨伐张、杨，意图炸平西安，置蒋介石于死地，由他取而代之。南京政府在事变当晚十一点半，召开中常会及中央政治会议联席会议，决议夺张学良本兼各职，交军事委员会严办。会议最后决定剿抚并用，一面以何应钦为讨逆军总司令，一面以于右任为陕甘宣抚大使。

但宋子文、宋美龄兄妹则反对武力讨伐，力主用和平方式营救蒋介石。宋美龄想到了澳籍友人端纳，端纳是生于澳大利亚新南威尔士州斯峻的记者，他一生的事业在中国，曾赞助过中国的辛亥革命，后来又成为北京北洋政府的客卿，曾为张作霖父子的谋士，与张学良交往密切，也是蒋介石的好友。宋美龄请端纳居中调停。在端纳的全力周旋下，12月22日，宋美龄、宋子文等飞到西安参加谈判。

张、杨这边，在事变当天就发电报给中共中央，邀请派代表团去西安，共商抗日救国大计，处理捉蒋的善后事宜。中国共产党中央从全民族的利益出发，为使事变朝着有利于抗日救国方向发展，派出周恩来、叶剑英等为代表到西安，提出只要蒋介石答应停止内战，一致抗日，就释放他回去，以争取一切可能团结的力量到抗日战线中来的方针。

经过两天的谈判，12月24日蒋介石接受了以下六项协议：
1. 改组国民党与国民政府，驱逐亲日派，容纳抗日分子；
2. 释放上海爱国领袖，释放一切政治犯，保证人民的自由权利；
3. 停止"围剿"政策，联合红军抗日；
4. 召集各党各派各界各军的救国会议，决定抗日救亡方针；
5. 与同情中国抗日的国家建立合作关系；
6. 其他具体的救国办法。

12月25日下午，蒋介石乘飞机离开西安，张学良坚持要亲自陪同。12月26日，蒋介石抵达南京。至此西安事变和平解决，但张学良被扣留，从此被软禁了大半生。

西安事变的和平解决，使得国共两党停止了内战，并促成了两党间的第二次合作。从此抗日统一战线建立起来，极大地鼓舞了中国人民的抗日热情。

卢沟桥上的枪声

1936年日本制定的总体战略计划——"国策基准"出笼后，全面侵华便成为日本的既定方针。1936年8月，日本参谋部就制定了《1937年度对华作战计划》。1936年末，日本军事当局在京都、名古屋地方由陆军参谋本部参谋次长主持举行了一次"将官演习"，向参加演习的将官交代了全面发动对华战争的战争部署。

这次"演习"的目的是设想日本对中国和苏联开战，而且从形势上看是先打中国，后打苏联。在这次"演习"前后，日本军事当局对发动全面侵华战争的军事作战问题已作了具体的研讨。参加这次"演习"的有十多个现役和预备役将官，他们后来都参加了全面侵华战争，担任兵团司令以上的职务。

与此同时，日本向中国东北大幅增兵，1936年的总兵力已超过1931年的4倍多，火炮增加3倍，飞机增加2倍，坦克增加9倍。这些兵力随时可抽调到华北作战。在华北，1937年春，关东军一部进驻通县及平津一带。驻华北日军兵力达1万余人。

从1937年6月起，驻丰台的日军连续举行军事演习。1937年7月7日下午，日本华北驻屯军第1联队第3大队第8中队由大队长清水节郎率领，荷枪实弹开往紧靠卢沟桥中国守军驻地的回龙庙到大瓦窑之间的地区。晚7时30分，在未通知中国地方当局的情况下，日军径自在中国驻军阵地附近举行所谓的军事演习，并诡称有一名日军士兵失踪。随后日方立即要求进入中国守军驻地宛平城搜查。

中国第29军第37师第110旅第219团拒绝了日方的无理要求。日军一面因"士兵失踪"与中国方面交涉，一面部属战斗。冀察当局为了防止事态扩大，经与日方商议，双方同意协同派员前往卢沟桥调查。此时，日方声称的"失踪"士兵已归队，但隐而不报。7月8日晨5时左右，日军发动炮击，守卫卢沟桥和宛平城的第219团第3营在团长吉星文和营长金振中的指挥下奋起反击。震惊中外的卢沟桥事变爆发了。

卢沟桥事变的爆发，在全国引起强烈反响。事变的第二天，中国共产党中央委员会就通电全国，呼吁："同胞们，平津危急！华北危急！中华民族危急！只有全民族实行抗战，才是我们的出路！"蒋介石则提出了"不屈服，不扩大"和"不求战，必抗战"的方针，并致电宋哲元等人，命令他们坚守宛平城。

日军在遭到卢沟桥守军顽强抵抗后，分别在1937年7月9日、11日、19日与冀察当局三次达成所谓的"停战协议"。

到7月25日，陆续集结平津的日军已达6万人以上。26日，日军参谋部经天皇批准，命令日本华北驻屯军向第29军发动攻击，并增调国内 5 个师约 20 万人到中国，并向华北驻屯军司令官香月清司下达正式作战任务："负责攻打平津地区的中国军队。" 7 月 28 日上午，日军按预定计划向北平发动总攻。

驻守北平的第 29 军将士在各自驻地英勇抵抗。最后，第 29 军副军长佟麟阁、第 132 师师长赵登禹战死，不少军训团的学生也在战斗中牺牲。28 日夜，宋哲元撤离北平，29 日，北平沦陷。7 月 30 日，天津失守。平津地方完全被日寇占领。

攻占平津后，日军的气焰十分嚣张，决定按照预订计划大规模入侵中国。他们一方面开始实行全国的战时动员，另一方面以在华北地区的 30 万兵力分四路向中国内地长驱直入：一路由平绥路进攻绥远省；一路由津浦路、胶济路进攻山东省；一路由平汉路进攻河南省；一路由平绥路、同浦路进攻山西省。日军所到之处，中国遍遭蹂躏。

二、淞沪血战

张治中要主动出击

日本在华北展开大规模攻势的同时，开始将战略重点南移华东，从上海向中国横插一刀。企图通过南北两面施加军事压力，迫使南京政府屈膝投降，达到"三个月之内灭亡中国"的狂妄目标。

对中国来讲，无论是经济意义还是政治军事意义，上海的地位都十分重要。上海是蒋介石赖以起家的江浙财阀的基地，也是四大家族的经济中心和英美帝国主义在华利益的集中地，而且还是南京的屏障。上海一旦失守将直接威胁国民党政府对全国的统治。所以蒋介石和国民政府下决心保卫上海，并任命张治中为京沪警备司令官，负责上海和南京的军事防卫。

1937 年 8 月 7 日，日本政府召开四相会议，根据陆海军的协议，通过了一项决定：在"大陆使用武力的地区应为河北——察哈尔和上海。"根据这一决定，日本军事当局开始在上海寻衅发难。8 月 9 日，日本驻上海的海军特别陆战队官兵二人，企图驾驶军用卡车冲入虹桥中国军用机场，机场卫兵不得不开枪制止，两个日本兵中弹毙命。

当夜 10 时，上海市市长俞鸿钧赴日总领事馆交涉，叙说了事件经过，并主张用外交途径解决，不使事件扩大。日本方面却声称日本全国对于虹桥击毙二日兵事极为震动，外交解决可以，但中国必须满足两个要求：（一）将保安队撤退；（二）将保安队已筑之防御工事完全撤除。遭到中国拒绝。日本还借口此事件在8月10日运送增援部队到上海，撕毁了1932年签订的《淞沪停战协定》。

针对日军的行动，蒋介石也在8月11日开始调动中国军队进入上海地区，继日本之后背弃了《淞沪停战协定》，决意对抗日军的进侵。第二天，日本要求列强迫使中国解散进入上海的部队，但市长俞鸿钧声明日本7月7日对中国的侵略已经违背了协定。上海市民狂热地欢迎重新在上海出现的中国部队。

中日双方频频调动军队，战事已经一触即发。

当时负责上海防卫的张治中将军，对军事指挥及军事理论有着很深的研究，他还有指挥第一次淞沪战役的作战经验。"七七事变"爆发时，张治中正在青岛养病。卢沟桥的炮声使他无法再安心养病，他毅然返回南京，担负起保卫京沪的重担。

张治中总结"九一八"以来中国屡战屡败的教训，认为"九一八"和淞沪"一·二八"战役，中国军队要么是"敌人打我，我不还手"，要么是"敌人打我，我才还手"。每次都让敌人占了先机。所以这次一定要改变作战方针，争取主动出击。总体的作战精神便是：一旦战争无法避免，我军即以优势兵力出敌不意，一举全歼上海之敌，并要使以后日军登陆和增援失去凭借。

为实现这一战略构想，在"八一三"之前，张治中就在上海做好了应战准备。他在淞沪外围各要点密筑工事，构成坚固的主阵地带和后方阵地带，并加速了铁路、公路和江防交通、通讯设施的调整和建设。

国民党军准备进攻上海的第一批部队是第9集团军第87、88师，原为国民政府的警卫部队，是德国顾问训练的样板师，全部德国武器装备，是国军精华。秘密开到上海附近后，张治中又建议抽调正规军化装为保安队进驻上海，蒋介石同意了，派了第2师补充旅换上保安服装进驻虹桥机场。何应钦认为这一做法冒险，拍了张治中的肩膀："文白（张治中字文白），这是要闹出事来的啊！"

"七七事变"后，日军在上海活动日趋频繁，原驻汉口的陆战队千余人也调到上海，日舰十余艘位于浏河至吴淞间，封锁了海口。张治中根据这些情况判断，大战将不可避免，于是他在1937年7月30日向南京最高统帅部提出了他的作战报告。报告说，在断定日军发动战争无疑的情况下，"宜立于主动地位，首先发动，较为有利"。

但是来自南京的回复却是："卅来电悉，应我先发制敌，但时机应待命令。"张治中接电后，于8月1日分别发布了激励京沪区将士的文告和《告京沪区民众书》，讲明了战争形势和保卫上海的意义与决心。以使将士和民众有所准备，并动员全军将士和民众立即行动起来，"抗战到底，以求最后之胜利"。

上海"虹桥机场事件"之后，中日开战已经迫在眉睫。在此紧张时刻，张治中决定攻击部队于8月13日拂晓对虹口、杨树浦两翼日军据点发动突然攻击，打他个措手不及。然后以一个扫荡态势，一举消灭为数尚少的驻沪日军，把上海一次整个拿下来。

然而，当作战部队准备攻击时，南京统帅部突然打来电话："不得进攻。"张治中回电说："我军业已展开，攻击准备也已完毕。"请求继续进攻。但南京复电仍然是"不得进攻"。

原来当时上海外交使团因怕上海打仗，建议南京政府将上海改为不设防城市——自由口岸。该建议11日发出，12日到达外交部。因此导致南京政府犹豫不决，命令军队停止进攻，结果坐失良机。

上海前线的中国军队，没有等到南京的作战指示，却等来了日本的进攻。8月13日，日军凭借租借和黄浦江上的军舰，炮轰闸北一带，日军飞机也对闸北狂轰滥炸。从上午到下午三点，日军在海空军的火力支援下和在坦克掩护下几次向宝山路、八仙桥和天通庵发起进攻，企图切断我大场与闸北的联系，围歼守卫北站地区的国民党军队。张治中将军指挥的第87、88师奋力迎战。淞沪血战拉开序幕。

中国军队进攻受挫

应日本方面要求，8月12日下午，《淞沪停战协定》共同委员会会议在公共租界工部局会议厅召开。出席者除中日双方，还有英、法、美、意四国代表。会上，日方代表冈本声称：今晨中国保安队及正规军队，已在近郊设置防御工事，此种行动，违反停战协定，应请共同委员会加以注意，采有效办法，加以制止。

上海市市长俞鸿钧随即驳斥："共同委员会设置之目的，在维持上海之和平与治安，并非协助日本政府实施侵略政策。""虹桥事件发生后，日方曾一再表示静候调查事实真相，以外交方式解决，但一面竟军舰云集，军队大增，军用品亦大量补充，此外尚有大批军舰正在途中，源源而来。此种措施，不独妨碍各国侨民之安全，且对中国为一种威胁，且足发生危害之行为。中国在本国领土内，当然有权采取自卫之行动……我方秉承中央所定'人不犯我，我不犯人'之一贯政策，对侨居上海之各国侨民，仍当加以保护。"

各代表提议是否可将保安队稍稍后撤以免发生冲突。俞鸿钧义正词严地回答道:"停战协定早已为日方破坏,故本日实无召集共同委员会之必要。""我国军队,在本国土地行动,有绝对自由之权,此则未容他人之置议。""为维持上海之和平治安计,如日本将增加之军舰与军队调回,则我方对撤退保安队一点,亦愿加以考虑。"会议无果而终。

在会上日本做出一种竭力避免战争的姿态,在行动上却一直进行积极准备。最后挑起"八一三事变"的恰恰是日本。

8月14日,南京政府发表自卫抗战声明,宣布:"中国为日本无止境之侵略所迫,兹不得不实行自卫,抵抗暴力。"

蒋介石下令,将京沪警备部队改编为第9集团军,张治中任总司令,负责攻击虹口及杨树浦之敌;苏浙边区部队改编为第8集团军,张发奎任总司令,守备杭州北岸,并扫荡浦东之敌,炮击浦西江山码头;空军出动,协同陆军作战,并担任重要地段的防空。

淞沪抗战开始时,国民党军占据了绝对优势。驻沪军队除2个精锐师外,还有2个装备德国火炮的重炮团,即炮兵第10团(100毫米加农炮)和炮兵第8团(150毫米榴弹炮),而且还有坦克、空军助战。而当时日军在上海的部队仅海军陆战队3000多人,紧急从日本商团中动员退役军人,合计也不过4000人,重武器也不足。按理中国军队应全面压倒上海的日军。

为抢得战争主动权,第9集团军于8月14日对上海市区之敌发动全面进攻,同时出动空军,轰炸日海军陆战队司令部、汇山码头及海面舰艇。攻击重点最初为虹口,后转向公大纱厂。

经过数日苦战,第87师占领沪江大学,第88师占领五洲公墓、宝山桥、八字桥各要点。日军在16日退守江湾以日本海军陆战队司令部为中心的据点。但是这次围攻日军并不顺利。为数只有几千人的日军,凭借坚固工事进行顽强抵抗。中国军队往往屡攻不克,无功而返,而且造成自身很大伤亡。8月14日,负责指挥进攻日军的第88师264旅旅长黄梅兴阵亡,为开战以来中国军队牺牲最高级别之军官。其旅伤亡1000余人,连排军官几乎损失大半。

除地面进攻外,中国还出动了海空军。8月14、17和19日,中国飞机多次出动轰炸日军目标,并与日机爆发激烈空战。8月14日,第4驱逐机大队大队长高志航率所部飞机于杭州笕桥机场上空击落敌机6架、击伤多架,创下中日战争史上击落日机的纪录。后来国民政府将这一天定为空军节。海军则奉命以商船沉于十六铺,封锁黄浦江,以防止日舰溯江而上进攻上游。

　　这次上海围攻未竟，陈诚日后回忆时总结说："以5师之众，对数千敌陆战队实行攻击，竟未能奏功，实在是当时部署种种不当的缘故。"这是国民党军队第一次各军种（空军、海军、陆军）和各兵种（步兵、炮兵、坦克）大规模合成作战，相互的协同很差。步兵逼坦克冲锋又不予以掩护，结果坦克被日军全部击毁；步兵失去坦克掩护后攻坚伤亡惨重，甚至出现一个营部队挤在一条街内被日军堵住街口全部击毙的悲烈战况。之所以发生这种混乱状况，是因为"步兵与炮兵、战车协同作战的训练从来没做过"。

　　中国军队在上海主动出击并发起凶猛的进攻，让日军大吃一惊。但是中国军队的兵力与火力仍然无法取得优势，特别是没有足以攻坚的重型武器，单靠部队英勇攻击，无法攻破日军在上海坚固的据点。所以虽然取得攻击的先机，而且表现勇猛，但是却没有达到赶日军下黄浦江的目的。

　　中日两军在上海正式开火之后，国际列强感到自己在上海的利益受到重大影响，于是装模作样地提出停战调停的要求。而蒋介石一直想要争取国际社会的支持，因此不得不对列强的要求有所敷衍。日本正可以利用机会喘息以困守待援，这也增加了中国军队早期攻势的困扰因素。

一寸山河一寸血

　　为解救在上海困守待援的日军，日本大本营在8月15日决议，立即向上海派遣两个师团，并召回退役的攻坚战专家松井石根担任上海派遣军司令。松井石根觉得部队少了，辞行时向米内海相和杉山元陆相表示，给他五个师团，他一定能打到南京去。

　　淞沪会战开始后不久，蒋介石就成立了大本营，自认大元帅，编定全国战斗序列，将江苏长江以南（包括南京、上海）及浙江地区划为第三战区，以冯玉祥为司令、顾祝同为副司令。蒋介石虽任命冯玉祥为司令，却特地交代"以顾副长官之命令为命令"。顾是他的心腹干将。这样冯玉祥只不过是个空头元帅。

　　8月下旬，中国军队继续围攻盘踞在海军陆战队司令部、杨树浦等据点的日军，新抵达战场的国民党军精锐部队第36师迅速投入战斗。但我军终因装备低劣、火力不够威猛，面对钢筋混凝土筑造的工事而一筹莫展。中国仅有的装甲部队——南京装甲团配属第36师的两个连战车反被日军舰炮悉数摧毁，两连官兵全军覆没，壮烈殉国。

开场：远东硝烟

8月22日，日本上海派遣军的援军抵达上海。8月23日拂晓，增援日军在狮子林、川沙口、张华浜等方面登陆，企图从侧翼包围攻击上海日军基地的华军，战况骤然吃紧。蒋介石闻讯，急忙命军政部次长陈诚为第15集团军总司令，指挥第98师、第11师和刚刚抵达嘉定的第67师、第14师火速分赴各处阻击敌人登陆。

日军增援部队登陆之后，中日双方的上海之战主轴，开始由东西向转为南北向。淞沪会战的主战场，就在上海西北的郊区展开，整个战场的方圆半径，不过几十千米，但是中日两军在此血战长达两个多月，死伤的人数超过30万人以上。战斗最为激烈的罗店与大场，更是成为名副其实的"血肉磨坊"。

这时蒋介石已经决定将主力决战的地点，放在上海地区。于是立刻重新部署在上海作战的兵力，成立第三战区，派出张发奎的第八集团军，防守浦东到杭州湾阵地，张治中的第九集团军防守上海市区，而陈诚的第十五集团军负责上海市郊到长江的防线。日军最初只是希望能够解上海之围，但面对源源涌到的国军主力，日本被迫一再增兵。

这次日军吸取了"一·二八"事变的教训，大量抽调各个师团的工兵单位参加上海派遣军中，特别增加各种搭筑桥梁的设施装备，以增加日军在河道之间的运动能力，并且避免在上海的市区作战。松井石根先将主力放在攻占上海西北郊区的宝山到罗店一线，以扩大日军登陆的滩头阵地。陈诚第十五集团军的主要作战任务，则是"反登陆作战"，于是中日两军的主力，就在这个地区进行非常惨烈的阵地争夺战。

日军拥有绝对的海空军优势，日军的海军炮舰的火力更是全球第一。日本海空军对中国军队阵地进行了近乎摧毁性的密集射击。国军在天摇地动的炮弹轰击下，艰难抵抗。我方仅有的轻炮兵，根本没有还手的力道，于是在长江沿岸阵地，国军死伤无数，其中以守宝山的姚子菁营血战七昼夜，全营战死无一生还最为壮烈。

8月23日起，日军第3、第11师团在舰炮密集火力掩护下，向吴淞口铁路码头、狮子林、川沙口登陆，进攻宝山、月浦、罗店、蕰藻浜我军阵地。刚组建的第15集团军在罗卓英指挥下，向宝山、川沙口登陆之敌发起反击，第98师于8月24日击退攻占狮子林的日军，歼敌数千人。

第11师冒着飞机猛烈轰炸，经艰苦战斗，收复罗店。不甘失败的日军，调集坦克、飞机和重炮大举反扑。双方围绕罗店展开拉锯战。第11师与原先防守此地的第67师并肩战斗，以"一寸山河一寸血"的感天动地精神与日寇厮杀，战况之惨烈，为开战以来所仅有。守军阵地几经易手，

—57—

往往得而复失，失而复得，阵地前尸积如山，血流成渠。第67师师长身负重伤，第201旅旅长蔡炳炎及两个团长阵亡，两个师的营连长大半牺牲。血战至29日，罗店再度陷入敌手，刚刚从德国回国奔赴前线的黄维率第67师奋力突入，旋被击退。

松井石根虽然攻占了罗店，但是没有足够兵力继续进攻，以切断上海到南京的交通线，而完成对上海的大包围。因为在上海市区以及东区的中国军队，仍然在对受到围困的日军阵地，进行猛烈攻击，松井石根必须要抽调兵力，支援这些地区的战斗。

在罗店争夺战中，中国军队几乎到了全部队牺牲有死无回的程度。陈诚的第十五集团军，才打不到半个月，就已经减员半数以上，到了9月10日，才放弃反登陆的滩头决战，退到河道密布的内陆，防守马路河到蕴藻浜，以及潘泾到杨泾的地区。

中日两国在上海血战，这时已经成为全球新闻关注的焦点。所有的国际军事专家都不敢相信眼前的事实：中国军队竟然能在上海力战日军。军事专家预测中国军队最多可坚守一个星期，结果战争竟然打了一个月以上。中国军队猛攻张华浜车站，攻势之猛烈，更是令中外记者目瞪口呆，日军只有全力投入部队稳住战线。在黄浦江中的日本舰队，向沿岸阵地疯狂倾泻炸弹，整个上海租界全被炮声与火光笼罩。然而日本拼死反击的结果，也仅仅得以勉强守住阵地，北站、八字桥等关键据点仍牢固地守在中国第9集团军的手中。

蒋介石嫡系耗尽，各路军阀来援

淞沪会战打了一个多月，战事久拖不决大出日军意料。虽然日军凭借精良的武器装备优势，将中国军队的进攻一一击退，但是中国军队前仆后继、视死如归的英勇精神，也给自诩不可战胜的日军带来很大震慑。

日本的大本营这才意识到上海战事正在发展成一场超级大会战，而日军原先规划的上海派遣军兵力，根本不足以胜任。日本最高层决定将侵华的主要作战方向由华北转移到上海，并要求加快战争进程，"大致以10月上旬为期，在华北与上海两方面发动攻击，务必给予重大打击，造成使敌人屈服之形势"。

为了尽快结束上海战事，避免"三个月之内灭亡中国"成为国际笑柄，日本统帅部再次做出增兵决定，正式组成上海派遣军战斗序列。将华北方面军所属第9、第13、第101师团转隶上海派遣军序列，另外还从台湾调来了步兵旅团、重藤支队、第1后备步兵团等部队。加上原来的几个师团，9月下旬日军在上海的兵力，光步兵就达到了5个师团。算上空军和海军的兵力，日军在沪总兵力达到20万人。日本决心要在淞沪会战中，与中国军队一争高下。

面对敌人调兵遣将的态势，国民政府也决定迅速增派各省及中央军部队至淞沪参战。蒋介石在9月21日，下令改组第三战区，亲自兼任战区司令，将上海的作战部队分成左翼作战军（陈诚），中央作战军（朱绍良），同时将所掌控的中央军，悉数投入战场。与此同时，华南、华中，甚至西南的各路部队，也毫无保留陆续赶往上海战场增援。

为打赢这场恶仗，蒋介石可谓不惜血本，他把自己手中的精兵良将几乎全派到了淞沪前线。集团军中，除了原有的第8、第9、第15集团军外，又增加了薛岳的第19集团军、刘建绪的第10集团军，稍后，廖磊的第21集团军也被调来。加上不久后赶赴上海参战的第21集团军及川军刘湘部5个师，国民党军总兵力已达70个师、70余万人。

日本上海派遣军统帅松井石根得到增援之后，将主力继续放在上海西北部的郊区，以准备对中国军队的侧翼进行包围作战。不过随着日军深入内陆，渐渐失去了威力强大之海军舰炮为火力支援。40天里，日军只前进了5千米，从潘泾打到杨泾。多处阵地双方反复争夺，中国军队每次都是拼到弹尽援绝，才被迫撤退。松井石根用尽种种手段，终于在10月7日，攻到上海西方郊区的交通枢纽大场。如果日军攻陷大场，在上海市区以及浦东的中国部队，就只能退出阵地，才能避免陷入日军的包围圈。

为了守住大场，蒋介石手边可以调动的兵力全数用上了。军政部长何应钦说，在上海战事最为激烈的时候，一个师的部队调到火线，只能维持半天。最后，蒋介石把中央军校教导总队，以及宋子文所掌握的税警团，都调出应战，以防堵前方战线的崩溃。税警团第四团团长孙立人，在防线争夺战中，奋不顾身地反复冲杀，几度夺回阵地，自己也身负重伤，因而使得税警团声名大噪，孙立人也因此役成为中国军队的新星。

由于日军掌握着长江下游地区的绝对制空优势，中国军队要历经艰险才能开到前方战线。许多军队往往还未到达前线，就已遭到日机攻击而损失惨重，后勤支持与伤员救护更是困难，经常处在时断时续状态。

10月17日，李宗仁的桂军王牌部队，第21集团军增援到前线。蒋介石认为淞沪会战已到了最后关头。于是把21集团军当成决战预备队，立刻投入战场，企图反击日军攻势。但这次出击由于时间仓促，计划又不够周详，结果攻势受挫。反而让日军抓住机会，发动反击。

日军在10月25日攻陷战略重镇大场，直逼苏州河。中国军队在上海作战防线，顿时有被日军切断的危险，第18师师长朱耀华因为大场的战线被突破，全师阵地溃散而拔枪自杀。大场阵地被攻陷后，蒋介石被迫下令部队全部后撤过苏州河，重新布防。

在大部队奉命后撤时，蒋介石本人亲自下令，第88师留下一个营的兵力，与日军周旋到底。其目的是为了营造国际舆论的报道与支持。这就是被人传颂一时的"八百壮士"事迹。10月26日晚，守卫大场防线的中国军队第88师第524团第2营400余人（报界宣传称"八百壮士"），在副团长谢晋元、营长杨瑞符的指挥下，奉命据守苏州河北岸的四行仓库，掩护主力部队连夜西撤。

在日军的重重包围下，守卫四行仓库的全营战士孤军奋战，誓死不退，坚持战斗4昼夜，击退了敌人在飞机、坦克、大炮掩护下的数十次进攻。与此同时，许多民众冒着生命危险，把慰问品、药品源源不断地送入了四行仓库，支持壮士们抗击日军。日军气急败坏，组织敢死队，不计牺牲地猛攻，经过三天三夜的血战，中国守军的阵地，仍然飘扬着国旗。最后在租界各国请求之下，这支力战不屈的孤军，才奉命退到租界之内。

"八百壮士"的英勇事迹轰动中外，一时声名远扬，虽然于战局无补，但是极大地振奋了人心，震慑了日军，也赢得国际舆论一片称颂声，被一些国际人士誉为"抗日奇迹"，起到了很好的政治宣传作用。

日军金山卫登陆，淞沪会战告终

淞沪会战进行到11月初，中国军队虽早已由主动进攻转入被动防御，且一再后撤，但仍控制上海。这与日本当初"迅速解决上海战事"的如意算盘恰好相反。日本是个资源有限的岛国，是无法和中国这个庞然大国比拼耐力和韧劲的。

经过数次增兵，日军依旧无法取得决定性胜利，日本统帅部对此感到极为恼怒，也大为焦急。国际社会开始怀疑日军的战力，日本人民也开始从狂热中体会到挫败与死亡的忧虑。日本大本营经过审慎研究商讨后，认为中国已倾全国兵力之五分之三云集上海，所以中日主力决战的地点应该在华东，而不是日本之前认定的华北。日本在华北方面过多待命决战的部队，根本是战略部署的浪费。

日本大本营因而提出"目前刻不容缓的是迅速结束上海战役"，并决定将战略重点转向华中、华东。于是日本大本营在10月26日，以"临参命一二〇号"，做出最新战斗序列的调整，下令由华北方面军抽调第十六师团，加入上海派遣军战斗序列。同时以第6师团、第18师团、第114师团，以及国崎支队等特战与支持部队，组成第10军的战斗序列，由柳川平助中将率领，前往上海地区参战。至此，聚集在上海的日军总数达到27万。

日军第10军预定的作战方案是：1. 在10月末或11月初在杭州湾金山卫附近地域登陆，主力以快速突进方式向黄浦江之线前进，攻占松江，切断沪杭铁路，一部向闵行渡河点前进，策应上海派遣军作战；2. 渡过黄浦江之后向上海以西及南方攻击前进，与上海派遣军配合消灭上海周边的中国军队。

在敌人大兵压境、欲图决战之际，蒋介石却又陷入对国际社会调停的奢望中。《九国公约》会员国，将在11月3日于比利时布鲁塞尔召开会议，主题是讨论中日之战，所以蒋介石希望在上海地区继续作战，以利于中国求诸国际仲裁。

其实寄希望于列强干涉的念头，蒋介石一直没有放弃过。淞沪一役，实乃日本人逼迫太甚不得已而为之，"打"的目的是为了将来可以更好地"谈"。国际社会的调节，是他紧抓不放的救命稻草。所以蒋介石一闻布鲁塞尔会议将讨论中日之战，立刻喜出望外，乱了之前的战争部署。

原来之前蒋介石已决定按照白崇禧、陈诚等人建议，放弃上海，采取持久战策略，全军退到上海外围的国防工事固守，抗击消耗日军。本来这是当时情势下的明智之举，但《九国公约》会议的消息搅乱了蒋介石的头脑。在撤退命令下达之后的第二天，11月1日夜10时蒋介石偕白崇禧、顾祝同等人乘火车，冒雨来到国民党淞沪前线中央军总部驻地南翔，在一所小学里召集由师长以上将领参加的紧急军事会议。

会上，蒋介石大声讲道："《九国公约》会议对国家命运关系甚大，我要求你们作更大的努力，在上海战场再支持一个时期，至少10天到两个星期，以便在国际上获得有力的同情和支援"，"上海是政府的一个很重要的经济基地，如果过早地放弃，会使政府的财政和物资受到很大影响"。会后，宣布撤销撤退命令，各部队坚守原先阵地。新命令下传之后，部队一片哗然。一些已经卷好铺盖准备撤退的士兵只好匆匆返回阵地，队伍秩序开始出现混乱。而且短短时间内命令两次反复，使得中国守军士气大受影响。

然而恰在此时，日本增援的第10军，突然在杭州湾的金山卫登陆。蒋介石在上海作战初期，曾设想过日军从金山卫登陆包抄的可能，因此在沿岸建有简单的防御工事，还留有部队监视。但后来蒋介石及其军事顾问都认为日军已无再投入登陆杭州湾的兵力。结果没料到，日本竟把华北方面的军队抽调来了上海。

11月5日拂晓，日本第10军在柳川平助指挥下，由舰队护送至杭州湾金山卫附近之漕泾镇、全公亭、金丝娘桥等处突然登陆，包抄淞沪中国军队防线南方的背后。日军登陆时，在杭州湾北岸几十千米长的海岸线上，中国仅有少数兵力和地方武装防守。既无重炮，也无像样工事。10万装备精良的日本生力军迅即突破防线，登陆成功。

当蒋介石得知日军登陆金山卫的消息时，不禁大吃一惊，立刻火速调兵阻挡。此时却无兵可调了，第62师回防阵地已经太迟，第67军刚从河南赶到，根本还没有完成集结，立刻就被日本第10军的主力击溃。

11月8日夜，日军凭借强大火力从东、南、西三面突入松江城，守军死亡殆尽。日军遂占松江，随即兵分两路：一部沿太湖东岸，经浙江、安徽直趋南京，主力则指向枫泾镇、嘉兴、平望。9日，切断沪杭铁路及公路。

日军在杭州湾登陆的战略意图非常明显，就是要从背后包抄在上海决战的中国军队，准备围歼。但是身为统帅的蒋介石此时已经方寸大乱，未能对这个情势变化做出实时与果断的退兵决定，只是设法抽调一切可能的部队去杭州湾沿岸，以阻挡日本第10军的登陆与推进，却迟迟没有调动在上海参战的军队。白崇禧告诉他，前方将士听到日军登陆的消息后人心惶惶，有的部队已经出现混乱，大有失控之趋势，再不撤退70万人只有白白等死了。于是蒋介石不再坚持，于11月8日晚下令全面撤退。

撤退命令虽然下了，但由于命令仓促，指挥不利，大撤退演变成大溃退，完全没有章法。日军地面部队穷追不舍，飞机则在天上轰炸扫射。蒋介石原本计划撤到吴福线、锡澄线、乍嘉线和海嘉线一带，依托原有坚固工事作持久抵抗，但败军穿越工事径自溃逃，致使耗费数年苦心筑成的这些工事成为摆设，国民政府首都南京于是门户大开。

11月11日，上海市市长俞鸿钧发表告市民书，沉痛宣告上海沦陷。11月13日，国民政府发表自上海撤退之声明：

"各地战士，闻义赴难，朝命夕至，其在前线以血肉之躯，筑成壕堑，有死无退，阵地化为灰烬，军心仍坚如铁石，陷阵之勇，死事之烈，实足以昭示民族独立之精神，奠定中华复兴之基础。"

至此，在历经3个月的血雨腥风之后，淞沪会战落下帷幕。

回过头来，再说蒋介石之前所寄希望的《九国公约》。会议上通过

开场：远东硝烟

的宣言，对日本连句谴责都没有，只是不痛不痒地表示："日本为干涉他国内政而使用武力，既无法律根据，且此项权利一经公认，将永为纠纷之渊源。"

在淞沪会战惊心动魄的三个月当中，全中国上下凝结一心，达成了"纵使战到一兵一枪，亦决不终止抗战"的共识。这是中华民族历史上最为悲壮的决定。中国坚抗日寇达百日之久，使得世界各国对于中国的抗日实力与决心，产生刮目相看的态度。淞沪会战的意义更在于，打破了日军"三个月灭亡中国"的妄言，将中日战争拖入持久战。一旦日军无法速战速决，也就决定了它最后失败的命运。

爆发：欧洲沦陷

一、波兰覆亡：一场"鹰击羔羊的悬殊对决"

"白色方案"秘密出台

希特勒本来打算发动局部战争夺取奥地利和捷克斯洛伐克，可是西方国家的绥靖政策使德军不战而胜，几个月工夫就连胜两国。这是希特勒所完全没有料想到的。他决定乘胜追击，波兰就成了他的下一个目标。

波兰东接苏联，西邻德国，南界捷克斯洛伐克，北临波罗的海，拥有丰富的矿产资源，冶金、化学、机器、造船工业都相当发达。如果德国占领了波兰，不仅可以消除进攻西欧的后顾之忧，还又可以把波兰作为入侵苏联的军事基地。

在与德国接壤的所有国家中，波兰是最应该有所戒惧的。但是事实正相反，波兰丝毫没有意识到德国的危险。

英国张伯伦政府对德国墨迹未干即撕毁《慕尼黑协定》、肢解捷克斯洛伐克并向波兰提出但泽问题等一系列行为，感到极为震惊。这一系列行为严重损害了英法在欧洲的利益。慕尼黑政策的彻底破产，使张伯伦遭受到了国内外的一片指责声。

在内外交困的形势下，张伯伦才发表了强烈谴责希特勒侵略的演说，宣布全力支持并保证波兰的独立。

见波兰不肯屈服，而英法又宣布保证波兰的独立。希特勒于1939年4月3日下达密令，要三军做好9月1日以后任何时间进攻波兰的准备。5月22日，德、意两个法西斯国家缔结了军事同盟条约，结成"钢铁同盟"。

4月16日，苏联外长李维诺夫在莫斯科接见了英国大使，并且正式建议英国和法国同苏联缔结三边互助条约。这个条约要求缔约国签订一项军事协定来使互助条约具有实效，还要求由签字国（如果认为合适的话，还可加上波兰）对中欧和东欧所有认为自己受到纳粹德国威胁的国家作出担保。张伯伦一心要把苏联排除在欧洲大国集团之外，就像他在慕尼黑所做的一样。

1939年4月7日，墨索里尼派兵侵占了阿尔巴尼亚，这加剧了动荡的欧洲局势，一些军备薄弱的国家愈加胆战心惊。

美国总统在给希特勒和墨索里尼的电报里，要他们作出保证，声明德、意武装部队不会入侵英、法、波、苏在内的31个国家。罗斯福说，如果能作出这种保证的话，他答应美国将参加世界范围的谈判，来使世界解除"军备竞赛的重负"，并且打开国际贸易的道路。

在4月28日的国会上，希特勒作了足足有两小时的"精彩"演说。他公布了一个消息，即就但泽和走廊地带向波兰提出了相关的建议，并且告诉德国国会，波兰政府已经拒绝了这个"独一无二的建议"，同英国订立了军事协定，因此波兰已经背弃了波德互不侵犯条约。希特勒对罗斯福总统要求他保证不进攻31国中任何一国所作的答复，最后触动了他的核心。他雄辩滔滔，针锋相对，对罗斯福的呼吁极尽讽刺挖苦、虚伪狡诈之能事。

在临近结束的时候，希特勒大摆自己的政绩。这与其说是讲给外国人听的，毋宁说是讲给德国人听的。希特勒最后说："我相信只有这样做，我才能对我们全都关心的事情尽最大的贡献，那就是：全人类的正义、幸福、进步与和平。"

就欺骗德国人民这一点来说，这篇演说是希特勒"最光辉的杰作"。尽管乍听起来似乎把罗斯福驳得体无完肤，实际上并没有真正回答美国总统的根本问题：他的侵略是否已经到头？它是否要进攻波兰？

希特勒在国会批驳了罗斯福的电报之后，就加快了进攻波兰的部署。

5月22日，在柏林总理府，德国同意大利签订了"钢铁盟约"。条约规定：如果一方违反缔约双方的愿望，则另一个缔约国应立即以盟国的身份，以其全部军事力量在地面、海上和空中予以援助和支持。条约还规定：一旦发生战争，两国中的任何一国都不得单独停战或媾和。从此，德意两个法西斯国家就紧紧地拴在一个战车上了。

6月15日，德国陆军司令冯·勃劳希契按着希特勒的指示，制定了陆军对波兰进行军事行动的计划。为了征服波兰，勃劳希契成立了南、北路两个集团军。南路集团军由第8军团、第10军团、第14军团组成；北路集团军由第3军团、第4军团组成。冯·伦斯德将军指挥南路集团军，将从西里西亚发动进攻，以华沙为总方向，击溃抗击的波兰军队。目标在于同北路集团军合作，歼灭波兰境内仍然在顽抗的波兰军队。北路集团军的第一个任务是打开走廊，建立德国和东普鲁士之间的联系。

同时发布的一项补充命令规定，为执行"白色方案"而部署军队的命令将于8月20日执行，"一切准备工作必须在那一天完成"。

6月22日，凯特尔将军向希特勒呈交了一份"白色方案"的初步时间表。希特勒已经把9月1日规定为进攻波兰的日子。

希特勒所计划打的是总体战，它不但要求军事动员，而且要求国家全部资源总动员。为了统一调度这个规模庞大的工作。6月23日，在戈林主持下召开了国防会议。要求工业、农业、交通，一切都要为前线服务。此时，欧洲的形势是山雨欲来风满楼，各种政治力量相互角力。

《苏德互不侵犯条约》

希特勒为了达到侵占波兰的目的，不仅在政治上、军事上、经济上进行着充分的准备，而且想方设法分化西方联盟，孤立波兰，与苏联签订了互不侵犯条约。这一条约的签订，使欧洲斗争形势出现了新的转折。

苏联政府对德波关系的发展以及西方国家的态度不能不给予高度的重视。因为苏联同波兰接壤，德国东进侵略波兰，将直接威胁苏联的安全。

捷克斯洛伐克危机发生时，张伯伦亲自出马同希特勒谈判。但等到与苏联谈判时，却只派去一些无足轻重的角色慢吞吞地坐船来到苏联，却还忘了带全权证书。

苏联政府对这一谈判非常重视，提出缔结英、法、苏三国互助条约和军事协定，并要求保证从波罗的海到黑海的所有与苏联接壤国家的安全和独立，但英法政府却不信任苏联的军事实力。他们只要求苏联单方面承担许多义务，却不对苏联的安全承担任何义务。

8月中旬，英、法同苏联在莫斯科的谈判，陷于停顿状态。英法军事代表团不与苏联代表讨论在什么地方，以何种方式来对付纳粹侵略，他们避而不谈缔结军事条约的实质问题，只就抽象的无关紧要的所谓"原则问题"消磨时间。

苏联代表伏罗希洛夫说，你们来这里不是为了作抽象的宣言，而是要制定一项全面的军事条约。接着他提出了一些非常具体的问题：一旦战争爆发的话，英国会拿出多少军队来援助法国军队？比利时怎么办？但他所得到的答复都是含糊的，无法令人满意。

在8月14日一次关键的会议上，伏罗希洛夫元帅提出一个核心的具体问题：英国和法国的参谋总部是否认为苏军可以越过波兰，特别是越过维尔那山峡和加利西亚去同德军接触？最后，如坐针毡的英法代表认为，伏罗希洛夫提出了他们所没有资格处理的政治问题。

苏联代表等了3天，英法两国也没有回答关于波兰的问题。8月17日，法国谈判代表杜芒克曾给巴黎发电报，要求巴黎设法使华沙接受苏联的援助，但却遭到英法和华沙统治集团的粗暴拒绝。与此同时，英法却背着苏联同德国进行秘密谈判。

既然苏联没有争取到同西方国家建立反希特勒的统一战线，那么苏联的急迫任务就是百倍警惕西方国家的"祸水东引"政策。

在大战迫在眉睫的形势下，苏联巧妙地利用帝国主义之间不可调和的矛盾，在1939年8月23日和德国签订了《苏德互不侵犯条约》。条约签订并立即生效。主要内容：缔约双方互不使用武力，不参加直接或间接反对他方的国家集团；在一方遭到第三国进攻时，另一方不给该第三国任何支持；以和平方法解决缔约国间的一切争端。有效期十年。

苏德条约的签订，粉碎了英法挑动苏德战争的阴谋，加深了轴心国之间的矛盾，使德、意、日一致投入战争成为不可能，使苏联赢得了宝贵的时间加强战备，进一步做好反侵略战争的准备。

条约签订后，日本朝野谴责德国破坏了协定，表示抗议，平沼内阁被迫辞职；意大利独裁者认为德国藐视意大利，从而感到受了侮辱；佛朗哥则发表声明，要在欧战中保持中立。而英国海军大臣丘吉尔也认为《苏德互不侵犯条约》的签订，标志着若干年来英法的外交政策和外交手段的彻底失败。

希特勒之所以同意签约，宣布停止反苏，互不侵犯，只不过是一个骗人的幌子。其真正原因是，希特勒看到英法态度转趋强硬，认为同西方战争不可避免。为了避免在新的大战中重犯第一次大战时德军两线作战的错误，希特勒决定先不去碰苏联这块硬骨头，而去首先打垮软弱并且没有做战争准备的英法两国。这是他的"各个击破"策略的故伎重演。

1941年6月22日，法西斯德国背信弃义，发动了侵苏战争，撕毁了这个条约。

德国遭波兰"进攻"

1939年8月初，德国最高统帅部谍报局长卡纳里斯，接到了希特勒的手令，要他发给希姆莱和海德里希150套波兰军服和若干波军小型武器。这是希特勒为侵占波兰蓄意制造的借口，他指示纳粹特务们炮制了"希姆莱计划"：即让党卫队的秘密警察利用集中营的死囚穿着波兰陆军的制服向靠近波兰边境格莱维茨地方的德国广播电台发动假进攻，这样就可以指责波兰进攻了德国。

执行这项计划的党卫队头目是一个叫瑙约克斯的年轻特务。瑙约克斯是党卫队秘密警察的典型产物，一个有文化的匪徒。他是在1931年参加党卫队的，喜欢从事党卫队内被认为是一种花脑筋的研究——特别是"历史"和"哲学"。同时他也很快成了一个被认为是难以对付的年轻人，可以被委托去执行希姆莱和海德里希所设想出来的那种不大光彩的任务。

8月10日，保安处处长海德里希亲自下令，让瑙约克斯伪装进攻波兰边境附近的格莱维茨电台，而且要装作这支进攻部队像是波兰人组成的那样。因为只有这样，在对外国报界和德国宣传时，才有足以证明是波兰人进行这次进攻的真凭实据。

瑙约克斯的任务是攻占广播电台，占领时间要长到足以让一名能说波兰话的德国人广播完一篇波兰语的演说。

瑙约克斯在格莱维茨等候了14天，在此期间见了秘密警察头子海因里希·缪勒，缪勒说，他有12名到13名死囚，缪勒在提到这批死囚时所用的代号是"罐头货"。要让他们穿上波军制服，把他们弄死后放在出事地点，以此表明"罐头货"是在进攻时被打死的。事件发生之后，再把报界人士和其他人士带到现场去。

当安排好瑙约克斯为首的"罐头货"，为德国侵略波兰制造借口的时候，希特勒在部署三军方面也做出了第一个决定性的行动，准备应付可能会打大的战争。

8月19日，希特勒给德国海军下达了出发的命令。21艘潜水艇奉命进入不列颠群岛以北和西北的阵地，"斯比伯爵号"和"德意志号"战舰分别开赴巴西沿岸海面和北大西洋英国海上航路的阵地。

8月22日，在《苏德互不侵犯条约》签字前夕，希特勒又把他的高级将领召到上萨尔斯堡，要求他们打起仗来必须残酷无情，不要有任何怜悯，并说，很可能比原定计划提前六天，即8月26日，就下令进攻波兰。

希特勒说："我已经完成了政治上的准备，底下的路要由军人来走了。"他要求全体将士要有铁一般的决心，在任何情况面前都不容退缩。打垮波兰是第一件要做到的事。目标是消灭它的有生力量，而不是为了达到一条规定好的界线。即使西方爆发战争的话，打垮波兰仍然是首要目标。由于气候的因素，必须速战速决。

希特勒这个恶魔唠叨了好几个钟头。他认为现在入侵波兰，对德国没有什么东西可以损失，只能得到好处。他说："除了个人的因素以外，政治形势也是对我们有利的；在地中海，意大利、法国和英国在争雄；在远东，存在着紧张局面。"

一些纳粹将士尽管相信希特勒入侵波兰的时机是有利的，但一个国家无端地入侵另一个国家，无论如何从道义上是讲不通的。为此，希特勒大肆宣扬他的强盗逻辑，他说："我将提出发动战争的宣传上的理由——不必管它讲得通，讲不通。胜利者在事后是没有人问他当初说的是不是实话的。在发动战争和进行战争时，是非问题是无关紧要的，紧要的是胜利。"

同时，在戈培尔的巧妙操纵下，纳粹的宣传机器也为侵略战争大造反革命舆论，肆意欺骗德国人民。德国报纸、电台、通讯社连篇累牍地宣传："当心波兰！""华沙扬言要轰炸但泽""极端疯狂的波兰人发动了令人难以置信的挑衅！"等虚假言论。

8月26日，这一天是希特勒原定进攻波兰的日子，戈培尔在报纸上发动的宣传攻势达到了顶峰。

《十二点钟报》的标题是《这样的玩火行为太过分了，三架德国客机受到波兰人的射击，走廊地带许多日耳曼人农舍成了一片火海！》。

《人民观察家报》8月27日的通栏标题是《波兰全境均处于战争狂热中！150万人已经动员！》。

《柏林日报》的标题是《波兰完全陷于骚乱之中，日耳曼人家庭在逃亡，波兰军队推进到德国国境的边缘！》。

就这样，在军事行动与舆论大肆宣传的攻势下，德国被波兰"进攻"了。

一号作战指令

1939年8月31日中午，希特勒发出了"白色方案"第一号作战指令。傍晚，只见150万德国法西斯军队已经开始进入波兰边境的前沿阵地，只等次日拂晓出击。

与此同时，希特勒为了使德国人民对于这一场突如其来的侵略战争在精神上有所准备，他又开动宣传机器，玩弄一套欺骗伎俩。

当天晚上9点，所有的德国电台都广播了希特勒对波兰提出的诚恳"和平建议"被波兰"粗暴拒绝"的事情。事实上，希特勒从来没有向波兰人提出过这个建议，不过是在不到24小时以前含糊其辞地向英国大使提了一下而已。这一重要的事实，广播电台却完全隐瞒不报。为了给入侵波兰制造借口，希特勒明白仅仅依靠言词宣传是不够的，还需要有实际行动。于是，他又命党卫队的流氓特务瑙约克斯于当晚 8 点钟，向靠近波兰边境的德国格莱维茨电台表演了一场伪装波兰方面的进攻。从此，这个"以牙还牙""正当防卫"的战争就这样开始了。

1939 年 9 月 1 日，这一天，在柏林是一个灰暗、闷热的早晨，尽管无线电和晨报号外相继传来重要的新闻，但街上的老百姓却对此非常冷淡。

在"白色方案"的第一号指令中规定的拂晓 4 点 45 分，德国军队大举越过波兰国境，分北、南、西三路进逼华沙。天空中，德国的机群吼叫着飞向波兰的部队、军火库、桥梁、铁路以及不设防的城市。

波兰人民第一次尝到人类历史上规模最大的来自空中的突然死亡和毁灭的滋味。在此后六年间，欧亚两洲千百万男女老幼将经常处于这种恐怖之下。

上午 10 时，希特勒从总理府驱车驶过冷清的街道前往国会，去向全国人民报告他刚刚毫无人性地挑起的重大事件。

希特勒在过去夺取政权和巩固政权的时候，已经不知说了多少谎话，在这个历史的严重关头，他又用混淆视听的谎言来愚弄善良的德国人民并为他那荒唐的行为辩护。他说："诸位知道，我曾一再作出努力，争取在奥地利问题以及随后的苏台德地区、波希米亚和摩拉维亚等问题上通过和平途径澄清事态，并取得谅解；但是，一切都归于徒劳。"

"在我同波兰政治家们的会谈中，德国的'诚恳建议'，又'遭到了拒绝'，整整两天，我和我的政府在等待着，看看波兰政府是否方便，能够派遣一位全权代表前来，但是，我再也看不到波兰政府有任何诚意同我们进行认真的谈判。昨天夜间，波兰正规军已经向我们的领土发起第一次进攻。我们已于清晨 5 点 45 分起开始还击。从现在起，我们将以炸弹回敬炸弹。"

在发动侵略战争那天，希特勒只有一次在国会说了实话。他说"我要求于德国人民的，只不过是我自己四年来准备做的，从现在起，我只是德意志帝国的一名军人。我又穿上了这身对我来说最为神圣、最为宝贵的军服。在取得最后胜利以前，我决不脱下这身军服，要不然就以身殉国。"

从最后下场来看，这一次希特勒算是言中了，一旦战败，他是不敢正视也不敢承担战败的责任的。

希特勒不仅肆意欺骗德国人民，而且还对那些亲眼看到是谁首先在波兰边境上发动进攻的德国士兵，灌输了一顿编造的谎言。他在 9 月 1

日一份冠冕堂皇的告德国军队书中说，"为了制止波兰侵犯边境的疯狂行为，我别无他策，此后只有以武力对付武力"。

闪击战的"实验场"

1939年9月1日凌晨，希特勒下令向波兰发起进攻。4时45分，从德国本土起飞的轰炸机群呼啸着向波兰境内飞去，攻击目标集中在波兰的部队、军火库、机场、铁路、公路和桥梁。与此同时，德波边境上万炮齐发，炮弹如暴雨般倾泻到波军阵地上。

一小时后，德军地面部队向波兰发起了全线进攻。波军无数火炮、汽车及其他辎重来不及撤退便被摧毁，交通枢纽和指挥中心遭到破坏，部队陷入一片混乱。

9月1日傍晚，德军迅速突破了波军防线，并以每天50~60千米的速度向波兰腹地突进。伦德斯泰特的南路集团军群以赖歇瑙的第10集团军为中路主力，以李斯特的第14集团军为右翼，在左翼布拉斯科维兹的第8集团军掩护下，从西面和西南面向维斯瓦河中游挺进；博克的北路集团军群以克卢格的第4集团军为主力，向东直插"波兰走廊"，另以屈希勒尔的第3集团军从东普鲁士向南直扑华沙及华沙后方的布格河。这是人类战争史上空前规模的机械化部队大进军。

由于德军战前准备异常充分，所以德波之战对于胜券在握的德国法西斯来说几乎没有任何难度。德国空军对波兰的行政中心、交通枢纽、部队营房、军事指挥中心、空军机场进行了摧毁性的轰炸，完全夺得波兰上空的制空权。地面上，德军坦克师和摩托化师，迅速击垮了波军在边境地区的抵抗，并切入波兰腹地，在波兰平原上横冲直撞，如入无人之境。

当天上午10时，希特勒兴奋地向国会宣布："帝国军队已攻入波兰，德国进入战争状态。"

9月3日上午9时，英国向德国发出最后通牒，要求德国在上午11时之前，提供停战的保证，否则英国将向德国宣战。正午时，法国也向德国发出类似的最后通牒，其期限为下午5时。德国对英法两国的最后通牒，均置之不理。于是，英法两国相继对德宣战，第二次世界大战全面爆发。

波兰的将领们一向鄙视防御，所以不肯花气力去构筑工事，他们宁愿依赖反击，因此尽管缺乏机械，但他们仍然深信自己的军队能够有效地执行反攻任务。这种想法对德军入侵的成功有很大的帮助。机械化的入侵者毫无困难地就可以找到奇兵突进的道路，而波兰人的反击也大都很轻松地被击退，因为深入的德军不断地威胁他们的后方，使他们感到腹背受敌而无法立足。

9月3日，德军北路集团军群的第4集团军业已切断波兰走廊，到达维斯瓦河下游地区；第3集团军继续向南逼近，直抵纳雷夫河，进攻矛头直指华沙；南路集团军群的第10集团军所属装甲部队业已强渡瓦尔塔河；第14集团军则从两个方向对克拉科夫实施钳形攻势。

9月4日，第10集团军先头部队强渡皮利察河。

9月5日，德军已强渡纳雷夫河，占领波兰走廊，进抵罗兹。工业发达的西里西亚被占，克拉科夫被围。

9月6日，波政府被迫迁往卢布林，波军总参谋部迁至布勒斯特。当天，德军第10集团军继续高速推进，其左翼已远远超过托马舒夫，而其右翼则进到凯尔采。

至9月7日，德军北路集团军群已重创波军波莫瑞集团军和莫德林集团军，几乎占领了全部波兰走廊，并强渡维斯瓦河，夺占了从北面掩护通往华沙道路的波军阵地。9月8日傍晚，机械化装甲部队又抢在溃退的波军前面抵达维斯托拉河，然后向北旋转，沿该河建立一道封锁线，进行反正面作战。

9月18日，第十九装甲军歼灭了逃避而至的波军溃败之师。此刻，波兰会战达到了高潮，德军进攻已发展成内外两大钳形的包围。除极少部分在苏波边境的波军外，波兰其余部队全在德军内外两层包围圈中，此时的波军已经被打得晕头转向，支离破碎，波军总司令斯米格威·罗兹元帅已完全失去对部队的控制，整个波兰军队陷于一片混乱之中，只在华沙等少数地区作单独的战斗。

9月17日，德军在完成对华沙的合围后，限令华沙当局于12小时内投降。懦弱的波兰政府竟置人民和国家的根本利益于不顾，离开华沙，逃之夭夭，经罗马尼亚、巴黎，流亡伦敦。

早已同德国商量好瓜分波兰的苏联，只因与波兰签有互不侵犯条约而始终不便动手。波兰政府的出逃，终于使苏联找到了"体面"出兵波兰的借口。苏联政府宣称：由于波兰政府不复存在，因此《苏波互不侵犯条约》不再有效。"为了保护乌克兰和白俄罗斯少数民族的利益"，苏联决定进驻波兰东部地区。

9月17日凌晨，苏联白俄罗斯方面军和乌克兰方面军分别在科瓦廖夫大将和铁木辛哥大将的率领下，越过波兰东部边界向西推进。

9月18日,德苏两国军队在布列斯特—力托夫斯克会师。希特勒希望赶紧占领华沙,命令德军必须在9月底之前拿下华沙。

9月26日,德国空军开始轰炸华沙。9月28日,华沙守军12万人投降,守军司令向德第八集团军司令布拉斯科维兹上将正式签署了投降书。9月29日,莫德林要塞投降。至10月2日,进行抵抗的最后一个城市格丁尼亚停止抵抗。

第二次世界大战全面爆发后的第一个战役仅用了一个月的时间就结束了。一个有3400万人口、100多万军队、389万余平方千米的国家——波兰,就这样灭亡了。据统计,此次作战,波军亡123万人,伤13万人,被俘42万人;德军亡1万人,伤3万人,失踪3000人。

奇怪的战争:西线的英法"宣而不战"

1939年9月1日,英国和法国得知德国进攻波兰,华沙、克拉科夫及其他城市遭到轰炸的消息。波兰外长贝克立即通知英国驻柏林大使韩德森说:德波之间已开始战争。波兰急待英、法迅速援助,我们不能按兵不动,坐视不管。

当天晚上,就在德波战争开始16个小时后,韩德森来到德国外交部通知里宾特洛甫:"如果德国政府不给英国满意的保证,停止对波兰的一切侵略行动,并准备立即把军队撤出波兰的领土,那么联合王国政府将毫不动摇地履行对波兰的义务。"

随后,法国驻柏林大使库隆德也递交给里宾特洛甫一份同样内容的照会。对于英、法外交部在要求德国停止军事行动并从波兰撤军的警告,希特勒及其将军们感到有些担忧。事实上这只是一次带有警告性质的照会,并非最后通牒。于是,德军便放开胆子继续侵入波兰。

9月1日,英国国王签署了动员陆军、海军和空军的命令。同日,法国也签署总动员令。但这并没有把德国吓住。希特勒深信,英法即使对德宣战,也不会有重大的军事行动。他认为英、法的这些措施不过是虚张声势而已。

由于英、法当时的国内形势已经发生了急剧的变化。张伯伦和达拉第明白,如果公开拒绝履行对波兰承担的义务,那就表明了对希特勒的投降,很可能激怒本国人民,内阁有可能被推翻。在这种情况下,他们不得不表示"援助波兰"。

9月2日,英国政府发出最后通牒,要求德国停止在波兰的军事行动,并撤出军队。9月3日上午9时,韩德森把最后通牒交给德国。里宾特洛甫对照会表示拒绝，并通过自己的翻译施米特向希特勒报告了有关内容。不久，德国又收到了法国的最后通牒。

9月3日，韩德森和库隆德于11时15分到里宾特洛甫那里要求答复，得到的却是里宾特洛甫傲慢无理的倒打一耙："德国拒绝英国和法国的最后通牒，并要英、法政府承担发动战争的责任。"

里宾特洛甫强硬的答复让英、法大使无可奈何，英国外交大臣哈里法克斯召见德国驻伦敦代办，向他表示："……今晨9时，陛下驻柏林大使根据我的指示，曾通知德国政府，如果今天，9月3日，英格兰夏季时间11时前，陛下的伦敦政府得不到德国政府的满意答复，那么从此时起，两国即处于战争状态。由于英国没有得到这种保证，所以我荣幸地通知您，两国从9月3日11时起处于战争状态。"

同日下午，法国大使库隆德也向德国政府照会："在这种条件下，我必须根据我国政府的委托，最后一次提醒您注意，德国政府由于不宣而战，对波兰采取军事行动，对英、法政府坚决要求德军撤出波兰领土不作让步，而应承担严重的责任。我必须执行我的令人不快的使命，我通知您，从今天（9月3日）17时起，法国政府根据自己对波兰承担的义务，认为自己已同德国处于战争状态。"

在英、法对德宣战后，不列颠各个自治领地相继对德宣战：

9月3日——澳大利亚、新西兰及印度（当时为殖民地）；

9月6日——南非联邦；

9月10日——加拿大；

至此，第二次世界大战全面爆发。德国同不列颠帝国各联盟国、法国及波兰处于战争状态。事实上仅在波兰领土上有战事。

波兰上空呼啸的炸弹把笼罩在波兰问题上的层层迷雾彻底撕破了。正如斯大林所说："战争撕破了一切外幕，暴露出一切关系。"英、法虽然于9月3日对德宣战，却都不想认真履行对波义务，尽管波兰频频呼救，英、法两国要么置之不理，要么消极应付，按兵不动。是英、法兵力不够吗？否！实际上，当时德国在西线只投入了23个师，而仅法国就有100多个师，只要英、法从西线发动进攻，德国就会处于东西两线作战的困境。

当谈及波兰的失败原因时，美国总统约翰逊1963年曾承认："当初美英法如能共同下决心阻止侵略，也许可以避免波兰的溃败。"因此，西方史学界和军界把英、法"宣而不战"的事实，称为"奇怪的战争。"

不甘寂寞的苏联

第二次世界大战全面爆发后,为了尽力维护本国安全,避免或推迟卷入战争。苏联政府在政治、经济、军事、外交等领域采取了许多重大措施。

1939年9月到1940年8月,斯大林趁德军西进之机,在苏联西部边界扩充领土,力图在德国势力范围以东构筑一道北起波罗的海、南达黑海的"东方防线",以便从地缘政治的角度改善苏联对纳粹德国的防御态势。

1939年9月3日,德国驻苏大使舒伦堡拜见苏联的外交人民委员莫洛托夫,借故探听:在德军进攻波兰时,苏联是否愿意出动军队,打击在苏联利益范围内的波兰军队,并且从他们那一边进占该地区。

莫洛托夫模棱两可地表示,苏联政府将出兵波兰,但以"具体行动的时机尚不成熟"为借口,拖延出兵波兰。

9月5日舒伦堡与莫洛托夫会晤后,舒伦堡一再拜访莫洛托夫,来往电报十分频繁。其中心内容就是协商苏联出兵一事。与此同时,苏联政府发布命令:对6个军区预备役兵员进行集训;基辅和白俄罗斯特别军区的部队进入战备状态。

9月9日,日本驻莫斯科大使拜会苏联外交人民委员部,声明日本政府愿意签订停战协定。英、法政府继续维持对德宣而不战的政策。

9月14日,莫洛托夫召见舒伦堡,明确指出:苏联的准备工作进展顺利,只是考虑到政治上的原因,政府想在华沙陷落后再谈入波事宜。

9月15日,当里宾特洛甫获悉苏军的准备工作已经完成并即将出动时,他再次指令舒伦堡拜会并通告莫洛托夫:德军数日内将攻占华沙,请苏联现在对波兰采取行动。

此时此刻,德军向波兰进军的迅猛与顺利,引起了苏联领导人的担忧。如果德军越过8月23日划定的分界线,德军很可能不愿意从新占的领土撤退,这样就会直接威胁到苏联边界。于是,苏联政府决定,在德军尚未到达波兰东部诸省时,出兵占领波兰东部领土。

9月16日,舒伦堡再次要求苏联政府"现在就定一个开始出兵的日期和时刻"。莫洛托夫表示:即将进行干涉。同日,苏联同日本签订停战协定,协定规定,双方军队于9月16日起停止军事行动。

9月17日凌晨2时,斯大林接见并正式通知舒伦堡,红军4小时后将沿波洛茨克—卡美涅茨—波多尔斯基一线开出国境。

9月17日凌晨3时，苏联副外交人民委员波将金召见波兰驻苏联大使格日博夫斯基，向他递交了苏联政府的照会。接着，苏联外交人民委员莫洛托夫发表广播讲话称："……苏联政府认为向居住在波兰的乌克兰弟兄和白俄罗斯弟兄伸出援助之手是自己的神圣职责……"

17日凌晨5时40分，苏军发起入侵波兰的行动。由于波兰已被德军打得溃不成军，苏军力量充足，波军大败。

苏军进入波兰后，苏德两国就双方的势力范围进行了一系列具体磋商。9月20日，苏德军方在比亚威斯托克举行会议，就苏德两国的军事行动作了协调。

9月22日，苏军占领了比亚威斯托克和利沃夫。

9月27日，里宾特洛甫再次飞抵莫斯科，与苏联政府于9月28日签订苏德边界友好条约。条约规定：苏德"两国政府在前波兰国家领土上划定界线，作为两国国界"。任何第三国对此项决定不得干涉。

苏德边界条约签订后，苏联政府开始把保障安全的重点转移到西北部。列宁格勒是苏联人口最多的第二大城市，工业和文化的中心，这里距苏芬边界仅32千米。苏联政府担心，英法德等国会像1918、1919年那样以芬兰为跳板，对苏联构成威胁。

1939年3月，苏联政府提出：把芬兰湾内的苏尔岛（戈格兰岛）、拉凡岛、塞伊斯卡里岛（塞斯卡尔岛）和季乌林岛租借给苏联，以建立军事基地，保障列宁格勒及苏联西北部的安全。

3月8日，芬兰政府表示"不能考虑租借芬兰岛屿的建议"。苏联外交人民委员李维诺夫希望"这不是芬兰政府的最后答复，仍希望芬兰政府将重新考虑它对苏联建议的态度"。同时，他还表示，愿以二倍于上述岛屿面积的苏维埃卡累利阿的领土相交换。

1939年4月，芬兰再次拒绝了苏联的建议，谈判中断。

1939年9月1日第二次世界大战爆发后，苏联对芬兰有可能成为德军入侵苏联的桥头堡的担忧更加强烈，解决西北边界安全的心情也更加迫切。

1939年10月5日，莫洛托夫通过芬兰驻莫斯科公使伊里耶·科斯基宁男爵，要求芬兰外交部长或芬兰政府派出一个特命全权代表立即前往莫斯科就某些政治问题交换意见。

10月12日，苏芬开始新的外交谈判，芬兰代表再次拒绝了苏方的意见。

由于在进行谈判的同时，苏联飞机开始轰炸芬兰边境，以施加压力。芬兰代表表示愿作某些让步，但苏联仍不满意，致使谈判破裂。

苏芬谈判破裂后，两国边界气氛紧张。苏联报刊的论调开始出现火药味。

11月26日，莫洛托夫照会芬兰驻苏公使，称苏军遭到来自芬兰领土的炮击，致4人死亡，13人受伤，要求驻在卡累利阿地峡的芬军撤离边界20~25千米。

11月29日，苏联副外交人民委员波将金把莫斯科签署的一份简短照会递交给芬兰公使，宣布与芬兰断绝关系，将苏联在芬兰的代表召回。

11月30日，苏军越过苏芬边界，侵入芬兰国境。芬兰总统发布命令，宣布苏芬进入战争状态，苏芬战争正式爆发。

苏芬战争从1939年11月30日到翌年3月13日，历时三个半月，战争初期由于苏军估计不足，兵分四路，从整个边境地区推向芬兰全境，力求在短期内结束战争。结果只攻占了北端的佩特萨姆港，而在其他战线均受阻不前，在南部主战场上苏军的两个师竟被歼灭。

苏军在初期失利后，斯大林非常恼火，于1940年1月重新准备，部署兵力，调集三四十个师，组成西北方面军，由铁木辛哥指挥。2月11日，苏军发动新的攻势，主攻方向是芬兰的维堡。经过三天激战，突破了著名的"曼纳海姆防线"的第一防御地带，并迅速投入快速集群以扩大战果。3月2日，苏军突至芬军后方防御地带，并从东北包围了芬军维堡集团，芬军开始全线撤退。到3月12日，芬兰战败。

战争以苏联的胜利而告终，但它付出了高昂的代价。在道义上，苏联是失败的。由于这次入侵行动，1939年12月初，苏联被国际联盟开除。在军事上，苏军损失巨大，伤亡约20万人，其中6万余人被击毙。芬兰政府从此倒向纳粹德国，"苏芬战争"把芬兰推入希特勒的怀抱。

二、闪电战继续逞威

为了铁矿，希特勒决定先发制人

1939年10月10日，德国海军司令雷德尔元帅向希特勒提出夺取挪威基地的建议。当时由于纳粹元首正忙于准备向西线发动进攻，挪威问题显然顾不上。

两个月后，严冬来临，运输瑞典铁矿砂的海道结了厚冰，这样一来，德国铁矿砂的供应受到新的威胁。希特勒为了确保经过挪威从瑞典进口铁矿砂的安全供应,按照海军的建议,他暂时推迟了向西线发动进攻的计划,挥师北上,向丹麦和挪威开刀了。

德国的生存要仰赖铁矿砂的进口。在天气暖和的月份里,铁矿砂还可以从瑞典北部经波的尼亚湾越过波罗的海运到德国。但是到了冬天,这一条海道运输线结了厚冰,因此就无法使用了。这样,瑞典的铁矿砂只好改由铁道运到挪威港口纳尔维克,然后再用船沿挪威海岸运到德国。

德国运铁矿砂船只的整个航行路线都在挪威领海以内,这就给英国海军舰艇和轰炸机的破坏提供了机会。

为了实现征服挪威的计划,希特勒在挪威收买了一个叫维德孔·阿伯拉罕·劳里茨·吉斯林的内奸。这个人毕业于挪威军事学院。20岁时,就被派到彼得格勒担任陆军武官。在1931年至1933年期间担任国防大臣。1933年5月,他领导创立了一个法西斯政党"国家统一党"。但是,纳粹主义在挪威吃不开,他就转而投靠纳粹德国去了。

吉斯林和德国纳粹运动的官方哲学家罗森堡建立了关系。罗森堡曾担任过希特勒的启蒙导师,从1939年以后,他一直和吉斯林保持联系,给吉斯林灌输了纳粹的荒谬的哲学理论。

1939年6月,当欧洲正是战云密布的时候,吉斯林乘出席在卢伯克举行的北欧协会会议的机会,要求罗森堡不仅在理论上而且在其他方面给予支持。从此,吉斯林就经常来往于奥斯陆和柏林之间,为希特勒征服北欧效劳。

在12月份,吉斯林曾带着一个政变计划来到柏林,他认为这个计划一定会得到柏林的重视。希特勒和雷德尔曾多次会见了吉斯林,并对他留下了"可靠的印象"。关于英国占领后对德国所造成的威胁,他作了详尽的叙述。

为了在英国行动之前先发制人,吉斯林建议,把必要的基地交由德国武装部队自由处理。他说,在整个沿海地区的铁路、邮政和交通的重要岗位上的人员,已经为这一目的而被收买过来了。他和挪威另一个卖国贼哈格林来到柏林是为了建立"将来和德国的明确关系",希望能讨论有关联合行动和把部队运到奥斯陆去的问题。

希特勒反复研究了北欧的形势之后,随即于1940年1月27日在最高统帅部成立了一个由海陆空三军各派一名代表组成的工作小组。这一军事行动计划的代号是"威塞演习",并委任曾在北欧作过战的福肯霍斯特将军为执行这个计划的总司令。

一切准备就绪之后,希特勒于3月1日发出"威塞演习"的正式绝密指令。指令要求做好占领丹麦和挪威的一切准备。称这一作战行动，可以防止英国对斯堪的纳维亚和波罗的海的侵犯。此外，它还可以保证我们在瑞典的铁矿基地，并为我们的海军和空军提供进攻英国的更为广阔的出发线……

早在3月间，挪威政府就从驻柏林公使馆和瑞典人那里接到关于德国军队和海军舰艇在北海和波罗的海港口集中的警告。

4月2日下午，希特勒在同戈林、雷德尔和福肯霍斯特举行了长时间的会议后，发布了一道正式指令，规定"威塞演习"在4月9日上午5时15分开始。同时，他还发布了另一道指令，要求"占领时必须千方百计防止丹麦和挪威两国国王逃到国外"。

同一天，最高统帅部对里宾特洛甫发了一道详细命令，指示他准备采取外交措施，劝诱丹麦和挪威在德国军队到达的时候不战而降，并编造一些理由为希特勒的最新的侵略辩护。海军也按照希特勒的指示，将自己的军舰和运输舰伪装成英国舰艇开过去，必要时甚至悬挂英国国旗。

4月3日，英国战时内阁讨论了最新搜集来的情报，尤其是从斯德哥尔摩来的情报。这些情报说，德国人在它的北部港口集中了相当多的兵力，目标在于向斯堪的纳维亚推进。但这消息似乎并没有受到应有的重视。

4月5日英国从柏林收到了一份确实的情报说，德国人即将在挪威南部海岸登陆。但是，奥斯陆的麻痹自满的内阁还是对之抱怀疑态度。

这样，在1940年4月9日上午5时20分，德国驻哥本哈根和奥斯陆的使节向丹麦和挪威政府递送了德国的最后通牒，要求他们立即无条件接受"德国的保护"。

德国政府期望挪威政府和挪威人民不要抵抗。任何抵抗将不得不受到一切可能手段的击破，从而导致绝对无益的流血牺牲。这个最后通牒，可能是希特勒和里宾特洛甫起草的迄今为止最厚颜无耻的文件。

丹麦和挪威的不同反应

希特勒为了确保铁矿砂的供应线，决定延迟在西线的进攻计划，挥师北上，并向丹麦和挪威发了通牒。挪威政府向柏林致电表示："我们决不自动屈服，战斗已在进行。"

1940年4月9日上午10时，傲慢自大的里宾特洛甫被激怒了。他拍了一封特急电报要求"挪威政府放弃抵抗"。但这时挪威国王、政府和议会议员都已转移到北方的山区。他们表示，不论形势怎样不利，都决心抵抗下去。

与此同时，丹麦人则处于更为绝望的境地。这不仅因为丹麦面积太小，最重要的是政府、王室被德军吓破了胆，陷于一片混乱。

在强大的敌人进攻面前，唯有陆军总司令普莱奥尔将军主张抵抗，但他的意见却被国王和首相给否定了。因此，整个丹麦海军没有发过一炮一弹。陆军禁卫军在首都王宫周围也只放了几枪。

国王听从了政府的劝告，不顾普莱奥尔将军的反对意见，还是投降了，并且下令停止任何抵抗。因此，丹麦人吃完一顿早餐的工夫，一切都已经结束了。

希特勒用欺骗和突袭的手段占领丹麦的计划，是经过缜密准备的。负责进攻丹麦的特遣部队参谋长库特·希麦尔将军，于4月7日就身穿便服乘火车到达哥本哈根侦察，并做了必要的安排，为部队运输舰"汉斯施塔特·但泽"号找到一个合适的停泊码头，为运输少量供应品和一台无线电发报机找到一辆卡车。负责攻占哥本哈根的德军，也在两天以前就穿着便服到哥本哈根侦察地形了。

德军经过港口炮台和丹麦巡逻舰队的时候，没有遭到任何抵抗。丹麦就这样地被征服了。

挪威的情况与丹麦有所不同，一开始就进行了抵抗。在瑞典铁矿砂运输铁道线终点纳尔维克港口，挪威的海军指挥官是一个有骨气的人。当十艘德国驱逐舰向着长长的峡湾迫近时，港内的两艘古老的装甲舰之一"艾得斯伏尔德号"发了一炮作为警告。

当汽艇上的纳粹军官用信号通知德国海军少将邦迪，说挪威人表示他们要进行抵抗的时候，邦迪马上命令用鱼雷把"艾得斯伏尔德号"炸毁了。

这时，挪威另一艘装甲舰也开了火，但很快就被击沉了。这两艘舰300多名挪威水兵，几乎全部阵亡。

同时，南部海岸的克里斯蒂安桑对德国人进行了相当规模的抵抗。那里的海岸炮台两次击退了由轻巡洋舰"卡尔斯卢合号"率领的德国舰队的进攻。但是这些要塞很快地就被德国空军炸毁了，港口也于午后3时左右陷落。

截止到4月10日中午，沿挪威西部和南部海岸，从斯卡格拉克到北极圈长达2400千米地区的五个主要城市和一个大机场，都陷入了德国人之手。大胆、欺诈和突袭，使希特勒以很小的代价取得了煊赫一时的胜利。

但德军在奥斯陆这个主要目的地,其主要军事力量和外交手段都遇到了意外困难。4月8日夜,德国舰队原计划当夜抵达挪威首都,希特勒派人在码头上彻夜等候迎接,然而这些大军舰却一直没有到达。

希特勒没想到,德国舰队在奥斯陆峡湾入口的地方遭到了挪威"奥拉夫·特里格佛逊号"布雷舰的拦截。一艘德国鱼雷艇被击沉,"埃姆登号"巡洋舰被击坏。

德国舰队在派了一小股兵力登陆压制了岸上的炮火并继续向峡湾前进。出乎意料的是他们在奥斯陆以南约24千米的地方又遇到了困难。

天亮之前,挪威的岸炮向德舰"卢佐夫号"和"勃吕彻尔号"开了火,"勃吕彻尔号"由于舰上弹药的爆炸而沉没。

"勃吕彻尔号"损失了1600名官兵,其中包括好几名秘密警察和行政官员以及他们所带的全部文件,他们是奉希特勒的命令去逮捕国王和政府人员,接管首都工作的。勉强逃生的残部游到岸上,也成了挪威人的俘虏。

"卢佐夫号"也受了伤,直到第二天它才到达奥斯陆。德国舰队夺取挪威首都的任务没有完成。这样,奥斯卡斯堡守军的英勇抵抗就挫败了希特勒企图俘虏挪威国王和政府官员的计划。

挪威被攻陷

1940年4月9日中午,德军一队纳粹伞兵和空运步兵,以一支临时拼凑的军乐队为前导,开进了挪威首都。事情尽管不如希特勒想象的顺利,没有完成预期的任务,但是他们打开了入侵挪威的大门。

挪威首都陷落于德军之后,卖国贼吉斯林积极活动起来。他闯入电台,强行广播了一个公告,任命自己是新政府的首脑,并下令所有挪威人立即停止对德军的抵抗。

吉斯林的叛国行为更加激怒了挪威人民,他们纷纷自发地组织抵抗。挪威国王率领他的政府撤出首都之后,德国空军武官斯比勒上尉奉希特勒之命,带领两个连的德国伞兵企图俘虏抵抗的国王及其政府。在他们看来,这事轻而易举,仿佛一场游戏。但出乎意料的是,他们在哈马尔附近却遇到了强烈的抵抗,德军损失惨重,狼狈地退回到奥斯陆。

4月10日,德国公使勃劳耶博士奉命单枪匹马从奥斯陆出发去见国王。他遵照训令行事,对国王施行了谄媚和威胁并用的手法。他说,德国希望保持王朝,它所要求的只不过是要挪威武装部队放下武器而已。并威胁说,对德国军队进行抵抗是愚蠢的,这只会造成对挪威人的无益的屠杀。他要求国王批准吉斯林政府，回到奥斯陆去。

挪威国王哈康是个坚贞不屈的人，不畏强暴，他不肯任命以吉斯林为首的政府，严正拒绝了希特勒的无理要求。当天晚上，他从附近乡村找到一个与外部世界保持联系的唯一工具——电力微弱的小电台，发出了挪威政府对强大的纳粹德国的挑战。国王宣告挪威决不接受德国的要求，并号召只有300万的人民起来抵抗侵略。

4月11日，吉斯林的一个密使伊尔根斯上尉，前来劝说国王返回首都。他保证吉斯林一定会效忠国王。但国王以无言的轻蔑拒绝了他的建议。下午，勃劳耶拍来了一份急电，要求再见国王，商谈"某些建议"。他告诉国王：德国"想给挪威人民最后一次达成合理的协议的机会"，却再次被挪威国王拒绝。

希特勒在这样一个已陷于困境的小国面前连续碰壁以后，勃然大怒，马上采取强盗本色的攻击。既然俘虏国王和政府人员的企图已经失败，引诱劝降又碰壁。希特勒决定一不做二不休地把他们杀掉了事。

4月11日深夜，希特勒命德国空军出动炸平纽伯格宋村。纳粹飞行员先用炸弹和燃烧弹炸毁该村，又用机枪扫射那些企图从烈焰中逃生的人。德国人以为这样一来，就可以把挪威国王及政府人员都杀光了。

德军再一次打错了算盘，村子的确是消灭了，但国王和政府人员却安然无恙。纳粹的飞机快来的时候，他们已经躲到附近的森林里了。他们站在深可没膝的雪地里，看着德国空军把这个小村庄夷为平地。国王毅然决定带着政府人员沿着崎岖的古德勃兰德斯山谷北上，经过哈马尔和利勒哈默尔，越过高山峻岭到达西北海岸的昂达耳斯内斯。他们把沿途中那些失散了的、茫然不知所措的军队组织起来，继续抗战。就这样，经过近两个月的周旋、苦战，终因众寡悬殊而失败。

希特勒虽然征服了挪威，但付出的代价是沉重的。20艘驱逐舰损失了10艘，8艘巡洋舰损失了3艘，主力巡洋舰"夏恩霍尔斯特号"和"格奈斯脑号"及袖珍战舰"卢佐夫号"都遭受了重创。

虽然损失惨重，希特勒仍然认为这一切"物有所值"，尤其是对德国人来说，他们取得了一个"重大胜利"。因为它使德国开辟了冬季运输铁矿砂的道路，进一步保护了通往波罗的海的进出口，使得大胆的德国海军能够打开一个缺口进入北大西洋，并为它们的潜艇和海面舰只在对英作战中提供优良的港口设备。最重要的是它大大增加了纳粹德国的军事威望，好像它是不可战胜的。

希特勒的武力征服了奥地利、捷克斯洛伐克、波兰，现在丹麦和挪威也相继被他以武力解决。因此，在当时的西方社会中，流行着一种严重的失败主义情绪，他们苟且偷安，无所作为。他们哀叹，"未来的潮流看来是属于希特勒和纳粹主义了"。在西方失败主义情绪的笼罩下，希特勒更加疯狂，迫不及待地要向西线进军了。

"黄色计划"

比利时与荷兰是位于德、法之间的两个小国，地理学家们在有关欧洲的地理著作中，常把比、荷放在一起叙述。由于比、荷濒临北海和英吉利海峡，同卢森堡以及北部的部分地区称为"尼德兰"，即"低地"，人们习惯称比、荷为"低地国家"。

荷兰境内绝大部分为平原，中部是丘陵地带。南部与比利时接壤处是阿登高地，海拔仅300米。在荷兰南部的比利时，其地势东南高，西北低。东南部为波状起伏的阿登高地，海拔200~600米。

希特勒对低地国家的入侵蓄谋已久。早在1939年9月27日，华沙陷落前夕，他就在总理府召集将军们开会，并决定："尽快地在西线发动进攻，因为英法联军现在还没有做好准备。"

由于法国人在法德边境上修筑了马其诺防线，希特勒决定从低地国家打开进入法国的突破口。

10月10日，希特勒在会上向将领们宣布："做好穿越卢森堡、比利时和荷兰地区的作战准备。这次进攻必须尽可能迅速有力地进行，目标在于尽量夺取荷兰、比利时和法国北部的广大地区"，预定11月就要在西线发起进攻，即"黄色计划"。

但为了确保德国铁矿砂的供应，希特勒推迟了马上进攻西线的计划，而挥师北上去对付丹麦和挪威了。

1940年5月初，眼看挪威的战局已定，希特勒立即按照已修改过的进攻西线的"黄色方案"，把136个师、2580辆坦克和3824架飞机组成A、B、C三个集团军群，在从北海到瑞士边境800千米长的战线上部署就绪。

此计划的制定者是曼施泰因，在此计划中，他大胆提出使用坦克部队经阿登高地突击法国北部。

曼施泰因出生于将帅名门，父亲是炮兵将军李文斯基。第一次世界大战爆发后，进入陆军大学仅一年的曼施泰因就投身战斗，转战于东、西两线，先后参加了对波兰北部的进攻、塞尔维亚作战以及凡尔登和索姆河等著名会战。

1934~1939年,曼施泰因先后担任柏林第3军区司令部参谋长、陆军总参谋部作战处长、德军总参谋部第一副总参谋长。1939年10月,他被升任德军"A"集团军群参谋长。他为希特勒拟定过许多计划,并受到希特勒的高度评价:"曼施泰因大概是总参谋部所产生的最优秀的智囊专家。"

在天气转暖的5月初,德国人部署了世界上从没有过的强大兵力,在西线待命进攻。

为了抵御德军的侵略,荷兰、比利时和法国在战前各自修筑了一道坚不可摧的防线:"荷兰要塞""埃本·埃马尔炮台"和"马其诺防线"。这三条防线自北向南,互相衔接,连绵数百千米。

"荷兰要塞"地区有海湾、河流和大面积水域,构成重重天然水道防线,它是荷兰的中枢神经所在地。德军将领为解决这个问题煞费苦心,想不到什么好主意。最后,他们决定成立五个伪装的谍报局特别营,这个营要按荷兰边境警察的服饰装扮自己。他们的任务是保护桥梁,阻止荷军炸桥。

5月10日拂晓,荷兰战役开始后,他们化装成荷兰警察,押送几名犯人来到默兹河上的格内普桥,突然向荷兰哨兵扑去,桥梁遂落到德军手中。

与此同时,德军的空降兵从天而降,打得荷军措手不及。随后,德国伞兵空降到荷兰各处,他们装扮成警察、农民、官员、神父和修道士,无孔不入,扰乱交通,往井中投毒,甚至还拉假警报。这种混乱和不安状况正是德国人所期望的。

但荷兰人并未放弃抵抗,仍在顽强地坚持着。虽然德国部队已占领了通往鹿特丹的桥梁,但荷兰的防御部队也封锁了北端的桥头,占领了桥头堡,德军坦克不能轻易通过。只要盟军的增援部队能及时赶到,荷兰还是有一线希望的。

由于比利时和荷兰拘泥于恪守中立,他们没有举行联合参谋会议,以致不能充分协调自己的计划和力量。尽管以法国甘末林将军为首的盟军最高军事委员会也秘密制定了对付德军的"D计划",但这是一个重阵地防御、轻机动作战的消极防御计划。要对付有航空兵支援,实施多向、高速、大纵深开进的德军,根本不能奏效。

5月14日,在德军强大攻势的压力下,荷兰武装部队总司令温克尔曼将军下令部队放下武器,并签署了正式投降书。至此,荷兰也牺牲在希特勒的屠刀之下。

比利时无条件投降

1940年5月10日拂晓,德国42架容克运输机拖曳着一架滑翔机起飞,滑翔机上载着一支受过特殊训练的空降兵小分队,悄悄地来到了比利时平原的上空。

此次战争,德国人大胆使用了经过特殊训练的小股部队空降突袭的崭新战术。希特勒在战争初期及时地将其运用到波兰、丹麦、挪威以及比利时、荷兰,配合地面部队,收到了奇效。

当德国轰炸机在荷兰上空呼啸之际,德国使节将一份内容为德国部队即将开进比利时,以保卫他们的中立,抵御英法军队即将进行进攻的电报,送交给比利时大使。

比利时大使气愤地说:"你们刚刚进攻了我们的国家,对奉行中立的比利时进行了罪恶的侵略。德方既没有向比利时政府提出最后通牒,也没有提出照会或任何抗议。对此,比利时已下定决心要保卫自己的国家。"

这时,德国大使才开始宣读德国正式的最后通牒。但是比利时大使打断了他的话,轻蔑地说道:"把文件交给我吧,我愿意免掉你这个痛苦的责任。"

其实,德国对于这两个低地小国的中立曾作过无数次保证。1839年,比利时的独立和中立,曾经得到欧洲5大强国"永久"的保证,直到1914年德国撕毁为止,这个条约已被遵守了75年。

1937年1月30日,希特勒在废除了《洛迦条约》以后,公开宣称:德国政府愿意承认和保证比利时、荷兰领土不可侵犯和中立。

1937年10月13日,德国也庄严地正式表示:在任何情况下,都不会破坏比利时的领土完整,它在任何时候都将尊重比利时……如果比利时受到进攻,就准备给予援助……

然而,1938年8月24日,希特勒草拟进攻捷克斯洛伐克的"绿色方案"时说,如果占领比利时和荷兰,那对德国就非常有利,他向军方征求意见:"在什么条件下能够占领这个地区?需要多长时间?"

1939年5月23日,希特勒斩钉截铁地对他的将领们说:"必须以闪电的速度,用武装力量占领荷兰和比利时的空军基地,无须考虑中立声明。"

5时30分,天刚破晓。A、B、C三个集团军群向西线展开了全面进攻。

当希特勒听到部队已突破荷兰、比利时和卢森堡三个中立国的边防线时，不禁大喜。胜利的消息频频传来，希特勒那双湛蓝色的眼睛炯炯有神，紧抿的嘴角透出一丝胜利的微笑。

这时，西方两大强国英国和法国却在睡大觉。他们不相信从比利时和荷兰传来的警报。英、法两国政府一直等到德国轰炸机的咆哮声划破了春天黎明前的宁静的时候，才得知德国的进攻。

过了一会儿，天大亮了，他们又收到荷兰和比利时政府拼命求救的声明。可是英、法两国却"宣而不战"。

此时，德空降师也展开了空降行动。在德军指挥部里，希特勒挥舞着指挥棒对他的将军们说："你们认为，欧洲最坚固的防线在哪儿？"

有人立即说："是马其诺防线！"希特勒却打断他的话："不！不是马其诺，是比利时的艾伯特运河防线上的埃本·埃马尔炮台！"

第一次世界大战结束后，比利时苦心大干了三年，沿着艾伯特运河构筑了一条绵亘不断的防线。在防线的中部，在孤立突出的岩质高地上，建造了埃本·埃马尔炮台，它比法国的马其诺防线和德国的齐格菲防线都坚固。

为确保拿下这座要塞，德国人不惜仿造艾伯特运河的桥梁和要塞，并专门组建了一个突击团，挑选了最好的指挥官，训练了400名滑翔员，集中了最好的滑翔机，先后进行了12次模拟训练。希特勒还亲自接见指挥官，要求绝对保密。

1940年5月10日黎明，当埃本·埃马尔炮台的1200名守军还在熟睡，德国的空降兵乘滑翔机在10分钟之内就控制了炮台的表面阵地和运河桥上的守军。

5月11日晨，德国装甲兵先头部队赶来包围了炮台，对坑道、暗堡、炮塔连续进行爆破和突击，要塞工事被破坏殆尽。几十门巨炮一弹未发，欲冲出地堡的比军又和迎面扑来的德军相撞。双方一阵枪战，比军死伤不计其数，其余的人又退回了地堡。

比军成了瓮中之鳖。德军不顾一切地冲进地堡。经过一场坑道白刃战，最终比军不得不在炮台里扯起了白旗，1200名惊慌失措的比利时守军走出炮台投降。5月28日，比利时国王宣布向德国无条件投降。从此"低地国家"上空笼罩着沉重的褐色阴云。

三、德国在西线的胜利

不设防的马其诺防线

由于在第一次世界大战中，法国人员伤亡过大。后来，法国为了避免再次发生惨重的人员伤亡，开始在战略上采取防御政策。于是，法国对即将开始的西线战事的反应就是加强防御力量。为此，法国大规模兴建防御工事，并对依赖重型大炮保护的法军重新部署。

德国加紧备战的消息传来，法国军民强烈呼吁加强边境的防御力量。1929年12月，马其诺就任法国陆军部长，他提议在法国东北边境修建堡垒防线并得到国会的多数通过。从此，马其诺防线开始全线施工，1936年完工。并以法国陆军部长马其诺的名字命名。

由于德国相继占领了萨尔区，吞并了莱茵兰，1937年，法国不得不从马其诺防线北端，沿整个法国—比利时边境直至北海边缘，修建了达拉第防线。同时对马其诺防线也进行了加固，工程一直修到1940年5月德军进攻法国时。

马其诺防线从隆吉永至贝尔福，长达390千米。它连接了梅斯堡垒地域、萨尔地域、劳特尔堡垒地域、下莱茵堡垒地域和贝尔福堡垒地域。防线的宽面由纵深4~14千米的保障地带和纵深6~8千米的主要防御地带构成。

整个马其诺防线最坚固的是梅斯和劳特尔。在这两个地域的一些重要地段修建了地面和地下相结合的环形防御工事群。地上由装甲和钢筋混凝土组成机枪和火炮工事群，地下多达几层。

地下工事拥有指挥所、休息室、储藏室、弹药库、救护站、电站、通风室等。工事之间均有通道连接，甚至能通电车。射击工事里的武器都是由军事专家精心设计的。

另外，还修建了大量的防坦克壕、崖壁、断崖及金属和混凝土桩，埋设了大量地雷。防线上遍布金属桩或木桩铁丝网，许多地段修建了通电铁丝网。

在第一次世界大战期间，曾出现过毒气。但在马其诺防线上，法军可以用通风过滤设备来解决这一问题。炮手作战时非常安全，并不直接观察目标，而是由地面观测员用潜望镜观测，再用电话通知炮手。

如果战争时需要狙击步兵，法军可以用悬在头顶上的轨道将坦克炮收回，很快，一挺先进的机枪就冒了出来。马其诺防线的很多机枪下拥有升降凸轮，使得机枪火力能够覆盖更大的火力控制区，射出的子弹保持1英尺距地高度。

即使大量敌人越过了这座地堡，只要指挥室一按电钮，就能引爆整个地下工事。即使引爆地下工事还没有消灭敌人，法军士兵也可以立即从秘密出口撤离，通过一个很小的通道，来到一个垂直的出口。由此可见，马其诺防线的设计构想多么精细。

事实证明，马其诺防线在许多方面是很难攻克的。一些德国军官曾回忆说，德军士兵在靠近马其诺防线时像兔子一样逃窜。在大型火炮群和机枪的火力网覆盖下，只要有任何车辆和士兵落入射程内，都会灰飞烟灭。

当时，马其诺防线经过法比边界的阿登大森林的南部。法国总参谋部认为，阿登森林和莱茵河一样是安全的。1934年，一些法国国防部的高级军官在视察这一防线时说："阿登森林是不可穿越的天然屏障，不存在任何危险。"

德军在马其诺防线进行了多次侦察。认为无论从时间上或资金上，都不允许法军用这种防线来保卫国家，事实证明法国边防上仍存在着极大的疏漏。就在过了阿登森林，介于比利时与英吉利海峡之间这段防线，法军没有认真修筑工事。

当时，法军认为盟国比利时是一处很好的缓冲区，能够为法军至少争取八天的时间来组织防御力量。

战争爆发的种种迹象接踵而至，危机随时都可能发生，迫使驻守在没有防御工事地段的法军指挥官加紧修筑工事。就这样，漫长的法德边界又出现了成千上万的与整个防线极不相称的小型工事。

当时的法军总司令甘末林大元帅被西方人士称为"世界第一流职业军人"，他拟定了一项击败德军的绝密计划。

甘末林认为，在法国边境修建一条由钢铁堡垒组成的长城，配备现代化的火力网，使得敌人不管投入多少步兵来进攻，最终都将倒在枪林弹雨中。

按照甘末林的理论，法军为了防止德军入侵而在法国东北边境修筑堡垒体系，可以用地下坑道将碉堡连起来。

法军一些有识之士对马其诺防线提出一些质疑。他们说："马其诺防线在法德边界只修了150多千米，终点是隆古庸。然而，从隆古庸到比利时边界的地带却没有修，长度快跟马其诺防线一样了。难道德军不会绕过马其诺防线,沿着这个地带进攻吗?"

那些支持甘末林修筑马其诺防线计划的人无奈地回答说:"把防线继续向前修,一直穿过比利时。"但比利时人不同意,他们宁愿保持中立而不敢得罪德国人。即使可以延长防线,政府再也支付不出如此庞大的开支了。

就这样,法国没有把马其诺防线修完,而采纳了甘末林的计划:一旦发生战争,盟军将部署在未修筑工事的法比边境一带,与20万比利时军队会合,建立庞大的防御阵地,固守马斯河防线。因为在现代化战争中处于防御地位具有很大的优势,德军如果发动进攻,将会受到毁灭性打击。

1940年5~6月,正如一些法国有志之士所担心的,德军果然绕开漫长的防线,通过阿登山脉,自马其诺防线左边出现,突破达拉第防线,攻占法国北部,出现在马其诺防线的大后方,法国劳民伤财修筑的马其诺防线也就失去了意义。

"绥靖者"张伯伦下台

1940年5月10日凌晨4时30分,希特勒终于打破了西线的"平静",彻底践踏了公认的国际法准则,破坏荷兰和比利时的中立,野蛮地对荷兰、比利时和卢森堡发动前所未有的大规模进攻。

希特勒进攻荷、比、卢,既是他称霸欧洲计划的一部分,也是进攻英法的序幕。它宣告了英法祸水东引政策的彻底破产。早在希特勒发动西线战争前,英国下院就对英军在挪威的败局展开了辩论,不仅反对派批评张伯伦政府,保守党人也对它进行抨击。

1939年9月,就在希特勒不断向四邻挑起战争的关键时候,张伯伦参加了判定希特勒对捷克领土要求的慕尼黑会谈。在那次会议上,张伯伦和达拉第面对希特勒和墨索里尼的强大压力,一让再让,终于签署了那个以牺牲捷克斯洛伐克为代价的臭名昭著的《慕尼黑协定》。

张伯伦想以此"为英国和整个欧洲带来和平的希望"。没想到却引起英国国会和整个舆论界的纷纷指责,责怪他对希特勒如此姑息纵容。

后来的事实证明,张伯伦以妥协退让为核心的绥靖政策,无法满足希特勒称霸世界的狂妄野心。直到希特勒向东边的邻国波兰下手的时候,张伯伦似乎才无可奈何地认识到,他费尽心机所做的一切调停都无济于事。

正是在慕尼黑问题上的所作所为,以及在政府的若干内政,张伯伦遭到了内阁大臣们和整个社会舆论的强烈指责。当希特勒进攻西线的消息传到伦敦，这不啻火上浇油，张伯伦政府受到猛烈冲击，立即垮台。一贯主张对德国采取强硬路线的保守党人、原海军大臣温斯顿·丘吉尔组成了保守党、工党、自由党等的联合政府。

1940年5月13日，丘吉尔以满怀激情地向下院发表演说，表明他对英国的忠诚和把反法西斯战争进行到底的决心。

丘吉尔说："我们的政策就是用上帝所能给予我们的全部能力和全部力量在海上、陆地上和空中与敌人进行战斗；同一个在邪恶悲惨的人类罪恶史还从来没有见过的穷凶极恶的暴政进行战斗。我们的目的就是胜利——不惜一切代价去争取胜利……"

由此来看，丘吉尔已彻底改变了张伯伦的绥靖政策，而用全部力量对法西斯暴政进行战斗，并且充满着胜利的信心。

德国依靠它强大的空军和伞兵部队，迅速占领了荷兰和比利时的战略要地。5月11日，英法联军企图驰援荷兰，因受德军阻击，未能实现，只好从安特卫普经鲁文、那慕尔沿马斯河往南建立了一道防线，企图用重兵阻止德军前进。

5月13日，德军从迪南和色当两地猛攻马斯河防线，"向马斯河的推进，与其说是正规的军事战役，不如说是一场赛跑"，法军工事尚未修就被冲垮了。

5月14日，希特勒发出第11号指令，其中指出："近日攻势的进展表明，敌人还没有及时理解我们作战行动的基本意图，他们仍然把重兵放在那慕尔——安特卫普一线，似乎忽视了A集团军群所攻击的地区。"而德军A集团军群的7个坦克师在3天之内就跨过了阿登，进逼马斯河。

在德国法西斯军队的强大攻势下，法军节节败退。5月中旬，法军统帅部试图挽救危局，组织了几次反击。50岁的戴高乐指挥新建的第四装甲师在拉昂和阿布维尔战斗中重创德军，俘敌600多人。戴高乐因此被晋升为将军。

如果法国战前建立起强大的装甲部队，战时坚决抵抗，死拼硬打，他们是不会遭到那样的惨败的。但法国当权人士低估了法西斯侵略的危险，没有做好反侵略的准备。现在法军在个别战斗中的胜利根本无法改变整个局势。

尤其是德军进抵英吉利海峡以后，盟军中的失败主义情绪更为严重。5月28日，比利时国王利奥波德三世未经比政府内部讨论，也未与英法政府商量就宣布投降了。

敦刻尔克——炼狱还是奇迹

1940年5月10日清晨,德军装备强大的军事力量,绕过马其诺防线以A、B两个集团军群进攻比利时、荷兰、法国、卢森堡等国。当德国军队从西、南、东三个方向敦刻尔克步步紧逼,德军最近的坦克离这个港口仅16千米,眼看着敦刻尔克唾手可得,一举就可攻下时,德军却被命令停止前进!

5月24日,德军接到了希特勒亲自下达的停止前进命令。希特勒的这一命令使德军将领们大感不解,古德里安更是仰天长叹。这让向比利时进军迎战德军右翼B集团军群的英法联军非常意外,仅十多天时间,德国装甲部队就横贯法国大陆,直插英吉利海峡岸边。北部的联军事实上已经被包围在法国北部的佛兰德地区。

5月27日,比利时军队投降,40多万英法联军开始全部集中向敦刻尔克撤退。西面的英吉利海峡成为联军绝处逢生的唯一希望。英法联军退缩到敦刻尔克一块很小的三角地带,前面是波涛汹涌的大海,后面是如狼似虎的追兵。

这时由部分法军担任后卫,准备向英国撤退。而英国早有撤退的准备,它动员了850多艘各种类型的船只,从巡洋舰、驱逐舰到普通的木头小帆船,集中到敦刻尔克附近海岸。法国海军和商船也参加了运兵工作。

从5月26日到6月4日,英法水兵和船员冒着德机的轰炸和炮火的轰击,把残兵败将一批又一批地运过海峡。经过9个昼夜的苦战,33.8万英法和其他盟军逃离了法国,渡过海峡,进入英国。法国一些较为先进的海军舰艇已于5月29日果断撤走,但4万多来不及撤退的法军却当了俘虏。

这次大撤退对于保存英军实力,重新武装,重整旗鼓,以利再战不是没有意义的。撤退之所以成功,主要原因在于希特勒的停止前进的命令。这样英法联军便取得了3天时间修筑防御工事,掩护退却。

这个命令执行的结果是,英法联军在对德军B集团军群的进逼下向敦刻尔克撤退,而截断他们退路的A集团军群距离敦刻尔克更近,却在敦刻尔克以西的运河地区停止进攻,并没有集结兵力沿着海岸包抄,这给了英法联军一个难得的喘息机会。

这一命令后来引起的争论,被很多军事历史学家认为是希特勒独断专行干涉军事指挥的一个愚蠢的命令。实际上,希特勒的这一命令有他的考虑：在法国北部的战事明朗后，德军需要为下一步作战行动保存装甲部队实力。加上戈林向希特勒保证空军可以消灭敦刻尔克的联军。敦刻尔克地势遍地沼泽和低洼，不利装甲部队前进，没有必要再让装甲部队遭受损失。

尽管后来德军装甲部队为阻止英法联军从敦刻尔克撤退而恢复攻势，但他们面临敌人有组织的防线而无法突破。英法联军成功地延迟了德军进攻，并且为部队撤离敦刻尔克赢得了更多的时间。

5月20日，德军装甲部队切断了英法联军与其南翼法军的联系，英法联军3个集团军约40个师被包围在法、比边境的佛兰德地区。随后德军抵达英吉利海峡沿岸，联军被压缩在宽50千米的敦刻尔克滨海地区。

5月26日，英国海军下令代号为"发电机"的撤退行动。德国空军猛烈轰炸敦刻尔克，将港口炸成废墟，阻止联军撤退，英国海军军舰由于吃水深，无法靠近海滩，撤退速度较慢，5月27日只撤出了7000多人。

5月28日，敦刻尔克地区恶劣的天气，阻止了德军空袭，近1.7万人得以撤离。撤退开始后，德军加强地面进攻，并从空中和海上攻击英法运输船队。英军坚守其东西两侧战线，以确保向海峡沿岸撤退的通道畅通，并加紧部队登船工作。他们以各式各样的小船充当摆渡，还将卡车沉入海中，作为海滩延伸入海的登船栈桥。

5月29日撤出4.7万人。

5月30日，浓雾再次阻止了德军空袭，联军撤出5万多人。

5月31日撤退人数达到6.8万。敦刻尔克的包围圈逐步缩小，但德军无法阻止联军从海上撤走。英国空军为了掩护地面撤退，总共出动2739架次战斗机进行空中掩护，平均每天出动300架次，有力抗击了德军空袭。

尽管在德国空军的攻击下损失惨重，6月1日仍有6万多人撤出。由于德军空袭和逼近敦刻尔克海滩的炮火，6月2日开始利用夜间进行撤退。其后联军利用暗夜的掩护每天将2.6万人撤往英国。6月4日德军攻克敦刻尔克，担任后卫来不及撤离的法军4万人被俘。

从5月26日至6月4日历时九天，实际上是5月26日、6月2日和3日共三个晚上，5月27日至6月1日共五个全天，总共有338226人撤回英国，其中英军约21.5万人，法军约9万人，比利时军约3.3万人。

这些部队撤离时将重装备全部丢弃，带回英国只不过随身的步枪和数百挺机枪而已，在敦刻尔克的海滩上，英法联军共丢弃了1200门大炮、750门高射炮、500门反坦克炮、6.3万辆汽车、7.5万辆摩托车、700辆

爆发：欧洲沦陷

坦克、2.1万挺机枪、6400支反坦克枪以及50万吨军需物资。

尽管只有短短几天的时间，但英法联军在德军地空火力猛烈轰击下，仍撤出了33.8万余人，被誉为"敦刻尔克奇迹"！为盟军日后的反攻保存了大量的有生力量，创造了二战史上的一个奇迹。正如丘吉尔在6月4日向议会报告敦刻尔克撤退时所说："我们挫败了德国消灭远征军的企图，这次撤退将孕育着胜利！"

巴黎不设防

当敦刻尔克的交战还在进行时，希特勒就踌躇满志地调动兵力，重新部署，准备进攻巴黎了。随着敦刻尔克大撤退，北方的战事基本结束。希特勒下令让德军南下，深入法国腹地准备进攻巴黎，彻底征服法国。

1940年6月5日，希特勒发表了《告军人书》，煽动德军加紧侵占巴黎，说这是"历史上一次最大的战役"。天刚亮，德军庞大的轰炸机群就出现在法国上空。随着阵阵震天动地的爆炸声，法军的许多重要目标遭到破坏。巴黎附近的空军基地受损最为严重，数百架战斗机来不及起飞便被炸毁。德军一下子掌握了制空权。

6月5日这一天，天空中上千架德机盘旋俯冲，地面上2000多辆德国坦克横冲直撞，100多个德国师如入无人之境。

雷诺这时显得十分沮丧，因为魏刚报告说，法军已经精疲力竭了。贝当认为，法国目前的处境已无可挽回，要打赢这场战争是毫无希望的，在法国还有足够的军队维持秩序到和平来临的时候，要求停战。

6月5日夜间，法国总理雷诺再次改组政府，任命戴高乐为国防部次长。

雷诺虽然希望法国战斗到底，最后获胜，但是他的周围都是一些失败主义者。为此，雷诺要戴高乐去见丘吉尔，让他向英国政府表示法国将继续战斗，更重要的是让他设法从伦敦获得可靠保证，保证皇家空军特别是战斗机将继续参加法国的战斗，并探询一下撤离敦刻尔克的英军还需要多长时间才能重新装备起来，派回法国作战。

5月31日，雷诺指示魏刚，要他对建立阵地的可行性进行调查。因为要在法国继续作战，只有撤到一个易守难攻的地方，作为桥头堡来坚守。

6月8日，雷诺与戴高乐讨论该计划。在魏刚的总部所在地，戴高乐与来请示工作的各个参谋部的熟人交流了看法，大家都一致认为这场战争输定了，尽快结束战争是最好的解决办法。

戴高乐又见了雷诺一次，并开门见山地建议撤销魏刚的总司令职务，换上洪齐格尔将军。虽然雷诺原则上同意了戴高乐的意见，但认为这时候进行人事变更是不可能的。

就在法国摇摇欲坠之际，意大利在法国背后又插了一刀。

6月10日，墨索里尼在匆忙宣布对法宣战后，便着手诉诸军事行动。

6月11日，意大利集中乌姆贝托指挥的西方集团军群对法开战。西方集团军群共有22个师，32.5万人，约3000门火炮和3000余门迫击炮。

而这时法意边界上的法军只有6个师，总共17.5万人，远不如意军人多。由于法军占据着有利地形，加上意军的无能，意军在战场上没有取得什么显赫的战果，但却给法国增加了压力。

德军渡过马斯河后，巴黎被包围了。为了避免无谓的伤亡和文物古迹受到损毁，魏刚于6月11日下令法军撤出巴黎，搬到图尔，只留下警察局维持治安。

当时，丘吉尔、雷诺和他们的首席军事顾问在布里阿尔附近的米居厄堡召开了作战会议。丘吉尔认为，如果军队被打垮了，法国应该打游击战。贝当说，这样做会使法国受到更深的伤害。结果法国不愿意采取丘吉尔游击战的建议。

6月12日到16日，雷诺内阁在康热召开会议，会上魏刚要求停战。在此期间，法国政府讨论的主要是停战问题。

6月13日，法军护城部队撤至巴黎以南的朗布依埃—儒维西一线。下午5时10分，德军先头部队抵达巴黎北郊，随后，德军B集团军群所属部队包围了巴黎。

同日，丘吉尔由英国代表们陪同，来到法国图尔与雷诺总理会谈，雷诺向丘吉尔解释，法国固然尊重盟友英国，但也有权单独投降。丘吉尔说，英国不同意法国投降。

丘吉尔和大臣们离开后，以副总理贝当和总司令魏刚为首的投降派宣布巴黎成为"不设防城市"，向德国政府正式提出停战请求，出卖了法国和法兰西人民。

巴黎城防司令不战而交出巴黎，严令镇压人民反抗，并向群众宣布：凡从事抵抗者格杀勿论。当听到政府要放弃保卫首都的命令时，法国作家莫鲁瓦这样说道："就在那一刻，我知道一切都完了，法国失去了巴黎，成了一个无头的躯体，我们战败了。"

此时，丘吉尔仍极力主张法国建立防御阵地。很快，英军在法国西部集结一支部队，由阿兰·布鲁克将军指挥。

由于将军们都对执行这个计划没有信心，6月14日晚，法国西部的英国军队撤退了。

与此同时，6月14日早晨，德军第18集团军一部开进巴黎。B集团军群司令博克在香榭丽舍大街举行了阅兵仪式。这个丰富、快活、喧闹的大都市此时竟成了死城。除了警察外，很难找到人，多数人逃到了县市和乡间，少数人躲在家里。

协和广场前，只有一片沮丧的沉寂不时被德国军官座车的声音所打破。唯一不同的是在埃菲尔铁塔顶端、外交部、市政厅的旗杆上，德国国旗取代了法国三色旗。

巴黎这座著名的大城市此时几乎空了，法国国内难民多达600万人，在大街小巷上川流不息。法国当局宣布"巴黎不设防"，向德国法西斯投降，出卖了自己尊严的同时，也给法兰西人民带来无尽的民族屈辱。

法国投降——又见贡比涅森林

1940年6月21日，对法国人而言，那是一个充满耻辱的夏日。在德国贪婪地攻陷了法国首都巴黎之后，希特勒和法国的停战谈判，就是在贡比涅森林中的一块小小的空地上举行的。

这个地方是1918年11月11日德意志帝国向法国及其盟国投降的地方。希特勒将在这儿一洗前耻，因为这个地方本身也会增加他复仇的快感。

1918年11月11日，在第一次世界大战中战败的德国在巴黎东北方贡比涅森林"福煦列车"上签订了停战协定。

22年后，在这片法国人曾经引以为傲的贡比涅森林里，历史向法国人开了一个莫大的玩笑，法国人扮演了22年前德国人所不愿意扮演的角色。

为了谈判，对这一历史性地点进行了专门布置。1918年德国失败之后同法国人签署停火协定的车厢被从博物馆里拉出来。如今，遵照希特勒的命令，将它放在22年前所在的位置——车站中央的轨道上。

那是一列国际卧铺列车的普通餐车，里面的一个包厢被改建成了会议室。一张大桌子，四周围摆放着椅子。通向"停火地点"的林荫道前有座法国人竖立的胜利纪念碑，上面雕着一只跌落的德国鹰。

1940年6月21日下午3时15分，希特勒驱车前往贡比涅森林。他在离空地近300米的一座一战结束时树立的塑像前走下汽车。希特勒的表情十分严肃，他缓缓地绕行了一周，注视着1918年议和的纪念碑和福煦的半身塑像。在福煦的塑像前，希特勒的手下给他树立了一尊他本人的塑像。

希特勒在车厢外巡视了一周，在车厢附近的花岗岩石碑前停住了脚步，开始读碑上的文字。"他的脸上燃烧的是蔑视、愤怒、仇恨、报复和胜利……"

然后，希特勒及其随行人员走进停战谈判的车厢，他坐在1918年福煦坐过的那把椅子上。五分钟以后，法国代表团来了。这是一个以色当的第二军团司令查理·亨茨格将军为首的代表团，他现在正亲身经历着德军造成的第二次崩溃。

显然他们事先并不知道会在这个曾经让法国人引为骄傲的圣地来受这种屈辱。他们的这种震惊，无疑正是希特勒所期望的。

在凯特尔将军对法国人宣读了停战条款的序文以后，希特勒和他的随行人员马上离开了车厢。谈判工作交由最高统帅部长官继续进行，但对于他亲手所拟订的条件没有留出丝毫的回旋余地。

凯特尔把这些条款读完以后，亨茨格马上对德国人说，"条件太'冷酷无情'了！"这比1918年法国在这里向德国提出的条件差得多。

在德国人提出的条件中，最恶毒的一条就是，强迫法国把法国本土和海外属地上的反纳粹的德国流亡人士，全部交由德意志帝国；凡是与别国联合对德国作战的法国人，被捕后立即枪决；所有战俘都将被关押到签订和约为止。

停战条约中最难处理的是法国海军问题。在法国将要崩溃的时候，丘吉尔曾经表示，法国如果把海军开到英国来，过去不单独媾和的诺言就可取消。希特勒决心不让这件事情实现。因此，他在停战协定中规定，法国舰队必须复员、解除武装，并使舰只停泊在本国港口废置不用。德国"无意使用在德国监督下的港口所停泊的法国舰队来为自己作战"。

在贡比涅举行停战会谈的第二天，法国代表还在继续拖延和争论。到下午6时30分，凯特尔发出了最后通牒。法国必须在一小时之内接受或者拒绝德国的停战条件。在这一小时内，法国政府屈服了。

1940年6月22日下午6时50分，亨茨格和凯特尔分别在停战协定上签了字。这个曾经拥有300万大军、号称欧洲头号陆军大国，这个在"一战"中曾四年不败的法兰西，在这次战争爆发六周以后就投降了。这是法国统治集团长期推行绥靖政策所造成的恶果。

按照停战协定规定，法国军队全部解除武装并把武器交给德国，法国被肢解为两部分，法国北部约占全国3/5的富庶工业区由德军占领，法国负担德国占领军的全部费用。其他非占领区表面上由贝当傀儡政府统治,实际上整个法国完全被置于德国人的统治之下。法国从此陷入了亡国的深渊。

当法国代表团从停战谈判的车厢走出的时候,天空下起了霏霏细雨。这时,一群德国士兵正起劲地叫喊着,开始移动那节车厢——"福煦列车"。

"运到哪里去?"一个美国记者问道。

"到柏林去!"他们要把车厢运往柏林当作展品。至于那座在1918年树立的花岗岩纪念碑,则在两天以后,被一队德国士兵奉命用炸药炸毁了——只有福煦元帅的塑像留了下来。

这是一个令法国人民很久都不能忘怀的历史插曲。

戴高乐在伦敦树起"自由法国"的旗帜

法国名存实亡后,戴高乐的事业此时几乎陷入绝境,但他仍然信心百倍。这时,他的事业所得到的最重要支持来自英国。

1940年6月18日下午6时,在英国广播电台的播音室里,戴高乐向全世界、也向沦亡的法国,发表了也许是他一生中最重要的演说。

戴高乐说:"法国并非孤军作战,它可以与控制着海洋并在继续作战的不列颠帝国结成同盟。我,戴高乐将军,现在在伦敦。我向正在英国领土上和将来可能来到英国领土上的持有武器或没有武器的法国官兵、军火工厂的工程师和技术工人发出号召,请你们和我取得联系。"

戴高乐还说:"无论发生什么情况,法兰西抵抗的火焰决不会熄灭!"

尽管法国的军政官员们没有人理睬戴高乐的声音,但这声音却深深震撼着几千万法国人民的心灵。在戴高乐的旗帜下,集中了来自法国各方的自由战士,他们在打败德国的过程中做出了重要贡献。

在伦敦的戴高乐接到回国"命令"。贝当政府命令戴高乐到图卢兹的圣米歇尔监狱去"自首",听从"战争委员会"审判。这个委员会先是判处戴高乐4年的徒刑,然后根据伪政权国防部长魏刚的指示,改判死刑。

戴高乐又向法国驻海外的殖民总督们发电报,要求他们坚持作战。他还请他们来伦敦会谈,得到的是一片嘲笑声。那些总督们认为戴高乐是野心勃勃、追名逐利的家伙。

6月22日下午,法国代表和凯特尔在停战协定上签了字。

这一消息震惊了全世界,全世界人民都注视着法兰西的灭亡,许多法国人听到广播后都哭了。德国控制的傀儡贝当政府显然已经无法代表法国，几千万法国人民成了亡国奴！

6月23日晚上，戴高乐将军在伦敦发表广播声明。他说，由于贝当政府投降所造成的局势，法国的政治机构已不能自由地行使职能，法国人民无法表达他们的真正意愿，因此在英国政府的同意下，他宣布在伦敦成立法国民族委员会。

6月28日，英国正式承认戴高乐为"一切自由法国人的领袖"。丘吉尔对戴高乐说："你虽然孤身一人，但我只承认你一个人！"

这样，戴高乐就在伦敦树起"自由法国"的旗帜，组织英国领土上的法国武装部队和海外法国人民，为反对法西斯、争取法兰西民族的解放而斗争。

为了法国的独立，他一边与挪威、荷兰等国的流亡政府取得联系，寻求他们道义上的支持，一边扩充实力。因为他的力量有限，他才必须争取别国的支持，永不言败。

他向英国借来白城体育馆作为招兵基地，接见逃到英国的法国人，用他那粗犷的声音打动他们："法西斯的侵略已经引起大多数国家的反抗。法国暂时还有很多困难，但法国一定会重新获得解放！"

戴高乐坚忍不拔的意志深深地打动了每一位法国爱国志士，很快有几百人站到他的旗帜下。6月29日，他来到利物浦附近的特伦特姆公园，招募了200名阿尔卑斯山步兵，以及一些炮兵、工兵和通讯兵。

几天后，两艘法国潜艇和一艘巡逻艇宣布追随他继续作战。圣阿塔恩的几十名飞行员也前来追随他。6月30日，米塞利埃海军中将逃了出来，加入"自由法国"的阵营。

这时开始陆续有人从法国逃出来，其中有不少不甘屈辱的中高级军官。甚至有许多人从北非来到伦敦，前来追随戴高乐。

法国的国庆节这一天，为了向全世界宣告反法西斯的法国军队仍然存在，戴高乐决定举行阅兵式。7月14日上午，7000多人的"自由法国"部队聚集在白城体育馆。戴高乐全副戎装地站在台阶上，身后悬挂着巨大的福煦元帅画像。

这是戴高乐的部队第一次在伦敦公开亮相，这是对德国的公开宣战。紧接着，第一批"自由法国"的飞行员进行了对德国鲁尔区的轰炸。

这时，戴高乐以"自由法国领袖"的身份与丘吉尔进行"必要的谈判"。通过艰苦的努力，双方达成《丘吉尔—戴高乐协议》。

在协议中，戴高乐坚持英国必须保证恢复法兰西帝国的疆界。他以这种办法从法律上打消英国人怀有的任何攫取法国领土的想法。最终，英国政府承认他们有义务"恢复法国的独立"。

"自由法国"军队的开支先由英国政府垫付，戴高乐坚持表明这是借贷。所有开支将立账，以后偿还。这一协议的签订使戴高乐摆脱了物质困难，同时使英国和"自由法国"的关系正常化。

在军事上，戴高乐身边有一批得力的参谋，他们认为不能总待在英国，必须动身去非洲发展。戴高乐决定先去乍得、喀麦隆和刚果，使它们加入"自由法国"。

1940年8月2日，戴高乐派勒让蒂约姆将军去索马里半岛，派普利文、帕朗少校和内阁总管埃蒂埃·德布瓦兰贝尔去赤道非洲。这些人很快使"自由法国"的洛林十字旗帜飘在乍得和喀麦隆的上空。

达喀尔是戴高乐想争取的地方，因为控制了达喀尔就控制了塞内加尔和法属西非的大片地区。为了使这个计划成功，就必须请英国提供海上援助。关键时刻，丘吉尔依然一如既往地支持他。

10月27日，戴高乐在布拉柴维尔向全世界庄严地宣布成立国防委员会："我要以法国的名义，而且只是为了保卫法国行使我的职权。为了协助我进行工作，我从即日起，组织一个法兰西帝国防务委员会。"

1941年，"自由法国"运动在戴高乐的领导下，不仅取得了较大的发展，而且建立起一支精悍的海陆空武装部队。

1941年9月24日，戴高乐宣布成立"法兰西民族委员会"，代行政府职能。法国本土的抵抗运动在戴高乐的影响下也发展起来。

激战：苏德大战

一、"巴巴罗萨计划"，让全世界震惊

恶魔的眼睛转向东方

1940年夏，希特勒在取得对法国战争的胜利后，进攻苏联的议案又提上日程。希特勒进攻苏联的想法由来已久。早在20年代，他在自传《我的奋斗》中就这样写道："德国不能满足于1914年的边界。""我们要从600年前停止下来的地方开始行动。""我们是民族社会主义者，我们要自觉地改变战前对外政策的方针。我们要消除德国长期以来在南欧和西欧的目标并把自己的目光集中到东方……但当我们今天说到欧洲的新领土时，我们首先指的就是俄国及其控制的仆从国。"

希特勒进攻苏联的想法立即在德国高级军事将领中引起了反响。最高统帅部及海陆空将领都参加了关于进攻苏联的时间和方式问题的讨论。将军们普遍认为，现在德国正处于军事鼎盛时期，时机极为有利。陆军元帅勃劳希契在7月21日的德国最高统帅部会议上作了对苏作战的报告。在报告中，他对陆军最高统帅部的意见表示乐观，并建议对苏战争应该在1940年就开始。

为了高度保守机密，希特勒命令由总参谋部来研究进攻苏联的计划，以便对任务、时间和目标有一个明确的了解。在以后的几天里，希特勒在柏林和上萨尔茨山接见了罗马尼亚、保加利亚和斯洛伐克的总理。在得知苏联对波罗的海国家的合并，以及对比萨拉比亚和北布科维纳的占领后，希特勒决定推迟解决巴尔干问题，加紧考虑进攻苏联的计划。

7月31日，希特勒在伯格霍夫召开最高军事会议。会上，先由海军元帅雷德尔报告了"关于英国登陆战准备工作的第16号指令"，即"海狮计划"的准备工作的进度。雷德尔说，9月15日将是开始执行"海狮计划"的最早日期，前提是届时没有"由于天气或者敌人的原因而出现不测情况"。雷德尔就这一前提向希特勒解释说，英吉利海峡和北海的

天气，除了 10 月上半月以外，一般都是恶劣的。10 月中旬开始有薄雾，到了下旬就有浓雾了。然而，这只是天气问题的一部分，"只有海上风平浪静，才能够执行作战计划"。"即使第一批部队在天气有利的条件下渡海成功，还是不能保证第二批第三批部队也能够有同样有利的天气。事实上，我们必须认识到，在一些港口可供利用之前，有好几天是不能运送比较大量的物资的。"这样一来，陆军就会陷入困境：他们会被搁在海滩上，没有给养，也没有援军。这位海军元帅在结束他的发言时说："从一切情况考虑，最有利的作战时间将是 1941 年 5 月。"希特勒发言，表示对雷德尔的结论不敢苟同。并认为不能因为天气情况而不考虑坐失时机的后果。德国海军到来年春天也不一定就能打败英国海军。而如果给英国陆军 8 个月到 10 个月的时间，它就将会有 30~35 个师的兵力，到那时再登陆作战将会更加困难。因此他认为："必须设法为 1940 年 9 月 15 日开始的作战行动进行准备工作……至于这次作战行动是在什么时候开始，将在空军对英国进行一个星期的密集轰炸之后作出判断。如果空袭的效果很好，敌人的空军、港口和海军等等遭受重创，那么'海狮计划'将在 1940 年进行。否则将推迟到 1941 年 5 月。"

希特勒话锋一转说："英国的希望在于俄国和美国。如果对俄国的希望破灭，那么对美国的希望也将破灭，因为消灭俄国以后就会大大增加日本在远东的力量。我现在越来越相信，英国继续进行战争的顽强决心是由于它对苏联有所指望。英国人原来已经完全倒了下。现在他们又站了起来。俄国只需向英国暗示，它不希望德国过分强大，那么就像一个快要淹死的人突然抓到救命稻草一样，英国会重新获得这种希望：局势在 6 个月到 8 个月之内就会完全改观。但是如果俄国被摧毁，英国的最后希望就会被粉碎。那时，德国就将成为欧洲和巴尔干的主人。因此，必须消灭俄国。时间定在 1941 年春天。"

随后，希特勒详细地叙述了他的作战计划。他认为，这次行动只有以一举摧毁苏联为目标，才值得进行。只占领俄国的大片领土是不够的。"要消灭俄国的生存力量！这才是目的！"希特勒强调说："首先将发动两个攻势，一个是在南方向基辅和第聂伯河进攻，另一个是在北方通过波罗的海国家，然后向莫斯科进攻。两支军队将在莫斯科会师。在这以后，必要时将进行一次特殊作战，以获取巴库油田。"他接着说，他将干脆吞并乌克兰、白俄罗斯和波罗的海沿岸各国。他将拨出 120 个师来进行整个战争，留 60 个师保卫西线和斯堪的纳维亚。进攻将在 1941 年 5 月开始，用 5 个月的时间完成，在冬天结束。他补充说，他本来希望在今年这样做，但是这已经证明是不可能的了。

"巴巴罗萨计划"

8月26日，希特勒便下令从西线向波兰派遣10个步兵师和2个装甲师。他规定，装甲部队要集中在波兰东南部，以便他们可以出兵保护罗马尼亚油田。德国人自知向东部调动大量部队肯定会被苏联人发现。于是便命令德国驻苏联大使通知苏联总参谋部说，这个调动只是派年轻的士兵代替要复员参加工业生产的年纪较大的士兵。9月6日，德国国防军指挥参谋部参谋长约德尔发出指示，概述了进行伪装和掩蔽的方法。规定："这种集结的工作绝不能在俄国造成这样一种印象，即好像我们准备在东方发动攻势。"约德尔又拟了一个作战草案，设想对苏作战将动用3个集团军群。普里皮亚特沼泽地以北用2个，以南用1个，但有一点要注意，即在越过奥尔沙陆桥——斯摩棱斯克地区以后，能否继续向莫斯科进攻将取决于肃清波罗的海苏军的进展情况。

11月28日至12月3日，在德国陆军总参谋部第1军需部长保卢斯将军的指导下，德军进行了一系列的军事演习，以便对方案存在的主要问题进行审查。然后，方案的制定者们在12月5日与希特勒举行了正式讨论。将要进行这一作战的3个集团军群的参谋长，各自研究了有关的战略问题，他们突出地感到了空间与人力上的困难。所谓空间上的困难是指地理环境而言的。1940年的苏德边界，始于梅默尔以北的波罗的海之滨，沿旧东普鲁士——立陶宛边界延伸，接着向西进入波兰，形成一个突出的弧形地，然后向西绵延到布列斯特——里托夫斯克，接着继续向南伸展，直到匈牙利边境为止。这条苏德边界线全长约1100千米。而乌克兰——罗马尼亚边界沿普鲁特河至黑海，长约720千米。另外，在俄罗斯欧洲部分西部的中央，就在布列斯特——里托夫斯克边界东南，有一片南北宽约240千米、纵深约480千米的辽阔沼泽地区。复杂的地形会把德军队形拉得很长，无法组织防御和进攻。

后备军总司令弗罗姆谈了自己的看法，认为在一片辽阔地区向300万人、50万匹马的部队进行补给是非常困难的。何况，这个地区公路寥寥无几，铁路不能直达。另外，现有的增援部队不足50万，只够补充夏季战役的损失。摩托车辆奇缺，车辆燃料更是吃紧，国内只有不超过3个月的汽油储备和1个月的柴油储备。由于缺乏天然橡胶与合成橡胶，轮胎也成了问题。

听了上面几位将军的发言，陆军总司令布劳希奇对于元首的全球战略目标开始产生怀疑。如果向苏联开战真是必要的话，那么消灭苏军就是压倒一切的目标，经济方面的考虑就不能占优先地位。进攻莫斯科将吸引敌人的主要兵力；夺取莫斯科地区不仅将使苏联失去控制，交通联络断绝，而且将在苏军的战线上打开一个巨大缺口。布劳希奇要求发言，他对元首说："德国空军是否有力量对英、苏两线同时作战？"

希特勒立即回答说："如果对苏战争不拖长的话，德国空军就能够在两条战线上同时作战！"哈尔德也发言坚持中央集团军群主要突击方向应该是莫斯科。希特勒说："对苏战争的目的是保卫帝国领土不受空中袭击，以保护柏林和西里西亚的工业区。这就需要战略纵深，使粉碎后的苏联成为一些非武装的社会主义行省，自波兰边境到伏尔加，全由德国人驻防和统治。伏尔加河以东的原始土地，冰冻的西伯利亚地区，以及乌拉尔外的空旷森林，等有了工夫再去占领，一个重要的考虑因素，就是从这些边远的地区，任何轰炸机都飞不到德国。"接着，他又说道："战争开始后，苏联会死守波罗的海与乌克兰，因为那里有海港，在经济上至关重要，而对于中部，斯大林会慷慨退让。德军夺取莫斯科无甚重要。中央集团军群的装甲侧翼要准备向北进入波罗的海、向南进入乌克兰。"布劳希奇默然。

会后，最高统帅部向各集团军群发出了命令。陆军总部在布劳希奇的领导下，夜以继日地修订作战计划。在计划中，布劳希奇认为有必要加强北方集团军群的力量，使其通过波罗的海国家的速度能像中央集团军群向斯摩棱斯克的推进速度一样快，两军齐头并进，避免在攻打莫斯科之前使军事行动停顿下来。

12月17日，该作战计划，即21号指令呈送到希特勒案头。希特勒看后，皱起了眉头，他认为21号指令没有体现他的最新思想，即他在12月5日会议上的发言，便提笔进行了修改。明确规定：要优先保证肃清波罗的海的敌人，夺取列宁格勒与喀琅施塔得；为此目的，中央集团军群要往北抽调强大的装甲部队。只有完成上述目标，才能恢复对莫斯科的攻势。希特勒认为21号指令代号为"奥托"似不够明确，这场战争应当是"巴巴罗萨"这个名字。

第二天，即1940年12月18日，希特勒以武装部队总司令的名义发出了第21号指令——"巴巴罗萨计划"。按照计划要求，德国武装部队必须准备在对英战争结束之前。以一次快速战役击溃苏联。准备工作必须在1941年5月15日以前完成。进攻苏联分两个阶段，第一阶段，首先用突然袭击的方法消灭苏联西部军区的军队，然后在空军的掩护下，以坦克部队为先导,长驱直入,向苏联腹地进攻。进攻路线分南、北、中三路。北方集团军群共29个师,在1000多架飞机的掩护下,由东普鲁士出发,经德文斯克、奥斯特洛夫,直取列宁格勒;中央集团军群共51个师,在1600架飞机的掩护下,由华沙以东出发,经布列斯特、明斯克、斯摩棱斯克,向莫斯科进攻;南方集团军群共63个师,在1400架飞机的掩护下,在卢布林至多瑙河口地区展开,向基辅进攻,然后向顿巴斯进击。在包围并歼灭这三个城市的苏军后,分别占领莫斯科、列宁格勒和顿巴斯。第二个阶段,进攻苏联的后备军,占领阿尔汉格尔斯克、伏尔加和阿斯特拉罕。这就是希特勒的宏伟计划。为了保密起见,计划只印了9份,三军各一份,其余的保存在最高统帅部。希特勒还指示,参与这一机密的军官的人数要尽可能少,不然,准备工作就会有泄露的危险,在政治上和军事上导致严重的后果。签署完"巴巴罗萨计划"之后,希特勒感到如释重负。他踌躇满志,巴巴罗萨、拿破仑未竟的事业,将由他来完成了。这个当年维也纳的流浪汉,已经自认为是有史以来世界上最伟大的征服者了。

斯大林不相信苏联遭进攻

早在1941年1月,美国国务院就向苏联发出一份机密情报,这份情报是德国正在制定进攻苏联的计划。但这份情报并未引起苏联政府的重视。4月3日,英国首相丘吉尔曾经寄给斯大林一封信,提醒他注意德国军队的调动和德国即将向苏联发动进攻。但苏联政府却认为英国不怀好意,认为目前不应"刺激"德国,暂时还不会发生战争。

苏联政府认为德国调兵是为了防御,不敢真打自己。5月1日,莫斯科红场举行阅兵式。英国多次向苏联政府送情报,说德国将在夏季进攻苏联,但苏联政府却认为,英国和德国的战争没有分出胜负以前,德国无力进攻苏联,英国为了把苏联拉入战争的陷阱而伪造情报。

5月,德国驻苏大使舒伦堡向当时在莫斯科的苏联驻德大使弗·杰卡诺佐夫直言不讳地透露了德国将进攻苏联的消息,并说出了进攻的详细日期。舒伦堡希望苏联能够在希特勒发动进攻前和柏林接触。弗·杰卡诺佐夫和舒伦堡会晤后,急忙赶往莫洛托夫的办公室。

当天,斯大林召来政治局委员,告诉他们舒伦堡的警告。但斯大林同时又强调,这是希特勒在吓唬人。斯大林说:"现在他们想通过大使一级向我们传递错误消息。"

苏联著名间谍佐尔格也发来了德国准备进攻苏联的情报,还将一份德国外长里宾特洛甫提到德国拟定的6月中旬进攻苏联的电报复印件传给苏联,但斯大林仍不相信。

6月1日,德国最高统帅部向德国各集团军、海军和空军下达相应的作战命令。

6月初,丘吉尔得知希特勒真的要进攻苏联,便不再散播假情报了,因为德苏开战后,苏联会变成英国的盟友。丘吉尔真诚地提醒斯大林,说希特勒将于1941年6月22日对苏联发动突然袭击。斯大林把丘吉尔发出的警告误以为他又在散布假情报,结果差点输掉整个战争。

6月14日,德国突袭苏联的前一周,苏联塔斯社发表声明说:"英国和外国报纸上出现的关于'苏德之间即将开战'的谣言是错误的,是反苏反德的宣传伎俩。苏联人民认为,关于德国想要进攻苏联的谣言是没有任何根据的。"

6月16日,一份"德国进攻苏联准备就绪,只待时日"的情报送到了斯大林面前,斯大林竟然在上面批示道:"让呈送这份情报的谍报员见鬼去吧。他不是谍报员,而是假情报制造者。"

若苏联政府已做好迎战德军入侵的准备,那么苏联塔斯社发表这样的声明,就是在麻痹德国人,这种声明是没有错的。然而,苏联政府的确并未做好防御准备,也没做好进攻德国的准备。结果,这种声明只是麻痹苏联军民的警惕性,束缚苏联人民自己的手脚。苏联人民在德军的突袭面前,处于被动挨打的地位。

"两个月内消灭苏联"

正当克里姆林宫准备在1941年6月14日晚向全世界广播,宣布关于德国进攻俄国的谣言"没有任何根据"的时候,阿道夫·希特勒正同陆军各集团军群和集团军一级的总司令就"巴巴罗萨计划"举行了他的最后一次大规模军事会议。会议定在帝国总理府召开。为了不引起人们的注意,与会者分三批到达。上午是陆军北方集团军群的将领,中午是陆军中央集团军群的将领,下午是陆军南方集团军群的将领。对于车辆如何进入帝国总理府也作了特别的安排,第一批汽车从威廉街驶入,勃劳希契等人的汽车则由赫尔曼·戈林街进入总理府花园,其他将领的车辆通过福斯街和国家办公厅的通道驶入。

在寒暄了几句之后,希特勒就让各军司令汇报他们在战争头几天的意图和各自战区的作战安排。接着各航空队也汇报了他们的计划。会议从上午11点一直开到下午6点半。希特勒对各部队的兵力、坦克数量以及其他各项细节都详细地进行了了解。他很少打断对方的汇报，只是静静地听着。

汇报认为红军在数量上占有优势，然而质量很差，即将开始的战斗不会十分激烈。结论尽管乐观，但大多数将领还是反对这场战争，其理由是他们从此就要开始两线作战。他们普遍认为，两线作战时间一长，德国既不可能取胜，也不可能坚持下去。

会议在下午 2 点休会进午餐，希特勒在午餐时对他的将领们进行了一次全面的政治演说。希特勒强调，他必须进攻苏联，因为苏联的沦亡会迫使英国"屈服"。他说，这是两种意识形态之间的决定性战斗，必须用完全不同的尺度来衡量我们作为军人所熟知的惯例——根据国际法是唯一正确的惯例。这是一场反布尔什维克主义的战争。他估计到苏联人会打硬仗，会顽强抵抗。"我们必须估计到敌人的强大空袭，应灵活地对付空袭。我空军必将迅速取胜，为陆军前进扫除障碍。大约六周以后，最艰巨的战斗就会过去。但是，每一个军人都应该知道我们的目标是什么。我们所要的不是那个国家，而是摧毁布尔什维克主义。"希特勒带着怨恨说道，英国人不愿同德国谅解，而去同苏联谅解。他说，这是 19 世纪的政治，不是 20 世纪的政治。希特勒在说这番话时指出，他同斯大林结盟，纯粹是为了取得但泽市和走廊而采取的一个策略步骤。他继续说，"我们若是打输了这场战争，整个欧洲就会布尔什维克化，英国若看不到或认识不到这一点，它就会失去霸权，失去世界帝国的地位。此外，英国在这场战争中将落入美国的魔掌，它现在还未能预见。但有一点是肯定无疑的：美国人要在这场战争中做一笔极大的生意。"会议在午餐后继续进行。最后，希特勒再次重申进攻的日期是 6 月 22 日，按照约定的暗号"多特蒙德"，德国军队应该进入苏联境内。并计划六周到两个月击垮苏联，在冬季来临之前结束战争。

"特急，国家机密，大使亲收"

6 月 21 日，德国驻苏联大使舒伦堡收到一封密码长电。电文封面上写着"特急，国家机密，大使亲收"几个字。电报是德国外长里宾特洛甫从柏林拍来的。电报的开头这样写道：在接到这封电报以后，仍存在的一切密码文件要统统销毁。无线电机要毁坏。请立即通知莫洛托夫先生，告诉他有急事要告知于他。然后向他发表下列声明。

声明中说：

德国一向信守互不侵犯条约，而苏联却一再破坏它。过去几天所接到的消息，使我们对苏军的这种集中的侵略性质不再有任何怀疑……而且，还接到来自英国的消息，说到克里普斯大使为谋求英苏之间更密切的政治和军事合作在进行谈判。

因此，概而言之，德国政府宣布，苏联政府已违反了它所承担的义务。
1. 继续甚至加紧破坏德国和欧洲的关系；
2. 采取了越来越反德的外交政策；
3. 把它的全部部队集中在德国边界并已做好了准备。这样，苏联政府就破坏了它与德国缔结的一些条约，并且即将在德国争取生存的斗争中从后方攻打德国。因此，元首命令德国的武装部队用他们所拥有的全部力量对付这个威胁。

里宾特洛甫在电文最后告诉他的大使说："请不要就这项照会进行任何讨论。"舒伦堡曾用他一生的大部分时间致力于改善德苏关系，他知道对苏联的进攻是无端的和没有道理的。如今他除了感到震惊和幻灭之外，说不出任何话。因为在此前几小时，莫洛托夫曾在克里姆林宫接见了他。莫洛托夫在对德国飞机进一步侵犯苏联边界的行动提出抗议后对他说："有若干迹象表明，德国政府对苏联政府不满，甚至有谣言说，德苏之间即将发生战争……苏联政府不能了解德国不满的原因……"

莫洛托夫希望舒伦堡能解释德国不满的原因，如今原因有了，这能说得出口吗？舒伦堡为当这么个鹦鹉学舌似的大使感到羞愧和难过。时间已过21日的24点，他给莫洛托夫打电话，希望苏联外交人民委员能够立即接见他。

战争爆发

6月18日，苏联一个边防分遣队的指挥员打电话给自己的军长费久宁斯基上校说："有一个德国士兵刚才跑到我们这边来。他谈了一个非常重要的情况，但我们不知道是否应当相信他的话，他谈的情况非常非常重要。"

在边防分遣队指挥部，费久宁斯基见到的是一个高个子的年轻德国士兵。翻译说，这位士兵在喝醉酒时打了一个军官，因为怕被枪毙才跑过来的，他告诉费久宁斯基说，战争很快就要开始，6月22日凌晨4点，德国部队将沿着整个德苏边境发动进攻。看到对方将信将疑的样子，这个年轻的德国士兵急了，他说："上校，到6月22日早上5点钟，如果您发现是我骗了您，那就把我枪毙！"

费久宁斯基见他这样说，便毫不迟疑地立即把情况转告给第5集团军司令员波塔波夫将军,这位将军衔着烟斗懒洋洋地说:"没有必要相信这种挑拨,也没有必要使部队进入戒备状态,因为那样会搞成一场虚惊。"费久宁斯基仍然坚持要加强防备,波塔波夫将军见拗不过这位上校,只得同意调两个团靠近边界,并从靶场上调回一个炮兵团。在第87边防支队的地段上,苏军又抓到了一个德军特务小分队。据他们交代说,他们的任务是破坏火车和在卢尼涅茨车站上造成阻塞,以利于德军轰炸。

6月20日,列宁格勒军区收到了关于芬兰部队在边境集结的情报。

《纽约时报》驻安卡拉的记者苏利茨别尔盖发来的消息说:"从两个与苏联接壤的国家中获悉,德国对俄国的武装进攻可能在未来48小时内发生……德国在罗马尼亚和芬兰的支持下将对苏联发动一场从黑海到北极圈的全面进攻。"

赫尔辛基发布命令:预备役的年龄放宽到44岁。报纸头版头条写道:"每一个芬兰人都应该毫不犹豫地战斗,就像1939年那样。"

柏林德国官方发言人就各国报刊发表有关苏德边境冲突消息这一情况郑重声明道:"外国制造的这一传闻没有任何根据。"

路透社莫斯科消息说:"这里没有任何迹象表明德国向苏联提出了某种要求。在苏联首都没有任何危机的迹象。"

《真理报》在当天发表了以《反对饶舌者和游手好闲者》为标题的社论,文中号召人们在工作中要有实事求是的精神,反对空谈和喋喋不休地说无聊话。

6月21日夜11点,苏军总参谋长朱可夫从基辅打来的电话称,一名德军司务长越过了防线对苏联指挥员说,德国军队将在次日凌晨发动进攻。朱可夫立即向斯大林和最高国防人民委员铁木辛哥做了报告。"也许这是德国将领们把这个逃兵送来,是为了挑起冲突吧!"这是斯大林的第一个反应。"不,我们认为逃兵说的是实话。"总参谋长坚持说。随后政治局委员们都来了,经过审慎的讨论和研究,斯大林才最后同意发出一项命令:命令列宁格勒、波罗的海、西部、基辅和敖德萨各军区的前线部队,立即做好准备,准备抗击德国可能发动的突然袭击,但为时已晚。

斯大林作了这样的处理后。拖着疲惫的身子刚要在卧室的沙发上休息一下,突然有人敲门。门声刺痛了他的心:任何时候都不曾有人这样唤醒他,也许发生了最坏的事情,难道战争爆发了?斯大林勒紧睡衣走了出来,卫士长向他报告说,朱可夫有急事打来电话了。随后,总参谋长在电话上向他报告了德军空袭基辅、明斯克等城市的情况。这一切表明,他最不愿发生的事情——战争终于爆发了。

大地在脚下颤动

正当斯大林对纳粹入侵还在半信半疑的时候,1941年6月22日凌晨3点,希特勒就以190多个师的兵力,对苏联不宣而战。德国海陆空军一齐出动,像一场狂风暴雨,遮天盖地而来。"巴巴罗萨计划"开始了。德国的盟友和仆从国家意大利、芬兰、罗马尼亚和匈牙利也一道参加了这场罪恶的战争。第二次世界大战中,规模最大、具有决定性意义的大战役,在苏联国土上展开了。

按照计划,德军分三路发动进攻。北路,北方集团军群在冯·莱布的指挥下,由东普鲁士出发,向第尔集特和普斯科夫进攻,目标是列宁格勒。为协助德军占领列宁格勒,芬兰的卡累利阿集团军和东南集团军(共计15个师、3个旅),从拉多加湖以东和列宁格勒正北面发动了进攻。另一支德军,即所谓"挪威"集团军,从芬兰的北部向苏联发动了攻势,目的是占领摩尔曼斯克和科拉半岛。南路,由冯·伦斯德元帅率领的南方集团军群从卢布林和喀尔巴阡山脉之间出发,经日托米尔向基辅方向进攻。中路,由冯·包克元帅指挥的中央集团军群,直指明斯克、斯摩棱斯克向莫斯科方向推进。

战争同时在三条战线打响。在布格河这样一些边界河流上,德军在总攻开始前几分钟就出其不意地夺取了一些桥梁。被惊醒的苏联士兵还未来得及拿起武器,便被德军的机枪扫倒了。没有桥的地方,德国突击队乘坐皮筏偷渡过河,或乘攻击汽艇强行登岸,苏联士兵有的甚至来不及开枪。有些地段,德军一些原准备用在英国战场上的水下坦克爬过河床,突破了俄军的防线。中央集团军群的先头部队不久就突破设防薄弱的苏联边境阵地,坦克部队在通往明斯克和斯摩棱斯克的公路上长驱直入。冯·伦斯德的集团军遭到苏军顽强的抵抗。因为斯大林曾估计,德国人的任何进攻都将在南方发动,根据是那里草原辽阔平坦,气候温暖适中,宜于德军发动闪电进攻。所以在那儿部署了64个师和14个装甲旅,做好了防止进攻的准备,在1941年初还曾进行过军事演习,所以南方战线还有抵抗力。在遥远的北方集团军群的战线上,德军涌入苏占立陶宛后,遭到苏联部队的猛烈抵抗,一时无法前进。

在战争的最初时刻,由于遭到空袭和炮击,苏军的通讯线路大部被破坏了,这就进一步加剧了守军的困难和混乱状况。各级指挥机关不能把命令下达到所统辖的部队。防守边境的各部队告急的消息也无法传送到上级司令部。

5时30分，当大批德军已进入苏联国境后，德国驻苏大使舒伦堡才向苏联外交人民委员莫洛托夫递交了一份照会，其中充满了陈腐的谎言和捏造。照会说，德国信守德苏协定，而苏联一再破坏它，对德国进行了"破坏、恐怖和间谍活动"。苏联"反对德国在欧洲建立稳定的秩序的努力"。它同英国一起阴谋"进攻罗马尼亚和保加利亚的德军"。由于集中"现有的全部俄国部队于波罗的海到黑海的一条漫长的战线上"，它"威胁了"德国的安全。因此，"元首命令德国的武装部队用他们所拥有的全部力量对付这个威胁"。接着，意大利、匈牙利、芬兰追随希特勒德国，也相继发出照会，对苏联宣战。就这样，在北起波罗的海、南至黑海的2000多千米的战线上，法西斯匪徒向苏联发起大规模进攻，希特勒妄想用迅雷不及掩耳的"闪电战"打垮苏联。希特勒吹牛皮说："我们只要在门上踢一脚，整个破房子就会倒下来。"

坦克部队的激烈交锋

6月22日凌晨4点钟，苏联第9机械化军的军长罗科索夫斯基接到了一份来自第5集团军司令部的电报。总参谋部的训令：立即进入战备状态并向罗夫诺、卢茨克、科韦利方向出动。下午2点，在准备一切停当后，罗科索夫斯基命令部队分兵三路向沃伦斯基新城、罗夫诺、卢茨克出发。右路是第131摩托化步兵师，沿公路干线前进。中路是第35坦克师。左路是第20坦克师，副师长契尔尼亚耶夫上校代替生病的卡图科夫率部出发。

第9军右路的摩托化步兵师，在完成了100千米的行军之后，于傍晚到达罗夫诺。另外两路就比较困难。6月22日这天，骄阳似火，天气十分炎热。步兵们除了自己的装备外，还要扛上轻机枪和重机枪、50毫米迫击炮及其炮弹。50千米的急行军，把士兵们累垮了。军长见状，不得已下令以后的行军日速限制在30千米至35千米，并且改变行军队形。现在，第一梯队由搭载有步兵的坦克及部分炮兵组成。待后续大队和炮兵开来后，再从一个地区向另一个地区转移。

6月23日，第9机械化军就是以上述队形向国境线进发的。罗科索夫斯基决定把军指挥所设在第35坦克师的配置地域内，而自己率司令部继续前进，赶到部队的前头去。司令部的汽车走得很慢。路上到处是从前线退下来的望不到头的逃难者。司令部在克列万附近安顿好之后，罗科索夫斯基就接到了反突击的命令。

6月24日，第9机械化军第131摩托化步兵师向渡过斯特里河的德军部队发起冲击，将其击退回河对岸。第35坦克师与德军第13师的坦克在克列万西南进行了战斗，而第20坦克师从这天拂晓就向德军第13师在奥雷卡附近休息的部队发起冲击，重创该部。然而参战的仍只是该师的先头部队，主要兵力仍在行军途中。

从6月26日拂晓起，刚刚完成200千米行军的第9军各师，按照集团军司令波塔彼夫的命令，开始实施反突击。同时，苏军第19机械化军和第22军也转入了进攻。遗憾的是，这些兵力不足以最终阻止冲向基辅的德国法西斯部队。在卢茨克—罗夫诺—杜布诺—布罗德地域发生了战争史上最大的一次坦克战，双方数千辆坦克先后卷进了这场交战。敌人挡住了第9军及其友邻部队的进攻，随即便开始反击。苏军坦克的损失很大，人员伤亡也在增加。德国飞机对苏军进行了狂轰滥炸。第22机械化军向卢茨克东北方向败退，机械化第19军退守在罗夫诺城下。

傍晚，第22机械化军一名坦克师师长来到第9军司令部。他满面尘土，手上缠着绷带，疲惫不堪地向罗科索夫斯基报告："科恩特鲁雪夫将军阵亡，全军覆没！"罗科索夫斯基很快就打断了他的话。"住嘴！不要再谈论你军的覆没。我知道科恩特鲁雪夫已经阵亡，可是达姆鲁奇将军已接替指挥，我刚与他通了电话，第22军正在继续战斗。可耻！快去寻找你的战士，他们需要领导和帮助。记住，你是一名军人，一定要把自己的义务履行到底！"第9军的情况同样也不好。罗科索夫斯基从望远镜中看到一支庞大的德军坦克纵队正向罗夫诺方面运动，而第20坦克师只剩下很少的坦克了。在军长手中掌握的唯一有生力量只是炮兵了。

在卢茨克—罗夫诺—布罗德一带的坦克战一直持续到6月29日。30日，第9机械化军开始向旧苏波边界上的筑垒地域撤退。经过强行军和8天的战斗后，第9军的坦克已屈指可数，人员也大大减少。

二、苏联初战失利

布列斯特要塞

布列斯特要塞位于白俄罗斯与波兰边境，距离白俄罗斯首都明斯克349千米。1830年，俄军在布列斯特老城的基础上修筑了临时工事。1833~1842年，俄国将布列斯特老城改建为要塞。布列斯特要塞建在穆哈维茨河与布格河两河分割成的4座小岛上，建有中央工事和3个桥头堡。中央工事是环形封闭式的两层设垒营房，长1.8千米，砖墙厚度2米。

一战结束后，要塞外围修筑两道堡垒地带，使要塞更加坚固。

在德国进攻苏联前夜，苏联西部特别军区总司令巴甫洛夫仍然麻痹大意。肩负重任的他正在明斯克的一家军官俱乐部里观看一部喜剧，正看得津津有味时参谋急忙赶来报告："德军在边境上挑衅了，他们又朝我军开火了。"巴甫洛夫说："这消息太无聊了，告诉前线官兵要保持克制。不要让他们轻举妄动，不要给德军以任何挑起战争的借口。"这真说出了大战前夕的西方面军司令巴甫洛夫的心里话。

6月22日凌晨3时，德军的6000门大炮炮轰苏联，1000多架德国作战飞机进攻苏联，只用了一天时间就把800多架苏军的战机摧毁在机场上了，其中500多架飞机是隶属于巴甫洛夫的。

战争爆发后，德军分南、北、中三路进攻苏联。南路德军由克鲁格率领的第4集团军的21个步兵师和古德里安的第2装甲集群（5个装甲师、3个摩托化步兵师和1个骑兵师）组成。古德里安的第2装甲集群强渡布格河，向苏联边陲重镇布列斯特发起了进攻，迅速突破了苏军西方面军左翼第4集团军的防御。这部分德军以快速部队迂回到该市的南北两侧，向斯卢茨克和明斯克方向发起进攻，步兵突入布列斯特，遭到苏联驻军的顽强抗击。

德军向布列斯特要塞的苏军发起进攻，苏联卫国战争就是从布列斯特要塞开始的。布列斯特要塞内的苏军在处于劣势的情况下奋勇阻击德军。守卫要塞的苏军阻击月余后几乎全部牺牲，在苏联卫国战争史上留下了光辉的一笔。

当时，德军遭到了苏军的猛烈抵抗，激烈的交战到处进行着。巴甫洛夫并没有看透德军的战略意图，他虽然号称坦克专家，但并未真正领悟到坦克战的真谛。

德国中央集群总司令包克根本就不想从正面硬碰西方面军，而是用两个装甲集群从南北两翼以合围之势向纵深推进。前线的苏军部队明显被杀得措手不及。德国的侦听部门收听到一份苏军的电报："我们遭到炮击。请求指示！"很快，德军的侦听部门就收到了苏军统帅部的回电："你们疯了吗？为何用明码来电？"

当时，古德里安的第2装甲集群和霍特的第3装甲集群分别从南北方向向苏军第3、第4、第10集团军防线的纵深进行向心突击。两个德军装甲集群如同两把大铁钳，死死地钳住了苏军的3个集团军。

德国步兵部队要追上装甲集群是非常困难的。他们一天至少行军40千米，道路非常坎坷。德国官兵们对这些日子的行军记忆最深刻的是：

苏军很多部队在忙着撤退，而德军则忙着追赶，大片尘土扬起。当时的天气很热，有时候还会突然下雨，下雨时的路面泥泞不堪。太阳出来后，很快就把泥泞不堪的地面晒成一块块的干土块。

激战格罗德诺

格罗德诺是白俄罗斯西端城市，格罗德诺州首府。格罗德诺位于涅曼河岸，靠近波兰边镇。格罗德诺曾是格罗德诺公国首都，1920~1939年被波兰统治。1939年归白俄罗斯苏维埃社会主义共和国。

在德国空军的狂轰滥炸和德军空降兵的大肆破坏下，苏联西部前线的通信指挥系统遭到严重破坏，指挥系统瘫痪。此时，由于在司令部的巴甫洛夫难以联络到前线部队，他赶到比亚韦斯托克的第10集团军司令部时，发现那里更是一片混乱。第10集团军司令格鲁别夫解释道："电话中断了，油库没了，坦克也没了。面对德军的坦克和飞机，我们靠什么打？"巴甫洛夫转达了最高统帅部的第3号命令：第10集团军立即反攻，占领奥索维茨、维斯纳、别尔斯克等地。不过，巴甫洛夫认为最高统帅部的命令实在离谱。

巴甫洛夫完全被德军迅猛的攻势震惊了。他不知道自己的集团军状况如何，更不知道德军在采取什么行动。他根据最高统帅部的"反攻"命令，下令所有集团军以及方面军的预备队进入突出部位，以解除德军步兵师对比亚韦斯托克突出部的威胁。这样一来，在明斯克地区出现了一块空白地带，使德军合围的任务更容易完成。这位号称"苏军头号坦克战专家"的巴甫洛夫，将整个西方面军都送入诺沃格鲁多克"口袋"地区。

巴甫洛夫竟不知道由装甲部队和摩托化部队配以航空兵的高速突击，已使传统的战争面貌发生了巨变。何况，德军装甲集群的推进速度和力度大得惊人。

德军的坦克集群正在快速绕过比亚韦斯托克突出部。这时如果巴甫洛夫下达命令，将3个集团军撤出危险地带还来得及。但巴甫洛夫却认为："利用坦克部队突袭敌军后方无法取得胜利！"他认为德军的装甲集群孤军深入，补给线太长，这正是西方面军反攻的大好时机。同时，没有最高统帅部的撤退命令，巴甫洛夫没有胆子下令撤退，他只是一味催促部队进攻。西方面军副司令博尔金倒很镇静，根据苏联总军事委员会的第3号命令，他组织第10集团军的第6机械化军、第6骑兵军阻击德军和第3集团军的第11机械化军，向德军苏瓦乌基地区进行了反攻。

两军在格罗德诺与德军展开了激烈交锋，博尔金在格罗德诺组织的那点兵力根本无法抵挡德军的强大攻势。当时，由于苏军所调兵团分散在各地，加上准备时间仓促，又缺乏必要的通信器材，所以未能对德军形成突击。

苏军许多反攻部队受到严重损失，燃料、弹药消耗殆尽，被迫放弃格罗德诺，撤向诺沃格鲁多克，这导致在西北方面军和西方面军之间出现了一个大缺口，西方面军被围歼的命运无可挽回。

扎紧"死亡口袋"

开战没几天，希特勒与中央集团军群将领们之间的关系出现了矛盾。根据希特勒的指示要求中央集团军群进行两翼包围的地点是明斯克。但包克、古德里安和霍特从1941年1月以来，就一直主张在斯摩棱斯克进行大纵深的包围。包克曾在1941年6月23日试图改变希特勒的作战计划，但失败了。希特勒关心的是，几十万苏军西方面军马上就要被装入"比亚韦斯托克—诺沃格鲁多克口袋"，对苏军的突围应预留预备队，没必要迂回到斯摩棱斯克进行大包围。6月25日，希特勒的副官施蒙特从大本营赶到中央集团军群司令部，向包克转达元首的紧急指示，应该在比斯摩棱斯克近得多的地方，即诺沃格鲁多克收缩包围圈。

同一天，正在西方面军司令部的沙波什尼科夫元帅向苏联统帅部报告了战场形势，请求从比亚韦斯托克撤军。第一副总参谋长瓦杜丁心情沉重地向斯大林报告："德军正在逼近明斯克。"

德军古德里安的第2装甲集群和霍特的第3装甲集群突然出现在明斯克的南部和北部。这时，苏联统帅部已经发现了战略错误，连忙增调部队去保卫明斯克，以保障西方面军的后方。然而，战机稍纵即逝。当德国中央集群入侵苏联时，沙波什尼科夫很快意识到西方面军的危险。但在沙波什尼科夫的建议下，苏军统帅部命令西方面军迅速将配置在比亚韦斯托克的第3、第10集团军东撤到利达、斯洛尼姆、平斯克一线。

6月25日，发现无法挽回败局的巴甫洛夫对西方面军的4个集团军下达了全线撤退的军令，他准许各集团军充分征用各种交通工具，要求部队日夜赶路，在广阔的大地上甩掉德军。然而，西方面军的各个部队已经被呼啸而来的德机群和快速推进的装甲集群撕得支离破碎。苏军既没有燃油又缺少交通工具。在比亚韦斯托克和诺沃格鲁多克之间的大"口袋"中，苏军二十几个师已经被困住了。

6月26日，斯大林发电报给远在加利西亚的苏军总参谋长朱可夫，要求他立即返回莫斯科，有更重要的任务要交给他。这一天，德军古德里安的第2装甲集群进抵明斯克附近，同苏军第13集团军展开了激战。中午，霍特的第3装甲集群出现在明斯克以北，距离明斯克只有29千米。那天下午，包克接到了陆军司令布劳希奇关于扎紧口袋的电令。包克虽然不愿意，但也只能下令："古德里安将向东挺进的大部分兵力北调，在明斯克与霍特会师，扎紧口袋。可准许第24装甲军向别烈津纳河岸的博勃鲁伊斯克和第聂伯河畔的罗加切夫发起试探性攻击。"和包克一样，古德里安和霍特也不同意最高统帅部的命令，但他们必须执行。他们还想前进，在322千米外的斯摩棱斯克扎紧口袋。

德国陆军参谋长哈尔德满腔怨气地说，因希特勒的无端干预，陆军司令布劳希奇被迫放弃了正确的大胆东进，结果德军向博勃鲁伊斯克的推进只能算是一次武力试探。哈尔德认为古德里安敢于采取正确的军事行动——在莫吉廖夫和罗加切夫继续强渡第聂伯河，扑向斯摩棱斯克。可见，德军陆军部因害怕希特勒不敢发出这种命令，却指望古德里安抗命。

6月26日下午，南路的古德里安、北路的霍特两路装甲集群在明斯克附近会合。德国空军元帅凯塞林指挥第2航空队的近千架飞机疯狂地轰炸扫射苏军。

6月27日，苏德战争爆发的第5天，德军第2和第3装甲集群展开猛攻。苏军22个步兵师和近7个坦克师、6个机械化旅的兵力，在明斯克—比亚韦斯托克地区遭到重创。

6月27日10时零5分，朱可夫根据斯大林的最新指示，通过电报向巴甫洛夫传达统帅部的命令："要求西方面军司令部立即找到所属的部队，跟各个部队的指挥官联系上。司令部将向指挥官们说明情况，给部队提供作战的必需品，查清需要给哪些部队空运燃料和弹药，避免部队丢弃贵重兵器，尤其是重型坦克和重炮。命令留在德军后方的部队，根据3个不同的方向集中突围。提请西方面军司令部注意，德军机械化第一梯队已经脱离德国步兵部队很远，这是德军的弱点，若能对德军机械化部队进行夜间反击，可望取得胜利。"然而西方面军所有阵地的形势仍在恶化，被合围的苏军在极端困难的条件下向东南方向突围。在苏军的坦克、重炮的掩护下，骑兵部队、步兵部队进行了无数次集团冲锋。许多官兵侥幸冲出了包围，开始了游击战，但大部分苏军在突围中丧生。

傍晚，苏军被赶出明斯克。德军进入明斯克后，对城内居民展开了野蛮的大屠杀，大半个城市被德军炸毁。苏军西方面军遭到灭顶之灾。

德军中央集群通向莫斯科的大门敞开了。

斯大林杀一儆百

1941年6月30日,斯大林从德国广播电台中收听到苏联西方面军被围歼的消息,马上打电话要求朱可夫通过电报与巴甫洛夫联络,询问德国广播的消息是否可信。当朱可夫问巴甫洛夫时,他竟对战场的情况不甚了解。朱可夫继续问巴甫洛夫:"那么德国的广播报道是不是真的?"巴甫洛夫说:"应该是真的。"通过身边发生的事情,巴甫洛夫明白了问题的严重性,他无奈地接受了这一事实。德军的推进速度惊人,巴甫洛夫直到这时才体会到德军装甲集群的强大威力,他为战前自己对坦克的轻蔑态度后悔不已。

朱可夫立即给克里姆林宫拨电话,向斯大林汇报了西方面军的情况。斯大林非常恼火,不明白为什么巴甫洛夫指挥的西方面军竟然在这么短的时间内输得一干二净!斯大林解除了巴甫洛夫等人的兵权,让他们立即回莫斯科接受审查。

回到莫斯科后,铁木辛哥会见了巴甫洛夫。巴甫洛夫心情焦虑地问:"我是否还有必要向您汇报一下?""算了,一切都已经过去了。"铁木辛哥阴沉着脸,他不想再提白俄罗斯的战事。"元帅同志,你要考虑一下我当时的处境。我认为,即使换作别人也同样无济于事。"巴甫洛夫辩解道。铁木辛哥愤怒地质问道:"我知道,西方面军各部队缺乏训练,我们还有很多问题。但部队、坦克、飞机和大炮损失那么大,那么大的领土丢失了,你作为方面军司令难道就没有一点责任?"巴甫洛夫哭丧着脸说:"可是,我在布列斯特只有7个师,而德军却有15个师,其中有5个德军坦克师,你让我怎么防守?""算了吧,我不想跟你谈算术题,还是留着你以后去做吧!"铁木辛哥不耐烦地打断了他的话,离开了房间。不久,门开了,副官向巴甫洛夫报告有人来找。一位从最高统帅部来的中将带着两名卫兵出现了。"巴甫洛夫将军,请您看一下文件!"说着,该中将把一份文件递到巴甫洛夫面前,"逮捕令"放到了桌上,巴甫洛夫吓得说不出话来。

巴甫洛夫的最大错误是,在比亚韦斯托克部署了3个集团军,使苏联战斗力最强的西方面军变成了一群死守阵地的"羔羊",结果遭受德国中央集团军群的装甲集群的包围。战争仅仅进行了一周的时间,巴甫洛夫的65万大军陷入绝境。巴甫洛夫至死都不明白,德国装甲集群为什么拥有如此强大的突击力,生生突破了3个苏联集团军的强大防线,构筑了"诺沃格鲁多克口袋"。解散苏联坦克军的巴甫洛夫最终受到了惩罚，他承受了轻视坦克部队的后果。研究了十几年坦克的巴甫洛夫，竟然不相信坦克兵团的威力、特点和精髓，这真是苏联西方面军的悲哀。

巴甫洛夫在白俄罗斯战区期间，扮演了极不光彩的角色。苏联实力强大的西方面军在巴甫洛夫的手中覆灭了。当拥有65万大军的西方面军遭到围攻时，它的司令官巴甫洛夫竟抱头鼠窜。在此期间，巴甫洛夫一直未能有效地控制部队。为了了解战场的情况，他不得不经常去收听德国广播。

事实上，巴甫洛夫等于放弃了对西方面军的指挥，这加剧了西方面军的混乱局面。他的确是太失职了。

7月22日，苏联军事法庭宣判终审判决：被告西方面军司令员巴甫洛夫、方面军参谋长克里莫夫斯基、方面军通信主任格里戈里耶夫、第4集团军司令员科罗勃科夫是反苏阴谋的参与者。结果，这4个人被判处极刑——枪决。在审判庭上，巴甫洛夫等4人没有否认自己的罪责，但他们希望能把他们以任何身份派到前线，他们愿意在战场上赎罪。

斯大林看到判决书后，要求将"阴谋"之类的废话删掉，但同意立即执行枪决。该判决下发到各个方面军，斯大林要让将领们都知道，他惩处打败仗的将领毫不手软。当天晚上，巴甫洛夫和3位部下被枪决。

在4年卫国战争期间，苏军一共有238名少将以上的将领被斯大林批准判处死刑。在后来的苏联官方史料中，始终不愿再提巴甫洛夫的名字，即使偶尔提起，也一笔带过。巴甫洛夫成为战争初期愤怒的斯大林枪决的第一位高级将领。

强渡第聂伯河

德军入侵苏联后，苏联统帅部为加强莫斯科方向的防御，预备队集团军群在西德维纳河与第聂伯河上游一线展开。枪毙巴甫洛夫后，铁木辛哥出任西方面军总司令。但1941年7月初西方面军的形势更加严峻，总司令铁木辛哥几乎变成了"光杆司令"。大部分部队在战争初期的边境战中已经损失殆尽，西方面军的第3、第4、第10及第13集团军已经撤退到后方整顿补充。铁木辛哥在沿着西德维纳河、第聂伯河中游布防的部队只有37个师，大部分师的兵力装备只是编制的10%~30%，再加上仅剩的不到200辆坦克和370架飞机。

1941年7月2日，苏联将第24、第28预备队集团军也并入西方面军，并打算调西南方面军的第16集团军前往斯摩棱斯克地区，将第16集团军也编入西方面军。这样一来,铁木辛哥的实力大大增加。

1941年7月3日,德军第4装甲集团军,继续向东和东南方向追击避开合围的苏军,向斯摩棱斯克方向推进。

7月4日,古德里安前去视察所属第46装甲军。他来到第10装甲师的师部和党卫军帝国师的师部。在圣利奇基的党卫军帝国师师部里,师长豪赛尔向古德里安报告:"我坦克部队经过血战,已经占领了布罗地兹附近的一个桥头阵地,距离别列津诺约16千米。另外在雅克齐兹的别列津纳河上的桥梁被炸了,坦克无法通过,工兵正在抢修。"

当天傍晚,德军第24装甲军到达罗加乔夫附近,第聂伯河横在他们面前。

7月6日,苏军在日洛宾附近渡过第聂伯河,进攻德军第46装甲军的右翼。德军第10摩托化步兵师将苏军逼回对岸。这时,德国空军有关部门立即向古德里安报告说,苏军有更多的部队从奥廖尔—布良斯克地区向戈梅利方向调动。另外,德军从无线电侦听中发现苏军在奥尔沙地区设有一个军团司令部。可见,苏军正在沿着第聂伯河建立稳固的防线,古德里安认为必须赶快采取渡河行动。

7月7日,德军第17装甲师在先诺附近受到拥有大量坦克的苏军攻击,双方发生激战。这时,古德里安未接到上级的任何新命令,因此他只好假定原来第2装甲集群进攻斯摩棱斯克—艾尔雅—罗斯拉夫尔的计划仍然有效。

苏军的防线还很脆弱,这时发起攻击显然好处很多。但苏军在罗加乔夫、莫吉廖夫和奥尔沙等地的桥头阵地很坚固,古德里安用奇袭方式的进攻都遭到了失败。

对于古德里安来说,如果等待后面的步兵部队赶到,至少需要14天左右。到那时,苏军的防线一定变得更坚强。德军步兵部队能否攻破对岸苏军沿江构筑的坚强工事,以便装甲部队继续前进,这是很值得怀疑的事情。那样的话,希特勒想在1941年秋季结束苏联战役的"巴巴罗萨"计划,就变得不可能了。

古德里安也考虑到现在渡河的危险,只要一渡河,3个装甲军的侧翼就会完全暴露。不过,古德里安绝对相信装甲部队的突击力量。因此,他决定马上渡河。

古德里安下令在两翼的日洛宾和先诺方向暂时采取奇袭,两翼的部队负责监视苏军。古德里安与第24装甲军军长盖尔商谈过后,决定让第46装甲军于7月11日在什克洛夫渡河,第47装甲军于同日在莫吉廖夫—

奥尔沙之间渡河。

同一天，古德里安赶到第47装甲军军部。他准备当面把关于渡河的意图，讲给军官们听。半路上，古德里安参观了一列缴获的苏军装甲车。不久，他来到第47装甲军军部所在地——拉特恰。后来，古德里安又赶到托洛钦。第18装甲师正在托洛钦与苏军展开激烈的坦克战。他要求该师师长必须歼灭奥尔沙以西科哈诺夫地区的苏军。这对渡河的成功是个先决条件。当时，第18装甲师在坦克战中的表现令古德里安印象深刻，他毫不吝啬地表扬了他们。

7月8日，古德里安来到德军第4装甲集团军参谋部所在地——别列津纳河岸的包里索夫。古德里安和第3装甲集群司令霍特向克鲁格元帅请求渡河。克鲁格开始并不同意，并与他们发生了激烈的争吵，最后才勉强同意。

7月9日，在第2航空队的掩护下，刚结束白俄罗斯之战的德军两个装甲集群乘着胜利的余威，大踏步地强渡第聂伯河、别列津纳河与西德维纳河一线。

对于进攻斯摩棱斯克，德军统帅部持乐观的看法，以陆军总司令布劳希奇和陆军参谋长哈尔德为首的德军统帅部认为，刚在白俄罗斯损失惨重的苏联西方面军仅剩一点点部队，再加上西方面军后方没有太多的预备队，苏军坚持下去是不可能的事情，而强大的德国中央集团军群能够轻而易举地歼灭西方面军的残部。

截止到1941年7月，德国中央集团军群共有60个师，1个旅，加上北方集团军的6个师，其兵力不少于120万人。装甲集群可用的坦克约1000辆，比开战时少了一半，但仍具有较强的战斗力，而且，德国第2航空队可以牢牢地控制住制空权。

古德里安的第2装甲集群进攻第聂伯河中段和南段的莫吉廖夫—奥尔沙地区，遭到了苏军的顽强抵抗。第2装甲集群被迫绕开，从罗加乔夫至什克洛夫以北的3个渡口进攻，那里只有一个师的苏军坚守。

搭乘冲锋舟的德军摩托化步兵很快渡过第聂伯河，那个苏军师的防守很薄弱。德军步兵攻下一小块登陆场后，工兵立即在河上架设浮桥。几个小时后，坦克和装甲车开始排队渡河。

7月10日清晨，几万辆车和几十万部队仍在渡河。在第聂伯河两岸，挤满了看不到边的德军机械化部队和摩托化步兵部队。第2装甲集群先后渡河的部队并未理睬第聂伯河岸南部的苏军，他们快速前进。德军成功强渡第聂伯河，中央集群进攻莫斯科的道路就此打通了。

"最后一道大门"

1941年7月18日，德军第46装甲军的第10装甲师及其所属部队增援的装甲旅攻入叶利尼亚10千米。第10装甲师的预备队党卫军"大德意志"步兵团也参加了进攻。7月19日清晨，党卫军帝国师工兵营和元首团向多罗哥布希进军。他们遭到了苏军的袭扰，工兵营在上午9时左右到达多罗哥布希。11时，党卫军帝国师的装甲旅，通过铁路干线到达叶利尼亚火车站。

苏军很快在叶利尼亚市的伊沃尼诺一带组织兵力突袭，炮兵部队向德军倾泻了密集的炮弹，苏军的重炮口径达210毫米。经过一番激烈的交战后，德第10装甲师于晚23时基本占领了熊熊燃烧着的叶利尼亚。在叶利尼亚城内还有部分苏军仍在抵抗。德军第10装甲师出动装甲旅快速奔袭，一举突破地下掩体和反坦克战壕中的苏军防御点。

7月20日，德军第10装甲师接到扫荡叶利尼亚地区的命令，奉命继续进攻多罗哥布希。然而，苏军坦克和步兵部队在炮兵强大火力的支援下，反攻叶利尼亚市。德军第10装甲师发动的反攻给苏军造成了重大伤亡，并挡住了苏军的进攻。

7月20日到7月21日两个夜晚，德第2装甲集群司令部决定把首要任务定为坚守叶利尼亚，为此古德里安命令第46装甲军推迟向多罗哥布希推进的计划。

7月22日清晨，党卫军帝国师和第10装甲师分散布防在叶利尼亚附近，构筑了防线。第10装甲师连续遭到苏军人海战术的进攻。经过一个早晨的激战，第10装甲师击退苏军的攻势，苏军损失惨重。

7月23日，经过一天的进攻，德军第10装甲师形成了一条新防线。防线刚刚建立，苏军以人海战术向第10装甲师发起勇猛的冲锋，后来苏军损失惨重，被迫撤退。但党卫军帝国师遭到各个方向的苏军优势兵力的进攻，被迫逃回叶利尼亚火车站北部地区。

"大德意志"步兵团也遭到了苏军人海战术的攻击，苏军人数越来越多。几天来，"大德意志"步兵团一直在激战。苏军步兵以密集纵队向"大德意志"步兵团的机枪阵地发起冲锋。

从7月24~26日，苏军完全不顾伤亡，持续发起集团冲锋，冲击"大德意志"步兵团的防御阵地。该团的防线宽达50千米，却只有14个营。苏军的炮火一天比一天猛烈，密集的重磅炮弹倾泻在德军阵地上。

苏军坦克伴随着步兵部队进行冲锋。德军刚堵住一个突破口，另一个地点就被苏军突破。苏军的坦克已经推进到叶利尼亚近郊,这引起了德军后勤部队的混乱。两个师的德军拼死抵抗着大量的苏军。

7月24日下午,党卫军帝国师第41战斗工兵营的阵地被苏军冲开一个缺口,傍晚,帝国师投入了该师的最后一个预备队——党卫军战斗工兵部队,终于补上了缺口。

不管怎样,德军认识到由于缺乏必要的补充,战斗越来越不利于自己。自7月27~31日,苏军持续进行了大规模进攻。密集的炮火差点把所有的工事变成一片废墟。德军炮兵因缺乏弹药,难以压制苏军的炮火。与此同时,苏军的炮弹源源不断地运到阵地上,苏军的炮击使德军伤亡巨大。尽管如此,苏军的坦克和步兵进攻还是被德军击退。

7月27日,"大德意志"步兵团的部分兵力被调到机场南部救急。这样该团的兵力就更少了。

7月29~30日的夜晚,南部的德军第10装甲师狙击旅和东南部党卫军帝国师的两个营被第268步兵师换防,但腾出手来的部队被迫去补充其他薄弱的防线。第10装甲师将所有的预备队部署在右翼,阻止苏军夺回叶利尼亚。布良斯克—叶利尼亚—斯摩棱斯克铁路线一直为在斯莫棱斯克的苏军提供兵员和弹药,德国空军只能进行袭扰。

8月1~6日,德军第268步兵师,党卫军帝国师和"大德意志"步兵团仍在死守叶利尼亚突出部。但德军的兵力十分分散,难以休整。苏军的重炮不停地倾泻炮弹,德军伤亡惨重,武器装备损失也很大。德军各连减员到50~80人,情况对苏军越来越有利。德军炮兵不足以压制苏军的炮火。

8月4日,"大德意志"步兵团的战斗力大大降低,无法去补西部被苏军突破的缺口。该团和第46军预备队一同编入党卫军帝国师,以便在第二天建立新的防线。

8月6日,德军第15步兵师开往前线支援"大德意志"步兵团和党卫军帝国师。在没有任何支援的条件下,党卫军帝国师损失惨重。"大德意志"步兵团在南部防线上也损失惨重。

经过激战,9月6日苏军收复了叶利尼亚。9月8日,苏军前进至乌斯特罗姆河与斯特里亚纳河一带,并以4个集团军的强大兵力在斯摩棱斯克附近再次转入进攻,不过最终均以失败告终。德军始终控制着攻打莫斯科的门户。+

虽然没能守卫住莫斯科前面的"最后一道大门",莫斯科的门户彻底敞开,一场更大规模的"台风"行动正在酝酿中。但把德军中央集团军群牵制在这一地区达2个月之久,极大地延缓了德军对莫斯科的进攻速度,并且极大地消耗了德军装甲兵团的战斗力,使德军"装甲闪击"的坦克第一次在苏军阵地前抛锚。

封锁列宁格勒

列宁格勒是无产阶级革命的摇篮。在这里,列宁领导布尔什维克党为世界上第一个社会主义国家奠定了基础。对希特勒来说,占领列宁格勒就意味着,在卡累利阿地峡作战的北方集团军群和芬兰军队,能轻而易举地在斯维里河地域会合,并切断苏方通向卡累利阿和摩尔曼斯克的交通线。同时,在精神上和心理上对提高德国及其盟国军民的士气,保持他们对实现反苏战争计划的信心,也具有重要的意义。对斯大林来说,失掉列宁格勒,在各方面都会使战争形势严重复杂化。如果希特勒占领该城,并且德芬军队在此会合,那么苏方就必须从北面建立保卫莫斯科的新战线,并消耗掉最高统帅部准备用于保卫首都的战略预备队。此外,还会不可避免地失掉强大的波罗的海舰队。所有这些因素,都决定了争夺列宁格勒斗争的极端残酷性和紧张性。

1941年8月下旬,德国以32个步兵师、4个摩托化师、4个坦克师和1个骑兵旅的兵力,同时还配备了6000门大炮、4500门迫击炮和1000多架飞机,向列宁格勒发动猛烈的攻击。希特勒又从中央集团军群调出一个坦克军,支援北方集团军群,并扬言,要在9月占领列宁格勒,并狂妄宣称,一定要把这座城市从地球上抹掉。

9月初,北方集团军群各快速兵团已挺进到列宁格勒以东的涅瓦河。9月8日,这些兵团实施强攻,夺取了施吕瑟尔堡,从而切断了列宁格勒与其东南交通线的联系。列宁格勒形势十分危急!

斯大林和联共(布)中央号召当地军民不惜一切代价,保卫列宁格勒。同时,斯大林又将朱可夫从西线召回去接替伏罗希洛夫指挥列宁格勒方面军。这样,这位智勇双全的将军再次临危受命,充任稳定苏德战场每一危险地段的"消防队员"。

9月10日晨,朱可夫飞往被围的列宁格勒。就在这一天,局势变得更加紧张了。希特勒军队向第42集团军防御地段进行极其猛烈的攻击。德军坦克曾突入乌里茨克,又被苏反坦克炮兵击退到原来的位置。在这些激烈的交战中,第42集团军司令员用尽了自己的预备队。部队严重减员,有的师只剩10%~30%的兵力,形势十分危急。

9月11日拂晓,德军重新开始进攻,并配合数百架飞机进行轮番轰炸。德军逼到了列宁格勒城市附近。形势要求苏军必须采取坚决而有效的行动。哪怕只有最小的可能性，也要日夜连续反击敌人，袭扰敌人。消耗其有生力量和技术兵器，破坏其进攻措施。同时还必须在部队中振奋士气，建立严格的秩序和纪律，大大改善军队的指挥能力。9月11日，霍津将军被任命为方面军参谋长；9月14日，方面军军事委员会任命费久宁斯基将军为第42集团军司令员。

9月13日清晨，德军又以两个步兵师，开始向乌里茨克总方向进攻。德军突破了防御，占领了康斯坦丁诺夫卡、索斯诺夫卡、芬兰科伊洛沃，并向乌里茨克推进。德军不停地空袭和炮击，妄图把列宁格勒夷为平地。列宁格勒军民面临着极其严重的困难。此时，市外交通全被封锁，从陆上没有一条出路，只有被誉为"生命之路"的拉多加湖是通往内地的唯一道路。斯大林和联共（布）中央，派人从湖上给列宁格勒军民运送给养。但是，这仍然不能满足列宁格勒军民的需要。列宁格勒很快就发生了饥荒。

9月14日晨，争夺戈烈洛沃的战斗再次打响，而且战斗更加激烈了。列宁格勒南面的筑垒地带这时大多被突破。冲在最前边的德军装甲部队已攻到距离城市不到11千米的地方。

9月15日，尽管苏军进行了猛烈的防御战，特别是在乌里茨克，它一天之内曾数次易手，但德军第18集团军还是在斯特里亚纳和乌里茨克之间突破到芬兰湾，把苏军第8集团军同列宁格勒隔开了。这一天是战斗最为激烈的一天，德军感到苏军的抵抗变得更加顽强了。为了阻挡德军突击集团在乌里茨克和列宁格勒方向上继续进攻，朱可夫精心拟定出一项加强该城防御的计划。他的目标是使用空军和炮火突击来打击德军，以阻止他们突破苏军防御。这项计划要求动员这个地区的一切人力物力，包括他的方面军的部队、列宁格勒市民以及苏联海军，来加强预备队，扩大防御纵深。

在第42集团军的防区，朱可夫计划建立能够阻止德军通过发动强攻来夺取列宁格勒的一道防线。他非常倚重海岸炮兵和波罗的海舰队的火力。就这样经过日日夜夜50多天的英勇战斗，苏联军民终于粉碎了德军从南北两个方向进行正面突击以夺取列宁格勒的计划。虽说红军把德军挡在列宁格勒之外，但这座城市及其保卫者们的命运仍前途未卜。德军以武力占领的企图失败后，又决定通过围困、封锁和野蛮的轰炸，切断城市与外界的联系，将全城军民困死。

1941年9~10月份，德军对这座城市进行了猛烈的空袭。共投弹9.3

万多枚。10月4日这一天，德军持续空袭时间长达9个多小时。列宁格勒遭到陆上封锁导致军民的粮食供应急剧恶化。9至11月，居民面包定量先后降低5次，11月20日降到最低限量。列宁格勒军民在被封锁中度过严冬，忍受一切艰难困苦，接受最严峻的考验。他们顽强地战斗和工作，决心不惜牺牲一切坚持到底。直到1944年3月初，苏军开始胜利反击，歼灭了列宁格勒周围的纳粹军队和芬兰仆从军，才彻底结束了长达3年零1个月的列宁格勒保卫战。1941年下半年，苏联军民坚守列宁格勒，具有重大的政治意义和军事战略意义。

基辅大合围

在苏德战场的南翼的乌克兰战线上，以攻、守乌克兰首府基辅为中心，德国法西斯及其仆从国的侵略军，同苏联军队展开了持续、激烈的战斗。从1941年7月上旬开始，到9月19日基辅陷落为止，历时两个半月。

在南北约1000千米、东西纵深约五六百千米的广阔战线上，苏联西南方面军和南方方面军总共有86个师。但在艰苦的防御战中，苏军已严重削弱，人员、武器都深感不足。德国南方集团军群包括第1坦克集团军，三个野战集团军，另外还有罗马尼亚两个集团军、一个匈牙利军和一个斯洛伐克军。从7月20日起，意大利法西斯军队也直接参战，所以敌军总数共82个师。人数比苏军几乎多1倍。

对于基辅是否放弃的问题，斯大林同朱可夫曾经激烈讨论过。朱可夫主张放弃基辅，而斯大林却不主张放弃，并指示乌克兰党组织向全体军民发出号召，号召他们抗击德国法西斯侵略者。在当地党组织和政府的领导下，20万基辅居民参加构筑防御工事，7万多人参加了民兵，3万共产党员参军上前线。德军在南线的主攻方向是基辅。这一线的全部主力都投到基辅方面。

7月11日，德国第6集团军的先头部队进入基辅地区。7月下旬和8月上旬，德、苏双方为攻、守基辅展开了持续、激烈的战斗。苏军在战略防御的原则下，顽强死守，同时伺机实行反突击，消灭敌人的有生力量，千方百计地顶住德军的进攻。苏军英勇奋战，把敌人拖得疲惫不堪，使他们每前进一步，都要付出沉重的代价。

7月30日，德军用5个师进攻基辅，但被苏军击退了。

8月6日，德军又对基辅发动大规模的攻势，经过12天的鏖战，德军才勉强前进8至10千米，但仍未能攻入基辅。德军强攻基辅不成。便一方面改变战术，对基辅的苏军采取大合围，另一方面请求增援，消灭基辅外围的苏军。经希特勒批准，德中央集团军群的第2坦克集团军和第2野战集团军南下乌克兰，包抄和进击苏西南方面军的后方。

8月12日，在基辅南面，德第1坦克集团军也从别拉雅—策尔科维迅猛南下，进抵别尔沃马伊斯克，切断了苏军第6和第12集团军的退路。与此同时，德第17集团军又从文尼察南边向乌曼进攻，把苏军这两个军包围在乌曼的南边。被围苏军拼命杀敌，到8月13日，许多指战员壮烈牺牲，不少人被俘。8月底，德第6集团军同苏联第5集团军在基辅以北展开激战。苏军且战且退。德军紧追，并渡过第聂伯河，突入杰斯纳河地区，在切尔尼哥大地区同南下的德第2集团军会师，把苏军第5、第21和第37集团军围困在切尔尼哥夫、基辅和涅仁的三角地带。9月12日，德第1坦克集团军从克列明楚格北上，迎接南下的德第2坦克集团军。9月15日，这两股法西斯坦克部队在基辅以东的洛赫维察会师，把苏联西南方面军的4个集团军包围起来。9月19日，基辅陷落，苏军蒙受了重大损失。据西方史学家记载，德国南方集团军群，抓到了65.5万苏军俘虏。一再坚持死守基辅的赫鲁晓夫，在基辅陷落前乘飞机离开，险些做了德国法西斯的刀下鬼。

三、希特勒发动"台风"攻势

希特勒南北分兵

1941年6月22日，德国入侵苏联，并以闪击战战术快速突击，其装甲集群以钳形方式推进。德军先分割苏军，再彻底歼灭苏军。德军北方集团军群向列宁格勒快速进攻，南方集团军群向乌克兰和高加索高地推进，而中央集团军向莫斯科方向推进。苏军的防线漏洞百出，伤亡惨重。8月上旬，德军占领斯摩棱斯克，莫斯科的大门被德军打开。

8月4日早晨，古德里安来到中央集团军群司令部所在地罗弗伊鲍里索夫，亲自向希特勒汇报战况。希特勒的军事会议是在司令部里举行的。每个人都需要单独发表意见，事先谁都不知道别人说什么。会议期间，包克、霍特和古德里安一致主张应加紧进攻莫斯科。霍特说他的第3装甲集群要到8月20日才能继续进攻。古德里安说他的第2装甲集群的最早进攻日期为8月15日。希特勒却说列宁格勒附近的工业区是德国急需夺取的目标。他认为莫斯科与乌克兰之间，谁最重要，他很难作出割舍。他说有好几个原因使他想先占领乌克兰：第一，南方集团军群已经在乌克兰建立了胜利基础；第二，乌克兰的原料和农产品，对德国日后的经济发展和战争都有很大的帮助；第三，克里米亚是苏联轰炸罗马尼亚油田的航空母舰，必须铲除那个基地。

希特勒建议在冬季刚开始时，再去进攻莫斯科和哈尔科夫。而对于古德里安、包克和霍特认为最主要的战略问题，在那天的会议中并未确定下来，为此3个人要求希特勒尽快确定。当天的会议还讨论了一些十分琐碎的问题。例如，古德里安向希特勒提出不撤出艾尔雅突出地带，因为他需要以它作为进攻莫斯科的跳板，但这个问题会议也没有确定下来。但古德里安决心自己做好进攻莫斯科的准备。

8月8日，罗斯拉夫尔的战役结束。德军俘虏苏军3.8万人，并缴获200辆坦克和200门火炮。古德里安又去视察罗斯拉夫尔附近的各军师部。

8月9日，德第24装甲军发起攻势后，古德里安随第4装甲师一起前进。第35坦克团和第12步兵团配合默契，简直跟演习一样，古德里安的炮兵部队出了很大力。

8月10日，古德里安的第2装甲集群所属各部到达指定位置。第7步兵师到达恰托维特齐以南地区，第3、第4装甲师正在进攻米罗斯拉维特齐的苏军，第10摩托化步兵师到达米罗斯拉维特齐。第78步兵师在斯洛博达推进，其先头部队赶到了布强，第197步兵师到达阿斯托费亚，其先头部队到达了阿廖什尼亚，第29摩托化步兵师到达罗斯拉夫尔，第23步兵师到达罗斯拉夫尔以北地区，第137和第263步兵师在杰斯纳河岸驻扎，第10装甲师在艾尔雅以西地区整顿，第17装甲师在艾尔雅西北地区，第18装甲师在普鲁德基以东地区，帝国师和"大德意志"步兵团在艾尔雅的西北整顿。

德中央集团军群司令部和陆军统帅部都主张向莫斯科进攻，并以莫斯科为决战地。古德里安也没有放弃这一主张，他相信希特勒能同意大家的观点。

但是希特勒认为，莫斯科只不过是个地名，而列宁格勒才是布尔什维克主义的发源地，是苏联的真正堡垒。与此同时，他想攻占富饶的乌克兰，夺取战略物资。如果德军扫清了乌克兰的苏军，那么德军在进攻莫斯科时，就不用担心侧翼了。

随着德军辩论着目前主攻哪里，几个星期的时间大多被浪费。希特勒第一个目标是夺取乌克兰、顿涅茨盆地和高加索等资源地区。这些地方都处于南方集团军群战区内。希特勒的第二个目标是列宁格勒。列宁格勒眼看就要被占领，但希特勒重犯一年前他在敦刻尔克所犯的错误。希特勒命令勒布的装甲部队在列宁格勒城外停止前进，结果该城仍在苏军之手。

经过几天的争论后，希特勒不顾所有将领的反对，下令同时在南路的乌克兰方向和北路的列宁格勒方向发起主攻，莫斯科留到最后解决。正向莫斯科逼近的坦克部队去增援北方集团军群，包围列宁格勒；古德里安的装甲部队去增援南方集团军群，夺取基辅。

德军参谋总部和"中央"集团军群的将领们都认为，莫斯科一旦被夺取，苏联的军事工业不仅会受到严重损害，而且苏军的防线会一分为二，使苏军无法组织起统一的防御。此时已被胜利冲昏头脑的希特勒无法听取手下将军的意见了。

希特勒制造"台风"

德军攻占基辅，使希特勒更加得意忘形。他称"这是世界上史无前例的最大战役"。但是，尽管这个成就"非同小可"，他的一些将领对于它的战略上的重大意义却更加怀疑了。秋雨季节快来了，到时候苏联各地的道路将是一片泥泞。随之而来的将是冰天雪地的严冬。斯大林正在加紧组织力量，准备利用严冬的有利时机，对德国法西斯强盗给以沉重的打击。

希特勒虽然在战争初期，先发制人，捞到不少便宜，处于主动进攻的有利地位。但是，随着战争的深入发展，每前进一步，困难也就愈来愈多。德军总参谋长弗朗茨·哈尔德于1941年8月11日在日记中写道："现在已经越发清楚，我们不仅低估了苏联巨人的经济力量和运输力量，而且更重要的是，低估了他们的军事力量。我们最初计算敌人大约有200个师，现在已经察明番号的就有360个师。一旦十几个师被歼灭，苏联就又投入十几个师。我军战线由于分布太广，显得过于单薄。"伦斯德在战后向盟军提审人员直率供认："在发动进攻后不久，我便发现以前所写的关于苏联的一切都是满纸胡话。"

8月21日，希特勒向总参谋部下达了一项新的指令。命令按以下指令继续进攻：冬季到来之前就应该达到的主要目的，不是夺取莫斯科，而是在南方夺取克里米亚、顿涅茨工业区和煤矿区，并使俄国人无法从高加索运送石油；在北方夺取列宁格勒并与芬兰会师。

希特勒不断干预战役指挥，他现在已被同时攻占列宁格勒和斯大林格勒的主意迷住了，因为他自信这两个"共产主义圣地"一旦陷落，斯大林所领导的社会主义苏联就要土崩瓦解了。他对那些不能赞赏他的战略天才的陆军元帅和将军们进行了侮辱。他批评陆军司令部中全是一批

"脑袋已被过时理论弄得陈腐不堪"的人。总参谋长哈尔德与陆军元帅布劳希奇举行会谈,讨论"元首"对陆军总司令部和总参谋部事务进行的"不能允许的"干涉,否则,他建议陆军总司令和他本人辞职。

这件事情发生后的第二天,坦克集团军司令古德里安来到希特勒的大本营,竭力主张立即进攻莫斯科。然而,希特勒认为,"将来继续进行战争,十分需要乌克兰的原料和农业,""克里米亚是苏联进攻罗马尼亚油田的航空母舰",他批评将军们"对于战争经济方面的问题一窍不通",并强调他已发布命令,必须坚决贯彻执行。

这是苏德战争爆发以来,德国最高统帅部中发生的最严重的一次危机。可是更严重的危机及其不利后果还在后头。9月5日下午,希特勒突然改变了主意,决定重新发动对莫斯科的进攻。他咬牙切齿地命令道:"中路军必须在8~10天内开始行动。包围他们,击败他们,消灭他们!"希特勒同意把古德里安的中央装甲集团军重新调回来,这时该部在乌克兰正打得难解难分。同时,他还同意从列宁格勒前线把莱因哈特的坦克军调过来。10月2日,大规模进攻终于开始了。希特勒对这次进攻莫斯科抱有很大的期望,为之取名为"台风",顾名思义,就是要猛袭苏联人,要在莫斯科前沿歼灭斯大林的最后的作战部队,要把苏联打垮。此刻,德国的战车正在隆隆驶来,一场猛烈的"台风"正向莫斯科刮来,保卫莫斯科的战役就要开始了。

朱可夫临危受命

9月30日,为了使"台风"计划具有符合计划目的和代号的力量,德军中央集团军群调集了74个师,180万人,1700辆坦克,1390架飞机,1.4万多门火炮和迫击炮。数量比原定计划多1/2,在苏德战场上的4个坦克集团军中,就有3个投入了莫斯科战役。同时,还有第2航空大队支援德军的地面部队。

苏联方面准备了3个方面军:西方面军、预备队方面军和布良斯克方面军。这3个方面军总共有95个师,125万人,990辆坦克,677架飞机,7600门火炮和迫击炮。

根据德军的部署,苏军指挥部采取措施,建立了纵深防御。但3个方面军未能及时识破德军的意图及部队的主攻方向。西方面军把主力放在维亚济马以西,而德中央集团军群的两支突击部队却放在杜霍夫施纳和罗斯拉夫尔,以便从南、北两边深深地包围和迂回攻击西方面军主力。

从10月2日拂晓起,德军的炮兵向西方面军阵地开炮,随后便转入了进攻。12个满员师的突击在45千米的地段上压在了卢金第19集团军右翼两个人数不多的师和邻近的第30集团军的两个师身上。敌我双方力量对比悬殊：人员是5~6倍，坦克几乎为10倍，大炮和飞机为9倍。德军很快就在第19集团军和第30集团军的接合部上打开了一个30~40千米宽的缺口。各快速兵团由这个缺口从东北迂回苏军，急速向维亚济马冲去。南面，在罗斯拉夫尔—尤赫诺夫方向上，预备队方面军的第43集团军也没能阻止德第4野战集团军和第4坦克集群的冲击。有4个苏联集团军被合围起来。被围苏军顽强抵抗，牵制德军20几个师。10月中旬，部分苏军突围，退到莫日艾斯克防线，不少战士为国捐躯，许多指战员留在敌人后方，参加游击队，还有不少人被俘。据战后西方出版的有关这方面的书籍记载，从10月2日到10日的几天内，进攻莫斯科的德军完成了三个大包围圈。在这三次作战中，苏军共损伤66.3万多人。

在这危急的关头，斯大林电召朱可夫立即返回莫斯科。

10月6日傍晚，斯大林打电话给朱可夫，问他列宁格勒的情况怎样。朱可夫报告说德军已停止进攻。但城市仍在遭受德军炮击和空袭。朱可夫报告说，苏军的空中侦察发现德军机械化和坦克纵队正从列宁格勒向南大规模运动，并发表看法说德军指挥部显然正在把这些部队调往莫斯科。听了朱可夫的报告以后，斯大林沉默了一会儿，然后说，在莫斯科方向，特别是在西方面军地域出现了严重局势。斯大林最后对朱可夫说："把你的列宁格勒方面军司令员的工作交给参谋长霍津将军，你乘飞机来莫斯科一趟。"

10月7日黄昏，当朱可夫将军来到克里姆林宫时，看见斯大林正独自一人待在他的办公室里。斯大林正患流行性感冒，身体显然不大好。他向朱可夫点头致意，然后指着地图说："你看！这里的情况很糟糕。我无法从西方面军得到有关真实情况的详细报告。"斯大林吩咐朱可夫立即到西方面军司令部去了解情况，并随时打电话向他报告。告别前，斯大林问："你认为德国人最近会再次进攻列宁格勒吗？"

"我想不会。敌人损失惨重，又把坦克和摩托化部队从列宁格勒地区调到了中央方向。敌人无力以列宁格勒地区现有的兵力实施一次新的进攻战役。"

"你认为希特勒将把从列宁格勒地区调出的坦克和摩托化部队用在哪里？"

"显然，用在莫斯科方向。"

谈话时，斯大林站在桌旁，桌上放着标有西方面军、预备方面军和布良斯克方面军情况的军用地图。斯大林望着西方面军的地图，显然在运筹下一步的行动。他说："看来，敌人已经在这个方向上行动了。"15分钟以后，朱可夫来到总参谋长沙波什尼科夫的办公室。这位总参谋长为他准备了一张正在进行激烈战斗的莫斯科邻近地区的地图，并介绍了几个方面军的危急处境以后说，在莫日艾斯克防线和莫斯科邻近地修筑阵地的工作还没有完成，而且这些地方防守薄弱。朱可夫认为必须派部队占领这些防线，首先是莫斯科—莫日艾斯克防线。由于情况紧急，当天夜里朱可夫就马不停蹄地驱车来到西方面军司令部，检查此地的防御情况。

军事总动员

在德军日益增强的压力下，西方面军不得不向后撤退，莫斯科面临的危险与日俱增。德军在苏军防御中部的纳罗—佛敏斯克和波多尔斯克方向完成了纵深突破。德军从西、北、南三方面包围了莫斯科。莫斯科处在万分危急之中。

西方面军军事委员会发出告军队士兵书：

同志们！在我国面临危险的严酷时刻，每一个军人的生命应该属于祖国。祖国要求我们每一个人贡献出最大的力量，发扬英勇顽强、英雄主义和坚忍不拔的精神。祖国号召我们要成为无法摧毁的铜墙铁壁，堵住法西斯匪帮去莫斯科的道路。现在比以往任何时候都需要加强警惕性、铁的纪律、组织性、坚决果断的行动、必胜的信心和随时准备自我牺牲的精神。

在这生死存亡的紧急关头，以斯大林同志为首的国防委员会作出在莫斯科近郊歼灭德军的决定，采取攻势防御的果断措施。根据斯大林同志的指示，苏联红军依靠前线工事系统，组织了坚强的攻势防御，以削弱和消耗敌人的有生力量；并准备集中后备力量，在时机成熟时，转入反攻，给德军以歼灭性打击。

根据斯大林的命令，10月17日，建立了加里宁方面军，从莫斯科西北面阻击德军。10月19日，国防委员会宣布莫斯科戒严，号召首都人民不惜一切，配合红军，誓死保卫莫斯科。20日，《真理报》发表《阻止敌人向莫斯科前进》的社论，动员全市人民在敌人到达首都之前，用自己的鲜血把他们埋葬。莫斯科市委召开全市积极分子大会，号召全市人民把首都变成攻不破的堡垒。

在莫斯科危急的日子里，全市人民积极响应党组织的号召。三天之内就组织了25个工人营，12万人的民兵师，169个巷战小组和数百个摧毁坦克班。全市约有45万人参加修筑防御工事。莫斯科人民不畏严寒，日夜奋战，准备同德军作拼死的搏斗。11月，在莫斯科附近修筑了320多千米长的防坦克障碍物，设置了250多千米长的防步兵障碍物。他们在冰冻的土地上，用自己的双手，挖出了300多万土方！留在莫斯科工厂里的工人和工程技术人员表现了英勇无畏和自我牺牲的精神。他们用旧的设备生产，因为全部贵重设备都搬迁走了。人员少，而军工产品又需要在最短期限内完成，但任务都胜利完成了。为了支援前线，许多民用工厂生产军用产品。

敌人对莫斯科的狂轰滥炸日甚一日。几乎每夜都有空袭警报。但是，在此以前党组织已做了大量工作，来加强地对空防御。千百万人民积极参加了防空训练。燃烧弹对莫斯科人来说已不再是可怕的了。在保卫莫斯科的战斗中，苏联空军起了很大的作用。仅在10月份的一个月中，苏联空军就出动飞机2.6万架次，支援和掩护地面部队袭击敌人。战斗正在莫斯科西部接近地激烈进行着。莫斯科市民的工作条件和生活条件越来越困难。他们冒着空袭，对莫斯科市内和市郊的大型工业企业继续进行大规模疏散。8.8万辆铁路货车，满载着设备、金属材料和各种半制成品，满载着工人及其家属，奔赴伏尔加河中下游地区，奔赴乌拉尔、西伯利亚、中亚和哈萨克。他们克服重重困难，保证了前线任务之急需。

宛如离弦的利箭

根据"台风"计划，9月30日，德军中央集团军群计划出动第2集团军和第2坦克集团军，突破布良斯克方面军的防线，并歼灭布良斯克方面军。古德里安统帅的德军坦克集群宛如离弦的箭，径直射向维亚兹马。莫斯科会战爆发！

1941年9月30日傍晚前，德军第2坦克集团军所属部队像尖刀一样，插入了苏军第13、第50集团军的薄弱地带。德军自南北两面迂回包抄布良斯克方面军，并企图绕到西方面军的后方。

10月3日，从乌克兰到莫斯科，古德里安的部队进展神速。不到3天，古德里安就占领了布良斯克战线以东200千米的奥廖尔。进展之神速，以至于当德军坦克开入奥廖尔城时，电车上的乘客纷纷向他们招手致意，这些乘客误以为是苏军的装甲部队。

古德里安占领奥廖尔后，指挥德军迅速切断了布良斯克—奥廖尔公路，一举攻占了卡拉切夫，紧接着向布良斯克迂回包抄前进。10月6日，古德里安攻占布良斯克。与此同时，德军第9和第4集团军分别以第3和第4坦克集团军在杜霍夫希纳和罗斯托夫方向实施猛烈进攻，迅速突破了苏军的防御阵地，并从南北两面，急速地向维亚济马冲去。

10月7日，古德里安的第2坦克集团军与南进的德第2集团军一起，在布良斯克以南包围了苏军第13集团军和第3集团军一部，在布良斯克以北包围了苏军第50集团军的部分兵力。希特勒觉得胜利已是板上钉钉了，便再也按捺不住激动的心情，认为攻占莫斯科简直就是探囊取物。他在10月7日签署了一项最高统帅部的命令：不准包克接受莫斯科的投降，即使主动投降也不予接受；德国军队不需要进入莫斯科，而是用炮击和轰炸予以毁灭。希特勒觉得光用炮弹还不够，还要加上大量的燃烧弹和高爆炸药，直到把莫斯科夷为平地才能解除他内心深处对布尔什维克主义的仇恨。

希特勒宣称，要在10天内占领莫斯科，并于11月7日苏联十月革命胜利这一天在莫斯科红场检阅德军进攻部队。

10月14日，古德里安为了消灭被合围的苏军，出动了第2坦克集团军5个军中的4个军，但他没能完成歼灭任务。

在布良斯克防御战役中，苏联布良斯克方面军牵制了德军庞大兵力，破坏了德军从南面深远迂回西方面军和莫斯科的计划。斯大林政府提出了"坚决捍卫亲爱的首都""灭亡德国法西斯侵略者于莫斯科城下"等口号。

早在10月3日清晨，苏军为了消灭突破口的德军，发动了强大的逆袭，但没有击退德军。德军两个坦克集团军从北、南两个方面插入维亚济马，严重威胁苏军的主力。

10月13日，在维亚济马地区的苏军大部分被歼灭，少量苏军冲出包围圈退往莫日艾斯克防线，有的则留在敌后展开游击战。

维亚济马战役，德军坦克和步兵配合默契，向苏军纵深进行穿插迂回，苏军67.3万人被德军俘虏。苏军损失惨重，但被围苏军的战斗使苏军统帅部得以巩固莫日艾斯克防线。

德军认为苏军的兵力和武器快接近山穷水尽的地步了，苏军俘虏告诉德国人，今年这么晚发动莫斯科攻势完全出乎他们的意料。莫斯科眼看就要落入德国人手中了，德军充满了信心，上自包克元帅下至普通士兵都认为很快就要进入莫斯科了。希特勒为此建立了特别工程兵指挥部，其任务是炸毁克里姆林宫。德国宣传部甚至报道说，东线的战争基本结束，苏军已经被歼灭。

四、莫斯科城下大决战

上帝再次拯救了这片土地

　　1941年的冬天,苏联很早就大雪纷飞了,气温降到零下。据古德里安记载,初雪是在10月6日的夜间下的,正是对莫斯科重新发动进攻的日子。这样的天气提醒他再一次要求大本营发来棉衣。到了10月12日,雪还在下个不停。11月3日,第一次寒潮到来,气温骤降。11月7日,部队开始发现严重冻伤病员。13日,气温降到-8℃。古德里安还写道:"由于供坦克履带防滑的尖铁没有运到,路上的冰引起了不少困难。天冷使得大炮上的瞄准镜失去了效用。发动坦克时,得先在底下烘烤一阵。燃料常常冻结,汽油也冻得黏糊糊的……由于天气太冷,机关枪打不响,我们的37毫米反坦克炮已经证明对付不了苏联的T-34型坦克。""自苏联战役开始以来,还是第一次遇到这种情况。这是一个警告:我们的步兵战斗力已经到了尽头了。"

　　而且不止步兵如此。11月21日,哈尔德在日记上也写道,古德里安打来电话说,他的装甲部队已经无能为力了。这位素来善战的坦克兵司令明白表示,他决定去见见中央集团军司令包克,请求收回发给他的命令,因为他"实在无法执行"。他情绪消沉到了极点,那天他又写道:冰天雪地,无法避寒,无衣御寒,人员装备受到严重损失,燃料供应也糟糕透顶——所有这一切使我难以履行司令官的职责,长此以往,我的重大责任要把我压垮了。

　　古德里安在回忆这段往事时也说,对那时发生的事件真正能够做出评价只有这样的人:在这悲惨的冬天,他曾目睹苏联的漫天大雪,他曾挨过那吹过苏联的把沿途一切都埋在雪中的凛冽寒风;他曾一小时又一小时地乘车走过荒无人烟的地方,好不容易见到一间不怎么样的房屋,里面住的是缺衣少食、饥寒交迫的士兵;他也曾遇到对比之下吃得较饱、穿得较暖且装备一应俱全的苏联人。

　　恶劣的天气,使得德军在进攻莫斯科的过程中困难重重,这似乎也预示着上帝有意再次拯救这片土地。

斯大林的电话

　　希特勒发动的"台风"攻势,既没有能够消灭苏军,也没有能够占领莫斯科,而是被迫转入了防御。经过半个月的休整,德军又于11月

15 日开始向莫斯科发起第二次大规模的进攻。这次德军的兵力是：中央集团军群有 3 个野战集团军，3 个坦克集团军，总共 74 个师和 4 个旅。其中，德第 9 集团军牵制加里宁方面军；第 2 集团军牵制西南方面军。在苏联西方面军正面，德军集中了 51 个师，大炮、坦克和其他装备仍占优势。根据德军这次作战方案，德国第 3 和第 4 坦克集团军进攻北面的克林，从北面包围莫斯科；第 2 坦克集团军在南边占领图拉，从南面包围莫斯科；第 4 集团军在西面包围并消灭莫斯科以西的苏军，然后从南北两面包抄，在莫斯科以东会合。德军妄图采用这种南北钳形攻势，同时配合正面进攻，一举占领苏联首都莫斯科。

苏联西方面军的兵力是：35 个步兵师、3 个坦克师、3 个摩托化师、12 个骑兵师和 14 个坦克旅。红场阅兵鼓舞了红军和苏联人民的士气，他们的战斗口号是：死守阵地，决不让德国法西斯进入莫斯科！11 月 5 日清晨，德军开始向克林进攻，23 日占领克林。11 月 27 日，另一支德军占领了离莫斯科仅有 24 千米的伊斯特腊。当天夜间，一小股德寇在雅赫罗马地区渡过了莫斯科—伏尔加河运河。莫斯科已处在德军大炮射程之内，德军用望远镜几乎可以看到克里姆林宫的尖顶。这在希特勒和他的大部分将领看来，莫斯科似乎已在掌心之中了。德军在苏联首都北、南、西三面，已到达距离目标三四十千米的地方。在后方东普鲁士的大本营里，希特勒乐观地认为，他的军队已前进了 800 千米；他们只要再走三四十千米便行了。希特勒命令陆军元帅包克向莫斯科作最后攻击。他妄图在莫斯科举行"胜利庆典"。

在这千钧一发之际，斯大林打电话给朱可夫："你坚信我们能够守住莫斯科吗？我怀着沉重的心情向你提出这个问题，希望你作为共产党员诚实地回答我。"

"毫无疑问，我们能够守住莫斯科，"朱可夫回答说，"但是，至少还需要增加两个集团军和 200 辆坦克。""你有这样的信心很好，要英勇顽强！"斯大林说，"你打电话给沙波什尼科夫，商量一下把你所要的两个预备队集团军集中在哪里。它们将于 11 月底准备好，但是坦克我们还没有。"

斯大林指示朱可夫采取紧急措施，用快速反突击战术，迅速地把德军打到运河西岸。到 11 月底和 12 月初，苏联第 1 集团军和重新组建的第 20 集团军，在第 16 和第 30 集团军的紧密配合下，在空军的支援下，进行了一系列的反击，消灭了敌人大量有生力量，解除了德军从北面和西北面突入莫斯科的危险。

正西面突击

对于这次反突击战术,朱可夫认为不可那样做,因为,计划将使苏军的西方面军的防线大大加长了,加上弯曲部分长达4千米,这样会使防御的中央预备队被德军分割消灭掉。朱可夫还没有说服斯大林,电话线就断了——斯大林挂断了电话。

谈话使朱可夫很沮丧,这并不是因为斯大林没有考虑他的意见,而是将最后的预备队投入到一次完全没有把握取得胜利的反突击中去,其后果将是把预备队全部消耗掉,以致无法增援防御上的薄弱环节。

大约15分钟之后,朱可夫便召开了紧急会议。两小时后,方面军司令部向第16和第49集团军司令员以及其他主要指挥员下达了实施反突击的命令。反突击实施了,但德军几乎在同时重新对莫斯科发动攻势。他们向莫斯科西北的加里宁方面军的第30集团军的左翼发动了突击,同时向西方面军的第16集团军的右翼和中部发动突击。300多辆德军坦克同时发动进攻,而苏军只能调集到56辆坦克,其中许多坦克还是火力较差的轻型坦克。防御抵挡不了敌人攻击,很快被突破了。

从11月16日早晨起,德军开始从沃洛克拉姆斯克地区向克林急速发动进攻。苏军在克林没有预备队,因为预备队按照最高统帅部的命令已调到沃洛克拉姆斯克地区实施反突击,并在那里被牵制住了。罗科索夫斯基从观察所里看到,在猛烈的炮击和飞机轰炸之后,敌人几十辆坦克向316师阵地猛冲。当天的战斗结果,敌人只是使第316步兵师的防线稍稍后撤了一些,但是阵地还在苏军手里。

从11月17日清晨起,德军恢复了进攻。在几个狭窄的地段上德军集中了坦克和步兵,在炮兵和俯冲轰炸机的有力支援下,猛烈冲击第16集团军的战斗队形,企图在沃洛克拉姆斯克—伊斯特拉方向上突破防御并扩大进攻。战士们表现了坚忍不拔的顽强精神,打退了敌人一次次的进攻。当天,鉴于316师的英勇战斗,最高苏维埃主席团奖给该师红旗勋章。11月18日,第316师被命名为近卫第8师。

寒冷的冬天,也给德军提供了一些有利条件:大地开始封冻,现在为数众多的德军坦克不仅可以沿大路运动,而且可以不受道路的限制,穿过树林和开阔地带。苏军的防御变得更为困难,现在必须在好几个方向上迎击敌人,第16集团军显得兵力不足了。战斗愈来愈残酷。11月19日至20日,德军第3和第4坦克集群继续向苏军第16集团军及其左邻第30集团军疯狂进攻。经过一系列几乎是不间断的作战,罗科索夫斯基的集团军在兵员和兵器方面都遭受了沉重损失。而且，剩下的部队也已筋疲力尽。指挥员和参谋人员疲劳得连站都站不稳了。

包克说："我已到了山穷水尽的地步"

在希特勒和他的大部分将领看来，莫斯科似乎已在股掌之中了。德军在莫斯科北、南、西三面已到达距离三四十千米的地方。希特勒远在后方东普鲁士的大本营里，反复地端详着地图。在他看来，到莫斯科的这最后一程，根本算不上什么。他的军队已前进了800千米，只要再前进三四十千米便大功告成了。陆军元帅冯·包克负责指挥中央集团军向莫斯科作最后攻击。尽管苏军加强抵抗，但包克相信"一切都已不成问题"。到11月的最后一天，11月31日，包克投进了他最后的一个营。对莫斯科最后的总攻，定在第二天，即1941年12月1日。

然而德军最后的总攻却遇到了顽强的抵抗。这是有史以来在一条战线上集中的最强大的坦克部队：在莫斯科正北赫普纳将军的第4坦克集团军和霍特将军的第3坦克集团军向南进击；在莫斯科正南的古德里安的第2装甲军团从图拉北上；克鲁格的庞大的第4军团居于中央，穿过市郊的森林向东杀开一条血路——希特勒的最大希望就寄托在这样声势浩大的军事部署上。到12月2日，第258步兵师的一个侦察营突入莫斯科城郊的希姆基，克里姆林宫的尖顶已经在望，但是第二天早晨就为几辆俄国坦克和从市内工厂紧急动员起来的工人队伍所击退。这是德国军队到莫斯科最近的地方；这是他们第一次也是最后一次近距离看到克里姆林宫。

12月1日晚，包克就给陆军总部发报，对整个形势发表了自己的看法：过去14天的战斗已表明，认为抵抗集团军群的苏军会"土崩瓦解"的想法纯属幻想。要是部队继续压在莫斯科的大门跟前——几乎整个苏联东部的铁路、公路网都在这里会合，那就意味着对数量上占很大优势的敌人进行一场激烈的防御战。集团军群现有的兵力不足，就连有限的时间也坚持不了。即使发生了不可能的事从而取得了进展，德军现有的兵力仍不足以包围莫斯科，同时抵御来自东南、东部、东北的反攻。

因此，很难看出继续进攻有什么意义，能达到什么目标，特别是因为部队的战斗力就要消耗殆尽了，到那时怎么办，现在就要做出决定。

我不了解陆军总部的意图，不过，如果要使集团军度过冬天保全自己，那就要派来尽可能强的预备队，敌人一旦突破，能立即将其封锁住，这样才能使精疲力竭的作战师能撤离前线，进行休整与补充。

哈尔德收到包克的电文之后，毫不耽搁地将电文中的观点以书面形式呈报给最高统帅部。当晚，哈尔德给包克打电话，一方面告诉他对他的电文的处理，一方面给他打气，他在电话中说："从正面突破敌人设防的阵地，对于兵力不足的部队来说，是一项艰巨的任务。但是，我们必须使出最后一把劲，打败敌人。倘若最终这一切明显地变得不可能的话，我们只好重新考虑。"过了一天，12月3日，包克再给参谋总长打电话说，第4军团的先头部队又撤下来了，他们快要到山穷水尽的地步了。哈尔德劝他说："最好的防守就是进攻。"这话说起来容易做起来难，因为碰上的是苏联人和那样的天气。

"真正的对手"

从11月底起，气温已下降到 -31℃，数以千计的德国士兵被冻成残废，许多人仍无冬装，还经常得在露天宿营。可怕的严寒不仅摧残着人体，而且还使机器停转，武器失灵。坦克的发动机无法启动，机枪和自动武器不听使唤，步枪枪栓被冻油卡死。而此刻苏联第1突击军团却突然在战场上出现：他们的机枪披着枪套，以防止寒流的侵袭；他们的武器加上冬季润滑油，使用灵活；每个战士穿得暖暖的，足以御寒。

他们得到大量威力强大的T-34型坦克群的支援，这种T-34型坦克正是为在严寒条件下作战而特地设计制造的。苏军向着冻得麻木僵硬的德国兵扑上去，将他们从所占领的地区赶回去。在莫斯科市东部远郊的兵工厂内，工人们正以惊人的速度工作着，生产出来的T-34型坦克就直接从生产线开到街上，穿过城市，炮口喷吐着火舌，冲入敌军群中。满载着武装工人的卡车一辆接着一辆穿过莫斯科肃穆、冷清的大街，开往火车站，那里的火车正等着把他们送往高尔克村和卡丘什基村一带，去抗击德军部队。

每一辆可动用的机动车辆，包括征用的汽车、甚至政府官员的黑色轿车，都从东到西飞速穿过全城，急急忙忙把刚到达的西伯利亚部队送往前线。德军从西北方向沿斯塔里查—沃洛克拉姆斯克—莫斯科公路干线发动猛攻，以取得最后突破，与此同时，德军还冒着风雪，占领了波烈沃和维奥斯科沃，离莫斯科不到30千米。

然而，太多的德国士兵已经到了实在无法忍受的地步。可怕的无休止的寒冷超过了人体所能支持的限度。在他们以为苏联人最后的预备队力量已被歼灭的时候，越来越多的苏联人却源源不断地在他们面前出现，这种情况已超出了人的理智所能接受的程度。德军在各地的攻势已被极度的严寒紧紧卡住，锐气丧失殆尽，不得不陷于停顿。莫斯科现在几乎已处在火炮的射程之内了，而由红军和武装工人组织起来的队伍却把他们挡了回去。越来越多的被冻伤的德国士兵，扑倒在雪地里，歇斯底里地呜咽着："我再也挨不下去了！我实在挨不下去了！"

"最黑暗悲惨的一天"

在莫斯科南面，德军于11月18日发起进攻，12月3日包围了图拉，切断了它和莫斯科之间的铁路和公路联系。苏军连夜抽调增援部队，向德军发动了快速反突击，在图拉工人歼击营的配合下，打退了德军的进攻。德军不能占领图拉，就从东面迂回，向卡希拉进攻，妄图从守卫图拉地区的苏军后方突破。苏军再次打退了德军的进攻。就这样，无论德军如何企图在11月份占领图拉，从而打开通往苏联首都的道路，均未得逞。图拉市像一个无法攻克的堡垒一样屹立着！图拉捆住了德军整个右翼集团的手脚。敌人决定迂回图拉，为此不得不把自己军队的战线拉长，古德里安集团军也因此失去了应有的战役战术的密度。在苏军的连续反突击下，德军死伤惨重。

德军从南北两翼包围和占领莫斯科的企图失败以后，便打算单刀直入，从正面直接突入莫斯科。12月1日，德军从正面，即纳罗佛明斯克地区向莫斯科发动最后一次进攻。经过五天激战之后，德军惨败，被迫退到纳拉河西岸。12月5日是莫斯科会战关键性的一天。在环绕莫斯科周围300千米的半圆形阵地上，德军全线被制止住了。傍晚，古德里安通知包克，他不仅已经被阻止住，而且还得后撤。同时，布劳希奇也绝望地告诉他的参谋长说，他要辞去总司令的职务。这一天被称为是德国将领们"最黑暗悲惨的一天"。

古德里安后来写道："这是我生平第一次必须做出这样一种决定，没有比这再困难的事了？我们对莫斯科的进攻已经失败。我们英勇的部队的一切牺牲和煎熬都已归于徒劳。我们遭到了可悲的失败。"在克鲁格的第四军团司令部里，参谋长勃鲁门里特已看出形势到了转折点。他后来回忆道："我们想在1941年打败俄国的希望，已在最后一分钟化成泡影了。"在莫斯科城下20多天的激战中，德军损失惨重。从11月16日到12月5日，德军损失官兵15.5万人、坦克777辆、大炮、迫击炮数百门。希特勒向莫斯科发动的"台风"攻势遭到失败。苏军在斯大林的运筹下，一场威武雄壮的反攻就要开始了。

反攻！反攻！

正当德军遭到严重消耗，开始转入防御之时，苏军则已做好对已精疲力竭、冻得半死的德国军队发动强大反攻的准备。

11月29日，朱可夫给斯大林打电话，要求把第1突击集团军和第10集团军从最高统帅部预备队拨给西方面军指挥。斯大林问朱可夫："你确信敌人已接近危机状态而没有可能投入新的重兵集团吗？"朱可夫对斯大林说，德军已经极端虚弱。

11月30日拂晓前，斯大林打电话询问西方面军军事委员会对于在整个方面军的战线上实施一次反攻有什么意见。朱可夫回答说，他没有足够的兵力兵器发动这样的进攻，但是他可以扩大已经在方面军两翼展开的反击，也许可以达到那个目标。接着，当天就制定了一项详细的作战计划。朱可夫的计划的核心是在新的集团军到达并在指定地域集中之后，于12月3日夜至4日凌晨开始反攻。当前的目标是，向克林、索尔涅奇诺戈尔斯克和伊斯特拉发动突击，以粉碎方面军右翼的德军各主要集团军，同时向古德里安集团军的侧后发动进攻，以消灭方面军左翼的德军。中央方面军的各集团军预定在12月4日深夜至5日凌晨开始进攻，以达到钳制正面敌军，阻止德军从这里调走部队的有限目标。

11月30日当天，朱可夫向最高统帅部报告了他的作战计划。斯大林未作任何改变便批准了。由于12月初下的一场大雪给军队的部署带来了一些困难。在克服这些困难后，各兵种于12月6日清晨前已做好转入反攻的一切准备。

12月6日凌晨，莫斯科的大反击开始了。在经过集中的空袭和炮火轰击之后，朱可夫的西方面军的部队，从莫斯科的南、北两面开始行动。随着战斗的胜利进展，战争的主动权已逐渐掌握在士气高昂的苏联红军手里。这时，早一天发动进攻的加里宁方面的部队，已经在加里宁以南揳入敌军防御阵地。加里宁方向的攻势起初是成功的，但由于冬季道路无法通行和兵力不占绝对优势而受阻。西方面军右翼向敌人施加了强大压力，大有分隔并合围从克林到索尔涅奇诺戈尔斯克的德军集团之势。

苏联红军对克林的进攻，迫使德军指挥部从邻近地段调兵增援。但他们这样做，反而便利了红军向索尔涅奇诺戈尔斯克、红波利亚纳和伊斯特拉的进攻。到13日，德军在克林和索尔涅奇诺戈尔斯克地区的抵抗已被粉碎。他们丢下大炮和车辆，向后退却。沿着被积雪覆盖的道路向西退却的德军部队，遭到苏联红军的猛烈轰炸，损失惨重。

到12月16日，苏军部队已把德军赶出了加里宁、克林和叶利齐。

12月16日夜间，古德里安接到希特勒的一个电话，禁止他继续后退，并答应给受到严重削弱的师派遣补充营——部分用空运。他还答应：

在1月份向维帖布斯克前线派遣5个师；到1月中旬，另有2个师和2个补充师在德国东部边境待命。同时他指示戈林派遣4个轰炸机联队、1个双引擎战斗机联队和6个运输机联队以加强第8航空军。

但是，陆军元帅冯·包克和陆军总司令布劳希奇先后提出辞职，辞职申请都得到了希特勒的批准。希特勒对包克的去职并不感到是一个损失。他对他的亲信说："发布几项作战命令谁都干得了。"对布劳希奇这个人，希特勒评价道："一个爱好虚荣、懦弱无能的可怜虫，他呀，算不上是一个军人。如果布劳希奇再留在他的职位上，哪怕是几个星期，也会酿成巨灾大祸。"

12月19日，希特勒召见哈尔德，对他说，他将亲自接任陆军总司令。哈尔德可以留任参谋总长，如果他愿意的话。哈尔德表示愿意。但是希特勒明白表示，从今以后，他将亲自掌管陆军事务，正如他掌管德国的一切事务一样。

1941年圣诞节那天，红军对古德里安所部的进攻取得了重大胜利——在切尔恩合围了德军机械化步兵第10师的部队。德军突围后，古德里安命令部队后撤到苏萨河—奥卡河一线的阵地。代替冯·包克的冯·克鲁格元帅，对此怒不可遏，要求陆军最高司令部解除古德里安的职务。第二天，希特勒就解除了古德里安的职务。

朱可夫的反攻取得了胜利，德军在莫斯科附近的损失是毁灭性的。20天来，朱可夫的西方面军摧毁并缴获了1000辆坦克、1434门火炮和大量其他军事装备。西南方面军的部队缴获并击毁了81辆坦克、491门火炮，还有其他兵器。数以万计的德军官兵阵亡。

反攻：光复欧洲

一、进军西西里

难产的"赫斯基"计划

第二次世界大战进行到1943年，战场局势发生了巨变。苏德战场，斯大林格勒战役已经结束，苏军转入反攻。北非战区，英国取得了阿拉曼战役的胜利，英美盟军登陆北非，德意军队被迫投降。西西里战役拉开了序幕。

"赫斯基"，是英文 Husky 的谐音，它可以翻译成"爱斯基摩人"或者"壮汉"，它是盟军西西里岛登陆作战计划的代号。

西西里岛是地中海中最大的岛屿，位于地中海的中部，面积 2.5 万平方千米，人口 400 万左右。该岛是从北非到欧洲的海上交通要地，具有十分重要的军事价值。

早在 1942 年，美、英盟军在北非取得节节胜利的时候，盟军便开始酝酿把战争打到欧洲大陆去。但是关于登陆地点，双方有很大分歧。

北非登陆成功后，美国人自我感觉很好，他们仿佛已经看到了和平的曙光，于是他们开始着手描绘下一步的行动蓝图。美国人主张，应尽快结束北非战事，以便抽出手来一举打过英吉利海峡，开辟第二战场，迅速打败法西斯德国。但务实的英国人觉得美国的计划太冒险，他们认为，横渡海峡是一场无谓的冒险，可能会招致灭顶之灾，倒不如从意大利的西西里岛入手，向敌人的"软腹部"进攻。

为了达成一致意见，双方召开了卡萨布兰卡会议。双方议定：首先解决意大利问题，然后再考虑在法国登陆的事。会议之后，"赫斯基"行动计划的制定工作便在英国首都伦敦悄悄地开展起来，但由于受到各方面因素的影响，进展十分缓慢。后来，计划工作改由艾森豪威尔亲自负责，计划小组迁至阿尔及尔，同时被命名为"141"小组。

领导"141"小组的是英国军官查尔斯·亨利·盖尔德纳少将。查尔斯在战争中曾指挥过英第 6 装甲师作战，有较丰富的实战经验，并因善长制定作战计划而在英军中闻名，被誉为"制定作战计划的能手"。"141"小组认真仔细地分析了西西里岛的兵要地志，先后拿出了 7 个作战预案，但都被盟军指挥部一一否决了。

4 月中旬，"141"小组再次推出了"赫斯基第 8 号"方案。该方案甫出台，便得到艾森豪威尔、坎宁安、泰德等盟军高级将领的赞同。

"141"小组分析，西西里岛地形比较复杂，可供使用的道路比较少，特别是西西里岛东北部。盟军登陆相对比较容易，但向西西里岛腹地发展进攻将十分困难，大部队难以展开，且容易受到敌人的节节阻击。因此，要想使"赫斯基"作战行动顺利实施，必须首先攻占西西里岛的两个主要港口，即西西里岛西北部的巴勒莫港和东南部的锡腊库扎港。然后凭借这两个港口建立前进基地。

因此"赫斯基第 8 号"方案规定，由巴顿率领美第 7 集团军，在巴勒莫地区登陆；由蒙哥马利率领英第 8 集团军，在锡腊库扎地区登陆。

已出任美第 7 集团军司令一职的巴顿看到"赫斯基第 8 号"方案时，

十分满意。他知道，巴勒莫是西西里岛首府，具有悠久的历史，在世界上享有盛名，由他来夺取巴勒莫，一旦成功，自己必将作为这座世界名城的解放者而载入史册。他决心抓住这一机会，在此次登陆作战中大展身手。

正当巴顿雄心勃勃、夜以继日地琢磨具体作战计划的时候，蒙哥马利打破了他的美梦。

自美军参战以来，美军和英军之间的竞争就开始了。蒙哥马利和巴顿则是双方的地标人物。蒙哥马利始终认为，初出茅庐的美军，在战争中难以担当重任，"赫斯基第8号"方案竟然让他与巴顿同享战果，他无论如何接受不了。所以他毫不犹豫地推翻了"赫斯基第8号"方案。

蒙哥马利指出，"赫斯基第8号"方案实际上是一个分散用兵的方案，如果按照这个方案行动，是非常危险的，一旦敌人查明盟军企图，敌人就会集中兵力实施各个击破，将我们赶下大海。他提出了自己的方案：英军第8集团军仍然在锡腊库扎地区登陆，但美第7集团军不在巴勒莫登陆，而在距英军登陆地点不远的位于西西里岛西北角的杰拉地区进行登陆。蒙哥马利认为，这样部署便于双方相互配合，才可以使整个作战协调地向前发展。

蒙哥马利的主张遭到了大多数人的反对，因为他的用心很明显，就是要把美军置于次要方向，仅仅担负保护英军翼侧安全的任务。但是在蒙哥马利强烈要求和极力主张下，盟军主帅艾森豪威尔和亚历山大最终接受了他的提案。巴顿对此感到十分愤怒，但也只能被迫接受。

经过数月的反复修改，最终定下来的"赫斯基"作战计划如下：

1. "赫斯基"作战计划，由亚历山大将军指挥的第15集团军群负责实施。该集团军群下辖蒙哥马利指挥的英军第8集团军和巴顿指挥的美军第7集团军。编内共有13个师和3个独立旅，总兵力为47.8万人。

2. 关于陆军。美第7集团军的任务是在西西里岛南线利卡塔至斯科格利地区登陆，占领杰拉和利卡塔后，以积极的行动配合英军向纵深发展进攻。英第8集团军的任务是在西西里岛东线帕基诺至锡腊库扎地区登陆，占领该地区后，向卡塔尼亚、墨西拿方向发展进攻。

3. 关于海军。地中海战区盟军的海军部队由坎宁安海军上将统一指挥。在登陆部队进行海上航渡的过程中，海军应出动战舰控制突尼斯海峡和墨西拿海峡南部海域。当登陆部队突击上陆以及抗击敌人反击时，海军舰队应适时提供炮火支援。

4. 关于空军。地中海战区的盟军空军部队由英国的泰德空军上将统一指挥。空军的任务包括：袭击对这次战役有影响的敌纵深内的重要机场、港口和交通枢纽；阻止敌增援部队集结和开往西西里岛；空中掩护进入和通过地中海的所有盟军护航运输队；伺机攻击意大利的海上军舰和补给船等。

通过"赫斯基"作战计划，盟军统帅部的整体作战意图是，首先夺取西西里岛，打开通向意大利的大门，然后乘势向意大利本土发动进攻，迫使意大利政府投降，肢解轴心国体系。同时用积极的攻击态势牵制大批驻意德军，配合盟军在其他战场的作战。在此基础上，趁机解放整个意大利。

海空权的激烈争夺

自从飞机大量运用于战争中以后，夺取制空权便成了战场上一项非常重要的作战内容。尤其是在登陆战役中，如果没有制空权，后果将不堪设想。拥有制空权，既能使己方部队免受敌人空中威胁，又能保证己方空军部队利用空间执行空中掩护、空中阻滞、近距空中支援等任务，同时还能使敌人无法使用该环境。

美、英盟军深知这一点。早在1941年，美军的《野战条令》就指出："制空权就是必须将敌人的航空部队消灭掉，或者压制住，使之不能出动。"这种观念在美国每个指挥员脑中都根深蒂固。所以在西西里登陆战之前的两个月内，盟军空军对意大利主要机场、港口、潜艇基地和各大工业中心，实施了连续不断的空袭，夺取了制空权。

当时，参加西西里登陆作战的盟军空军，总共有3680架作战飞机，另有900余架运输机和许多滑翔机。德、意两国在这个地区的空军兵力约有1400~1500架飞机，其中意军有600余架，德军有800余架。

面对数量占优的盟军飞机，意大利空军司令福吉尔将军和驻意德国空军第2航空队指挥官冯·里希特霍芬中将做出共同决定，为保存实力，把大部分轰炸机撤到欧洲大陆机场。从这以后，意大利的鱼雷飞机和四发动机的飞机都转移到意大利中部城市比萨和佩鲁贾，仅把歼击机留在西西里岛和撒丁岛南部各机场上。他们的意图是，避轻就重，集中用兵，在抗击盟军空军空袭的前提下，把有限的空中力量集中用于支援抗登陆作战。

在盟军空军频繁实施空袭的过程中，德、意歼击机部队也采取了一切措施进行反空袭顽抗，如德国歼击机曾出动500架次，意大利歼击机曾出动600架次，对盟军空袭编队实施空中拦截。但终因双方空军兵力对比过于悬殊，轴心国空军始终未能有效地阻止盟军空军的轰炸行动。

为确保登陆的顺利进行，尽快夺取制空权，从7月2日到9日，盟军空军对所有岛上的敌机场以及意大利亚得里亚海沿岸的福贾机场，特别是西西里岛上的机场进行了猛烈的轰炸。单是7月2日夜间至次日凌晨，就在西西里岛的几个重要机场投下了1500多吨炸弹。

7月9日，也就是登陆前一天，盟军的轰炸行动达到了高潮。盟军空军集中了411架轰炸机，在160架歼击机的护航下，发动了21次轰炸和扫射，目标主要是夏卡到塔奥米纳一带的机场。此外，盟军空军还使用了78架歼击机袭击了敌人的雷达站。在这些空袭行动中，盟军空军一举炸毁了德军航空兵司令部，后者设在塔奥米纳和圣多梅尼考教堂附近。

日落之后一直到午夜，盟军又调集了107架轰炸机，出动8个波次，轰炸了锡腊库扎、卡塔尼亚、帕拉佐洛和其他机场。

盟军空军的猛烈轰炸起到了理想的效果。轰炸结束之后，德意轴心国在西西里岛东部只剩下杰尔比尼一个简易机场能够使用；在西西里岛西部只有巴勒莫和奇尼西亚两个机场可供紧急着陆使用。通过对敌机场长时间、高密度的轰炸，盟军大大削弱了德意空军的战斗力，基本上夺取了制空权。

盟军进攻西西里的第一步是攻占班泰雷利亚岛，这个岛位于西西里岛与突尼斯之间，是意大利空军基地和海军鱼雷艇基地。攻占该岛，对盟军来说具有至关重要的意义。当时盟军飞机的作战半径都比较小，如果夺取了这个岛，就可以解决空中作战兵力"腿短"的问题。

在制定攻占这个小岛的作战计划时，发生了一件非常有趣的事情，就是丘吉尔和艾森豪威尔打赌。

丘吉尔认为，虽然班泰雷利亚岛军事价值较高，但毕竟是一个小岛，岛上守军人数最多只有5000人，不会超过此数。而艾森豪威尔认为，岛上守军人数应该会超过5000人。于是两人决定打赌。丘吉尔说："如果岛上守军人数超过5000人，每超过一人，赌注增加一生丁。"于是，双方赌约正式形成。

在艾森豪威尔的亲自指挥下，6月初，盟军出动飞机对班泰雷利亚岛进行了6个昼夜的空中打击，将上万吨炸弹倾泻到了该岛东部的狭小地区。随后，艾森豪威尔派遣6艘巡洋舰和10艘驱逐舰向岛上守军开炮射击。6月11日，登陆兵抢滩上陆。结果进攻出人意外地顺利，盟军在没有任何伤亡的情况下，俘敌11000多人。

按照赌约，丘吉尔输了65个法郎。

班泰雷利亚岛被夺取以后，邻近的两个小岛上的意军相继投降。至此，西西里岛西南面的前哨阵地已被全部肃清。盟军迅速修复了班泰雷利亚岛上的机场。从此，西西里岛已完全暴露在盟军的眼皮底下了。

古佐尼劳思伤神

当美、英盟军在厉兵秣马、摩拳擦掌时，西西里岛上的守军却没那么兴奋。此时担任防守任务的，是意大利第6集团军司令阿尔弗雷德·古佐尼将军。他手下有意军11个师，德军2个装甲师。古佐尼的主要任务是负责组织指挥西西里岛的抗登陆作战。

古佐尼很快发现这里的情况很不让人满意。德军2个装甲师装备精良，富有作战经验，有较强的战斗意志，但缺乏坦克和运输工具，最主要的是人员数量太少，只有3万多人。意军数量虽多，有20多万人，但编制不足，军事素质和身体状况极差，装备也十分低下。

另外，守岛的意大利军队中，恐战、厌战情绪严重，士气低沉。由于他们是西西里岛当地人，所以认为在西西里岛战斗得愈激烈，家乡的破坏也就愈严重，因而不想进行认真抵抗。面对此情此景，古佐尼力不从心，只好寄希望于2个德国师和意大利本土增调的第14装甲师。

古佐尼判断，盟军如果在西西里岛登陆，很可能会在西西里岛东部和南部两个方向以符形攻势同时实施，据此，古佐尼做出部署：罗兹指挥的德军第15装甲师配置在西侧，任务是抵御盟军在西部的进攻；而把库兰斯指挥的德军戈林装甲师分为两部分，较强的一部分配置在离杰拉约32千米的内地，任务是对付盟军在西部的进攻，另一部分配置在东部，任务是应付卡塔尼亚平原的局势；意军第6集团军一部分兵力（2个意大利师）配置在南岸约200千米的正面上，其余大部兵力驻守在岛屿的西北部，任务是适时增援东、南两侧作战，并应付意外情况。

古佐尼要求全体官兵振作精神，在盟军登陆时，必须抓住有利战机，实施突然、猛烈地反突击，力争把登陆部队歼灭在滩头，如果不成，就迅速转入纵深进行决战。

然而始终困扰古佐尼的问题是，盟军何时登陆。从5月份开始，盟军的轰炸已经进行了好几个月，班泰雷利亚岛丢失以后，几乎每一天都可能是盟军的登陆日。为此，古佐尼只得让德、意守军连续处于高度戒备状态，但这样又导致军队十分疲惫。

根据"赫斯基"作战计划，盟军登陆部队分别在北非和地中海东岸的港口上船。由巴顿将军率领的美第7集团军在奥兰、阿尔及尔、比塞大港口起航。

战前,巴顿发表了激动的演说,他对手下的士兵说:"你们要为被挑选参加这次行动而感到骄傲,因为你们被授予了进攻和摧毁敌人的权力,你们的手中掌握着美国陆军的光荣和世界的未来。注意,你们值得获取这种伟大的信任。"巴顿的临战动员激起了将士们的战斗热情。

美国第 7 集团军和英国第 8 集团军分别登船起航。按预定计划,美第 7 集团军向杰拉方向,英第 8 集团军向锡腊库扎方向。2000 多艘大小军舰和运输船只,载着 16 万英美军队,兵分两路,利用夜幕,在地中海上乘风破浪、浩浩荡荡地向西西里岛驶去。

大部队到达西西里岛时,发现岛上异常地平静。原来古佐尼难以准确判明盟军的登陆时间,岛上守军只好连夜警戒,官兵们已经极度疲劳。7 月 9 日下午,恰好又刮起了大风,岛上守军判断盟军今夜肯定是不会来了,于是他们趁机睡觉去了。

10 日凌晨 2 时 45 分,美、英军以迅雷不及掩耳之势,分别在杰拉和锡腊库扎地区顺利登陆。当时的情况是:"狂风巨浪的天气使那些因连续几夜处于戒备状态而疲惫不堪的意军在床上辗转反侧,感天谢地地说'今天夜里,他们无论如何也来不了'。但是,他们却来了。"

盟军登陆部队在登陆战役一开始就占尽了便宜。

英军第 5 师当天傍晚就攻下了锡腊库扎。在诺托湾登陆的英军第 30 军也稳住了登陆场,英军第一天就占领了宽 100 千米、深 10~15 千米的登陆场。美军没有英军幸运,他们在南部的登陆受到了风浪的影响,还有岸上敌人的顽强抵抗,但 10 日结束时,三个美军师的突击部队仍然登陆了,攻下了杰拉和利卡塔。

在舰载部队登陆前,盟军还实施了一次大规模的空降。登陆前,美第 7 集团军和英第 8 集团军分别使用空降兵抢占登陆场,保障登陆部队上陆。

6 月 20 日前后,美空降兵第 82 师和英空降兵第 1 师开始向突尼斯集结,并陆续转场至预定空降出发地域。部队全部就位后,开始对伞兵的战斗装备和物资装备进行详细检查和研究,并做了空投试验。

7 月 9 日晨,做了一夜美梦的士兵早早地醒来,十分敏锐地感觉到天气可能要变坏,因为风力在渐渐加大。很快,部队收到上级发来的紧急通知:"天气可能要变坏,西西里岛的地面风速将达每秒 15 米。仍按预定计划执行。"

空降部队在恶劣的环境下出发,然而,伞兵们仍然发扬了顽强的战斗作风。在预定地区及其附近地区着陆的伞兵，迅速集中，并立即向分散着陆在其他地区的伞兵发出讯号。

有些飞机飞抵西西里岛海岸时，伞兵脱下救生衣，背上降落伞，准备跳伞。但是由于找不到预定空降场，遂飞回海上重新进入，反复多次，在德意高射炮火网中盘旋飞行1个多小时，终于引火烧身，不少飞机被击落。

美、英军此次在西西里岛的空降作战，是第二次世界大战开战以来盟军实施的最大规模的空降作战。据战后统计，美、英军在西西里岛共空降了9816人，其中美军5305人；出动运输机642架次，使用滑翔机156架；运输机被击落45架（其中被己方击落27架，占60%），击伤86架（其中被己方击伤71架，占88.7%），失踪25架，原载返回40架；滑翔机坠海69架，着陆撞毁15架，失踪10架，被牵引返回4架；人员伤亡约1500余人（其中英军550余人），占空降人数15%强。

虽然这次西西里岛的空降作战暴露出很多问题，但空降部队在敌军中引起了普遍的恐慌和混乱，它在肢解敌军的抗登陆战役布局，策应盟军登陆行动方面，仍然起到了一定的作用。

二将争功

巴顿将西西里战役看作是美、英军之间的较量以及他和蒙哥马利之间的一场私人竞赛。尽管最终敲定的"赫斯基"方案将美军置于次要地位，但巴顿仍要以实际行动证明美军是世界上最优秀的军队，同时证明自己比蒙哥马利更强、更出色。

盟军西西里登陆战役第一阶段进展得很顺利。西西里战役总指挥亚历山大将军不无得意地说："那些防守海岸的意军简直不值一提，几乎一枪未发就瓦解了。而那些野战师遇到盟军就像迎风扬糠一般四下逃命。"

但是岛上守军并非真的不堪一击。暂时的顺利隐藏着巨大的危机。

当古佐尼获悉美、英军的主要登陆地区是杰拉和锡腊库扎地区以及盟军空降兵着陆后严重分散的情况后，立即命令德国戈林师和2个意大利装甲师向杰拉方向反击，乘美军立足未稳，将其赶下大海，同时试图切断美、英军之间的联系。

德意军队的反击对刚刚登陆的美军造成很大压力。在形势万分危急的关键时刻，美国海军舰炮发挥了巨大威力，成千上万发炮弹一股脑儿倾泻到了敌军的阵地上。德国坦克部队和意大利装甲师在伤亡600余人、被击毁坦克约40多辆的情况下,仓皇向北逃窜。

情势暂时得以缓解,但巴顿清醒地认识到,更激烈的战斗还在后面。根据前一段作战情况,巴顿认为,美军当务之急是把坦克和火炮等武器卸运上岸。于是,他果断地改变了原先的登陆预案,命令加菲少将指挥的第2装甲师和达比上校指挥的第18团(辖3个突击营)立即登陆,并迅速做好应付敌军再次反击的准备。

在古佐尼再一次发起反击时,美军坦克和大炮已经乘夜登陆上岸,而且做好了一切战斗准备。

11日上午9时30分,信心十足的巴顿将军,决定亲自上陆参战。巴顿上岸后,便驱车直奔杰拉城。战斗正是最激烈的时刻,德军戈林师和意大利利沃德师已经冲进城内。

巴顿不顾部下的劝阻,冒着枪林弹雨,大踏步地来到突击队员中间,大声喊道:"杀死上帝诅咒的每一个私生子!"这句话极大地鼓舞了突击队员的士气。在巴顿的亲自指挥下,美军作战开始变得紧张而有秩序。

美军逐步控制了战斗的主动权。战至上午11时,意大利利沃德师在久攻不克,又受到重创的情况下,退出杰拉市。但此时杰拉平原仍然硝烟弥漫,德军戈林师正在向艾伦的第1步兵师守卫的海滩阵地进行猛烈冲击。巴顿火速给艾伦下达了一道死命令:"坚守阵地,不准后退一步,后退就是失败!"

在艾伦第1步兵师的拼死抗击下,美军赢得了宝贵的时间,不久,各部队相继到位。在美军火炮、坦克及舰炮的合力打击下,德军戈林师三分之一的坦克被摧毁。库兰斯见势不好,便率残余兵力狼狈撤退。

美军终于打退了敌人的反击,危机已然过去,3个滩头阵地已经连成一片,集团军登陆场终于形成。美军有了稳固的立足之地。12日,美军全线出击,稳步向纵深推进。日落前,已先后占领了科米佐、比斯卡里和彭地奥里佛机场。随后,巴顿挥师北上,直逼卡尔塔尼塞塔。

在西西里东部地区,蒙哥马利依然采取他惯用的步步为营、稳扎稳打的战法。蒙哥马利的优柔寡断给德军第15装甲师提供了极为难得的机动时间。德军第15装甲师从西西里岛西侧迅速机动至东侧,并很快占领了有利地形,成功地切断了英军企图沿海岸公路向北进军的行动路线。

由于行动过于迟缓,致使英军当面之敌的数量逐日增加。英军陷入了困境。

7月12日,美军在西西里岛西南侧进展非常顺利,巴顿十分满意,为了加快进攻速度,他开始考虑修改下一步作战预案。巴顿起草了一份经阿格里琴托和卡斯特尔维特拉诺向巴勒莫发动迂回进攻的作战计划，但被亚历山大否决了。

亚历山大的注意力完全集中到了蒙哥马利的身上，因为夺取西西里战役胜利的关键在于攻占墨西拿，而处于东部地区的蒙哥马利距离墨西拿最近，所以这个任务应该交给蒙哥马利来完成。而巴顿率领的第7集团军只应该负责确保蒙哥马利的侧翼安全。

但是蒙哥马利的进攻遇到德军越来越强硬的抵抗。英军每前进一步，都要付出很大代价。蒙哥马利决定把前进的重点向左移，向北进攻，以便将这个岛截成两半。然而，蒙哥马利为了将主攻部队移至左翼，至少耗费了两天时间。德国守军利用这段时间，建立起一道阻击蒙哥马利的坚固防线。结果蒙哥马利的计划刚一出台就遭到了迎头一击。

由于蒙哥马利行动迟钝，德军占据了有利地形，居高临下，凭险扼守。英军在两个方向上都陷入了困境，伤亡惨重。德军整个防线固若金汤，蒙哥马利无计可施。

当英国进攻受挫时，巴顿幸灾乐祸地说："我们的表兄弟们被揍得鼻青脸肿。"巴顿不甘心就这样闲坐着，他深信如果让他去进攻巴勒莫，他会干得很出色，而且此举一旦成功必将会促成整个战局向着有利于盟军的方向发展。7月17日，巴顿乘飞机前往北非亚历山大司令部，亲自说服亚历山大。亚历山大权衡了形势后，批准了巴顿的请求。

巴顿立即返回战场，火速进行了战斗部署。第3步兵师、第82空降师和第2装甲师临时组建成一个军，由凯斯将军指挥，主要任务是夺取巴勒莫。

7月19日，巴顿下达了总攻命令。凯斯将军指挥的暂编军立即以迅雷不及掩耳之势向前推进，21日占领了卡斯特尔维特拉诺。22日抵达巴勒莫城下。美军一路上势如破竹，闪电般地到达巴勒莫，使该城守军惊慌失措，根本来不及组织有效的抵抗，守军纷纷缴械投降。

7月22日，巴顿随第2装甲师以胜利者的姿态进入了巴勒莫，并在该城豪华的王宫中建立了他的司令部。

接下来，美军将西西里岛一分为二，实现了英军想实现而未实施的诺言，这给巴顿和美军带来了很高的荣誉。在这次行动中，美军仅伤亡300余人，然而却俘虏意军5.3万人，击落敌机190架，缴获大炮67门，并夺取了停泊在港口还没来得及逃跑的大部分船只，巴顿可谓战功显赫。

巴勒莫被占领，动摇了墨索里尼在意大利的独裁统治，而且极大鼓舞了盟军的士气，接下来的进攻便顺利得多了。8月初，盟军发动了全线进攻。三路大军一齐把进攻的矛头指向了西西里岛的东北角——墨西拿。

1943年8月17日,德意部队主力10万人越过墨西拿海峡回到意大利。同一天,美军第3师抢先攻入墨西拿。整个西西里战役,盟军损失2.2万人,德军损失1.2万人,14多万名意军投降。盟军实现了预定的大部分目标,但遗憾的是,没有充分利用制空权和制海权,致使4万德国精锐部队逃脱。

墨索里尼下台

西西里战役结束后,意大利本土已完全暴露在盟军的眼皮底下。当盟军正在为下一步的战略争论不休时,意大利政府突然垮台了。

意军在北非、西西里以及在苏德战场上的连续惨败,加深了墨索里尼政权的军事、经济和政治危机。截止1943年8月底,在国内,意大利军队尚存47个师,但残缺不全,士气低落,兵力分散。在苏德战场上作战的意大利第3集团军,已由22万人锐减到8万人。

连年的战争,几乎将意大利国力耗尽。再加上盟军日益猛烈的空袭,使意大利国家经济濒于崩溃。物价的上涨、食品的奇缺以及名目繁多的苛捐杂税,使意大利人对法西斯当局的不满情绪达到了极点。

1943年3月,米兰、都灵等地的工人就举行了大罢工,参加者达30多万人。这次罢工冲破了意大利长期沉闷的政治局面。意大利共产党领导的地下抵抗运动也在日益发展。另外,意大利人对驻意德军十分反感。德军官兵傲慢粗暴,任意侮辱意军官兵。德军还在意大利横征暴敛。

在此情形下,意大利统治集团内部出现了严重分歧。有人主张与同盟国媾和,以挽救意大利,但墨索里尼不甘心失败,仍想垂死挣扎,坚持将战争进行下去。

面对满目疮痍的国家,意大利王室、议会、总参谋部、法西斯党把一切罪过都归咎于墨索里尼一人。他们中间的一些人,包括墨索里尼的女婿、意大利外交部长齐亚诺在内,都在密谋推翻墨索里尼,企图以此来摆脱危机。最后连国王也坐不住了,他们为了自身的利益,果敢地下定决心:抛弃墨索里尼。

1943年2月,墨索里尼改组内阁,撤掉齐亚诺和格兰第的职务,更激起了意大利军政要员的不满。

国王觉得时机已到,必须采取断然措施,否则后患无穷。于是,他同总参谋长安布罗西奥将军和巴多里奥元帅等人联系,密谋推翻墨索里尼,从而脱离纳粹德国,投降英、美盟国。

1943年7月17日，墨索里尼在威尼托的费尔特雷附近的一个别墅里会见了希特勒，随行的还有意大利总参谋长安布罗西奥等人。他们事先商定，由墨索里尼向希特勒说明，意大利无力再进行战争了，需要立即缔结停战协定。但是，在这次会见时，希特勒提出，为了扭转被动局面，所有的意大利军队应该由德国将领指挥。墨索里尼竟然没敢反驳，而是打肿脸充胖子，表示他愿意与德国同舟共济、血战到底。

7月22日，国王埃曼努尔三世深感形势刻不容缓，决定根据"意大利宪法程序"罢免墨索里尼。

在国王的授意下，法西斯党的一些元老强烈要求召开法西斯大议会。7月24日下午5时整，法西斯大议会在罗马威尼斯宫玛帕蒙多会议厅准时举行。所有的28名成员全部到会。他们当中，有法西斯元老、进军罗马领导委员会的戴·博诺和戴·韦基，以及齐亚诺等人。会议由格兰第主持。

格兰第宣布会议正式开始后，墨索里尼首先发言，他表示要将战争进行到底。场内不时有人发出嘘声。

墨索里尼发言结束后，格兰第站起身来，开始宣读早已准备好的提案。提案要求，恢复宪制，国王应掌握更大的权力，军队归国王指挥，墨索里尼不应再当意大利内阁总理，只应当党的领袖。

提案宣读完毕后，场内顿时热闹起来。墨索里尼的支持派和反对派展开激烈的争论，双方互相指责、辱骂。格兰第当面指责墨索里尼："是你的独裁，而不是法西斯主义导致了战争的失败。"

墨索里尼意识到，反对他的人是有备而来，于是以时间已晚做借口，提出会议暂时到此。但倒墨派成员坚持认为，必须在今晚解决问题。格兰第坚定地说："在没有作出决议以前，不能散会。"

短暂休息后，墨索里尼再次发言，他猛烈抨击格兰第等人，说他们对自己的指责是无中生有，他们这样做，是企图抹杀他的功绩，是拿国家命运开玩笑。

会议对格兰第的提案进行表决。表决结果大大出乎墨索里尼的意料：19票赞成，8票反对，1票弃权。墨索里尼被击败了。他站起来，面带怒色地离开了会议厅。但直至此时，墨索里尼还没有把这次会议当回事，他还认为国王会继续支持他。

7月25日下午，墨索里尼乘车前往萨沃亚宫拜见国王。国王此时已经知道了法西斯大议会的表决结果，并秘密做好了安排。

墨索里尼没想到，见面之后，国王对他说："事情不能这样继续下去了。军队反对你，阿尔卑斯山轻步兵在唱一支歌，歌中说他们将不再以墨索里尼的名义去打仗。"

墨索里尼争辩说，军队在最后考验中将支持他。国王却只是表示"我很遗憾……非常遗憾……没有别的解决办法"，说完便向门口走去，这是向墨索里尼示意：会见到此结束。

墨索里尼迈着沉重的步伐，缓慢地走下台阶。当他向自己的汽车走去时，突然，一名宪兵上尉拦住了他，并说："领袖，国王陛下命令我陪着你，保护你。"然后把墨索里尼赶上了一辆红十字救护车。车门一关，车子便风驰电掣般地向远处驶去。统治意大利长达二十多年的法西斯头子墨索里尼，就这样被拘禁了。

墨索里尼垮台后，意大利国王命令由巴多里奥负责组织一个包括军事首脑和文官在内的新内阁，巴多里奥即日起出任政府内阁总理。国王同时下令，将这一消息向全世界广播。意大利人走上街头，呼吁尽快结束战争。

巴多里奥上台以后，一方面公开扬言要站在德国一边，并且宣布意大利将继续参战，同时派人与德国外交部长进行会晤，企图麻痹希特勒，避免德国人的报复；另一方面，暗地里同英、美接触，准备谈判投降，表示意大利新政府要反戈一击，与同盟国一起对德作战。

为压迫巴多里奥尽快投降，艾森豪威尔在与巴多里奥政府保持联系的同时，指示蒙哥马利迅速做好战斗准备。9月3日凌晨，英军第8集团军强渡墨西拿海峡，向意大利南部进军。迫于压力，巴多里奥终于决定向盟军正式投降。

10月13日，意大利的巴多里奥政府向德国宣战，同时英、美、苏三国政府发表公告，承认意大利为盟国一方。意大利脱离德国并对德宣战，标志着法西斯轴心国的解体和反法西斯联盟的一大胜利。

营救墨索里尼

墨索里尼的垮台让希特勒目瞪口呆。希特勒连夜召集心腹们开会，决定营救墨索里尼，并进攻罗马，支持已经倒台的意大利法西斯党。德国总参部迅速制订了"橡树"计划，成立特种突击队，营救墨索里尼。

墨索里尼先是被关押在第勒尼安海上的蓬察岛，这里曾是法西斯政权流放政治犯的地方，所以墨索里尼被关押在此非常具有讽刺意味。巴多里奥为防止希特勒抢劫墨索里尼，将墨索里尼秘密转移到撒丁岛旁边的马塔莱纳岛上。

8月11日，按照希特勒的命令，德军精心挑选了90名伞兵，组成空降突击队，并任命斯科增努中尉为突击队队长；同时规定，所有伞兵乘12架滑翔机机降抢劫墨索里尼，然后乘1架轻型运输机返回。

接受任务的斯科增努中尉在罗马设立了行动指挥部，并派出大量间谍进行侦察。在斯科增努中尉一筹莫展之际，8月底，墨索里尼被隐蔽转移到坐落在罗马北面的亚平宁山脉之中的坎普将军饭店。巴多里奥原以为这样就可以安枕无忧了。没想到，9月初，德军截获了一份意大利内务部的电报，该电报上清清楚楚地写着"科尔诺山附近警戒已毕"。斯科增努如获至宝，他断定此地就是软禁墨索里尼的地方。

经过侦察，斯科增努确认了自己的判断。而且在侦察过程中，一个大胆的想法出现了：饭店旁边有一小块三角地，在缆车站台旁边也有一块平地，可以利用这两块有限的平地，以滑翔机实施机降突袭。

巴多里奥政府对德宣战后，希特勒为此大为恼火，他命令：必须在巴多里奥政府将墨索里尼引渡给盟军之前，救出墨索里尼。

9月12日清晨，斯科增努中尉率领90名空降突击队员在普拉特克德马雷机场，隐蔽地做好了出发准备。不多久，远处传来了马达的轰鸣声，机场内的沉闷气氛被打破了，12架飞机牵引着12架滑翔机终于来了。斯科增努把起飞时间定在下午1点钟。

下午1时整，机场上一片轰鸣，12架飞机牵引着12架滑翔机，开始起飞了。两架滑翔机在跑道上的弹坑中撞坏，但其余10架滑翔机均顺利升空。在斯科增努的引导下，飞机离开机场后，直飞科尔诺山地区。当飞机快接近目标上空时，10架滑翔机在3600米的高度上解缆。按照预先计划，5架滑翔机直奔悬崖顶部，准备在饭店旁边的三角地着落，另外5架朝着缆车站台附近的平地方向滑去。

斯科增努乘坐的滑翔机首先降落在饭店旁边。其余滑翔机也大多顺利降落。

意军看守人员见到突然出现的突击队员，一时惊恐万状，不知所措。突击队员很快控制了山谷，并缴了意军官兵的枪械。然后斯科增努中尉飞快地冲进坎普将军饭店，他发现了墨索里尼，并迅速将墨索里尼劫出饭店。整个行动只持续了约3分钟。

然而，原来准备运送墨索里尼的轻型运输机在着陆时被撞坏了。恰在此时，一架德国轻型观察机飞临饭店上空，并在那儿盘旋。斯科增努如遇救星，立即向观察机发出求救信号。

驾驶这架飞机是德军王牌飞行员格洛克上尉，当他接到斯科增努的求救信号后，准确地把飞机降落到了饭店旁边的三角平地上。斯科增努把身体肥胖的墨索里尼塞进飞机，随后他也挤了进去。

12名突击队员聚集在小飞机附近，用劲推飞机，飞机慢慢加速。不一会儿载着三人的小飞机便起飞了，摇摇摆摆地向罗马方向飞去。

两天之后，墨索里尼到达拉斯登堡的"狼穴"，又与希特勒相见了。

9月17日，墨索里尼在意大利北部萨洛出任"意大利社会共和国"傀儡政府总理，与南部已被盟军占领的意大利王国分庭抗礼。对于饱受法西斯之苦的意大利人来说，墨索里尼被"幸运"救出的意义，仅仅在于使他们在战争中继续遭受灾难。

然而所谓"不是不报，时候未到"，日后的1945年，墨索里尼在逃亡米兰的路上，被游击队俘虏。1945年4月28日，根据意大利北方解放委员会的命令，墨索里尼和他的情妇克拉蕾塔被枪决，并暴尸于米兰市广场示众。

二、会议桌上的较量

赫尔莫斯科之行

1943年是第二次世界大战大转折的一年。同盟国在各个战场上都掌握了战略主动权：

在苏德战场上，德军先是在斯大林格勒惨败，然后又在库尔斯克遭到重大失败，从此一蹶不振，再也无力发起大规模进攻；

在太平洋战场上，以麦克阿瑟将军为司令的西南太平洋盟军早已开始有限反攻，控制了所罗门群岛大部。尼米兹海军上将指挥的美国太平洋舰队，于11月底攻占吉尔伯特群岛中的塔拉瓦岛和马金岛，从中太平洋发动主要攻势；

在北非和地中海战场上，美英法军队5月解放了突尼斯，肃清了北非残敌，7月在西西里登陆；月底墨索里尼垮台。之后意大利向盟军投降，并对德国宣战，德国事实上已处于两线作战的被动局面。

在战场后方，同盟国的优势更加明显。到1943年4月时，同盟国中的主要大国美、英、苏军队人数和技术兵器的数量，都已超过轴心国德、意、日，在力量对比上同盟国越来越占优势。

总之，德、意、日法西斯已处于退却、挨打的被动境地。

同盟国接下来面对的问题是：如何利用战局的胜利转折，进一步加强各国之间的合作和协同作战，以便尽快打败法西斯侵略者，并为战后的和平和安全做出安排。为此,同盟国首脑进行会商越来越必要。

1943年8月19日,美国总统罗斯福和英国首相丘吉尔联合致函苏联政府首脑斯大林,提议三国首脑进行会晤,并提供了阿拉斯加、巴士拉、巴格达、安卡拉等地,供斯大林选择作为开会地点。

斯大林也希望与罗斯福、丘吉尔会晤,但此时苏军正在痛击德寇,斯大林身为苏联武装部队最高统帅,无法离开莫斯科。斯大林建议,会议地点最远不能超过伊朗首都德黑兰。

为了加强主要同盟国之间的了解和联系,并为召开首脑会议事先做好安排,美英苏三国政府商定先举行外长会议。

1943年10月19至30日,美英苏外长会议在莫斯科克里姆林宫内的斯皮里多诺夫卡宫举行。

出席会议的美国代表是国务卿科德尔·赫尔,新任驻苏大使艾·哈里曼和驻莫斯科军事使团团长约·迪恩少将;英国代表是外相安·艾登,副外相助理威·斯特朗和国防部参谋长黑·伊斯梅将军,苏联代表是外交人民委员维·莫洛托夫,苏联元帅克·伏罗希洛夫,副外交人民委员安·维辛斯基、马·李维诺夫。

会议的第一项议程,主要是开辟第二战场问题。这个问题苏联已提出两年多了,并且一再希望英美尽早实施。

在这次会议上,苏联代表建议明确规定开辟第二战场的日期。对美国来说,1944年春天进军西欧已势在必行了。但是英国人还是谨小慎微,莫斯科外长会议期间,丘吉尔曾致电艾登和伊斯梅将军,通知他们进攻欧洲将要延期。所以,后来在外长会议公报中只是写道,"对于为缩短对德国及其欧洲卫星国战争所应采取的措施方面,曾有率直和详尽的讨论。讨论了具体的军事作战计划,关于此项作战计划,已经做出决定,并已着手准备……"

会议的第二项议程是苏美英中关于普遍安全的宣言。

经过赫尔力争而使中国代表参加签署的《四国宣言》全文如下:

苏联、美利坚合众国、大不列颠及北爱尔兰联合王国及中国政府,一致决心遵照1942年1月1日联合国家宣言及以后历次宣言,对它们现正分别与之作战的轴心国继续敌对行动,直至各轴心国在无条件投降基础上,放下武器时为止;感到有使它们自己和同它们同盟的人民从侵略威胁下获得解放的责任;并承认有必要保证由战争迅速而有秩序地过渡到和平并建立与维持国际和平与安全,使全世界用于军备的人力与经济资源达于最小限度,特联合宣告:

1. 它们保证用以对其个别敌人进行战争的联合行动将为组织及维护和平与安全而继续下去；

2. 它们中与某一共同敌人作战者，对于有关敌人的投降及解除武装等一切事项，将采取共同行动；

3. 它们将采取它们认为必要的一切措施，以防止任何破坏对敌人所规定的条件的行为；

4. 它们承认有必要在尽速可行的日期，根据一切爱好和平国家主权平等的原则，建立一个普遍性的国际组织，所有这些国家无论大小，均需加入为会员国，以维持国际和平与安全；

5. 为维持国际和平与安全起见，在法律与秩序重建及普遍安全制度创立以前，各该国将彼此磋商，并于必要时与联合国家中其他国家磋商，以便代表国际社会采取共同行动；

6. 战事终止后，除非为实现本宣言内所预期的目的，并在共同磋商后，它们将不在其他国家领土内使用其军队；

7. 它们将彼此并与联合国家中其他国家会商及合作，俾对战后时期军备的调节，获得一实际可行的普遍协议。

看到已经签好的宣言，赫尔心情极为激动。他知道，战后将要建立一个维护和平的国际组织。赫尔后来回忆说："当我签字时，我不禁回想我为旧的国际联盟而进行的长期战斗。现在，美国非常可能成为新的安全组织的一员。苏联同样非常可能成为主要成员之一。

而中国由于签署了四国宣言也将成为创始会员国之一。如果我不坚持努力使中国成为最早的签字国之一，中国要担任联合国安全理事会常任理事国的要求就会不那么有理有据。"

这次外长会议还通过了《苏美英三国关于意大利的宣言》、《苏美英三国关于奥地利的宣言》和《苏美英三国关于德国暴行的宣言》。

此外，会议的另一个重要决定是成立欧洲咨询委员会，以研究战后的合作问题，会址设在伦敦。

10月30日，莫斯科外长会议结束。

莫斯科外长会议意义重大。它加强了同盟国的合作，为战后建立保卫和平的国际组织——联合国奠定了基础，并促进了三国首脑会议的召开。

对美国国务卿赫尔来说，这次外长会议是他十年外交生涯中的一个亮点。他这次万里之行的几大成果：

1. 实现了罗斯福和他本人的构想，建立一个国际组织——联合国以

维护世界和平;

2. 经过赫尔的努力争取,中国已成为四大国之一,为以后成为联合国安理会的常任理事国打下了基础;

3. 斯大林向赫尔许诺,苏联在打败德国之后,将出兵攻打日本。

德黑兰三巨头会晤

开罗会议结束后,罗斯福和丘吉尔便于1943年飞到伊朗首都德黑兰。美国代表团到达德黑兰不久,斯大林马上就向罗斯福表示友好的姿态。苏、美、英三国在德黑兰都有使馆,苏联和英国使馆都设在市中心,近在咫尺,而美国使馆离它们有一段路。

斯大林通过美国驻苏大使哈里曼告诉罗斯福总统:苏联的情报机关已经获悉,德国党卫军保安局要在德黑兰会议期间暗杀三巨头,尤其是罗斯福。苏联情报人员发现,德国党卫军突击队的头目之一奥托·斯科增努正着手执行一项秘密计划,代号为"远扑"。此人在两个多月以前曾把被囚禁的墨索里尼营救出来。

斯大林说,在这个斯科增努的指挥下,6个德国特务作为"远扑"行动的先头部队已经到达德黑兰附近。斯大林因此建议罗斯福总统在苏联大使馆内找一所单独的别墅住下来。罗斯福接受了斯大林的邀请,于11月28日搬进了苏联大使馆内。

11月28日是星期天,德黑兰天气极好。下午3时,罗斯福正在卧室休息,卫士赖利报告说,斯大林元帅正向这里走来。罗斯福迅速坐上轮椅,进入他那宽敞的客厅。两人开始会谈,在场的只有两名译员。

罗斯福问斯大林有关苏德战场的进展情况,斯大林对形势做了如实介绍,说情况不太好。罗斯福说,德黑兰会议上将要讨论的主要问题当中,就有关于迫使德国从东线调走30至40个师的措施问题。斯大林表示赞同。

在谈到法国问题时,斯大林批评戴高乐将军不现实,因为戴高乐只能代表象征性的法国灵魂,而真正的、实际的法国正在贝当的领导下与德国狼狈为奸。斯大林说,戴高乐在行动上表现得好像一个大国的元首,而事实上他能指挥的只是很小的一点力量。

罗斯福总统同意斯大林对法国的看法,并且说参加过贝当伪政府的法国人,都不应被允许再担任法国胜利后新政府的职务。

这次谈话并不长,下午4时苏联大使馆的会议室内,三巨头第一次正式会议开始。

客套之后，进入正题。罗斯福概述了美国对战争的看法。他说，美国受太平洋战争的影响更为直接，美国军队肩负着这一地区的主要重担，当然也得到了澳大利亚和英国军队的支持。

美国海军设施的大部分在太平洋，在这一地区一直保持着 100 万人左右。盟军在太平洋的战略是以消耗战为原则。美国现在击沉日本舰船的吨位，已超过日本的补充能力，这证明消耗战原则是成功的。在西面，美国的一个主要目标是保持中国继续作战，为此，有一支远征军准备从缅甸北部和云南省发起进攻。

关于欧洲战场，罗斯福说在这一年半多时间以来，他同丘吉尔举行过的前两三次会议中，所有军事计划的制定都是围绕着这样一个问题：怎样解除德国对苏联战场的压力。现已确定 1944 年 5 月 1 日为行动的时间。罗斯福还把从法国南部登陆计划通知了斯大林。

斯大林接着发言。关于太平洋战争，他说，苏联政府欢迎英美对日作战。

由于苏联军队被德国人缠得很紧，至今为止苏军还无法对日本作战。在德国最后被击败时，必要的苏联军队就可以调往西伯利亚东部。那时候，斯大林说："我们就可以联成一条战线来打击日本。"

斯大林详细分析了德军在苏德战场上的力量，认为苏军在前进中碰到的巨大困难之一是补给问题，因为德国人在撤退时破坏了一切。尽管前线的主动权总的来说仍然掌握在苏联人手里，但由于气候条件的限制，那些地区的攻势已经缓慢下来了。

然后是丘吉尔发言。他说，美国和英国很早就对横渡海峡战役的必要性表示同意，这次战役定名为"霸王战役"，目前正在调用同盟国共同资源和兵力的绝大部分。他和罗斯福都清楚地认识到，北非和意大利战役在性质上是次要的……第一次会议在这天下午 7 时 20 分结束。

从 11 月 28 日下午到 12 月 1 日三国元首举行了 4 天会谈。会议内容主要是研究并制定了对德国的作战方针，即开辟第二战场。

斯大林十分关心开辟西欧战场的"霸王"行动，要求立即确定其开始日期；丘吉尔先是坚持其进军巴尔干的计划，继而又提出从巴尔干和西欧两路攻入欧洲的新方案，极力回避发起"霸王"行动的确切日期；罗斯福则居中调和，但倾向斯大林的意见，表示不想推迟"霸王"行动。三方最终就对德作战问题达成一致意见，签署秘密作战计划（即《苏美英三国德黑兰总协定》），规定"霸王"行动和进攻法国南部的战役于 1944 年 5 月同时发起；届时，苏军将在东线发动攻势，以阻止德军由东线向西线调动。

12月1日会议结束时,三国首脑发表《德黑兰宣言》。宣言指出苏美英三国已经议定关于消灭德军的计划,并已就从东面、西面和南面进行的军事行动的规模和时间达成完全一致的协议;号召所有国家积极参加对德作战,并欢迎它们参加战后维护和平的国际组织。会议还通过苏、美、英《关于伊朗的宣言》。宣言承认伊朗在对德战争中所做的贡献,同意给予经济援助,并赞成伊朗维持其独立、主权和领土完整的愿望。

"联合国"的设想、战后德国问题和波兰问题

德黑兰会议期间,罗斯福曾单独会见斯大林,向其阐明关于建立战后世界组织,以维护持久和平的设想,争取这位元帅的理解和支持。

罗斯福总统说,设想中的这个世界组织将由三个机构组成:

一是由35个或50个联合国家组成的总组织(即后来的联合国),它将提出各种建议。在这个总的机构里,每个国家都能讲出它们想讲的话,同时小国也能发表自己的意见。

二是执行委员会,它将由苏联、英国、美国、中国、另外两个欧洲国家、一个南美国家、一个中东国家、一个亚洲国家(除中国外)和一个英属自治领组成。这个执行委员会可以处理农业、粮食、经济、卫生等问题。

三是由苏、英、美、中四国组成的警察委员会,在出现侵略或破坏和平的危险时,能够迅速采取行动。

罗斯福举例说,当1935年意大利对阿比西尼亚不宣而战时,他曾请求法国、英国封锁苏伊士运河,使意大利无法继续这场战争。但法国和英国都没有采取任何措施,却把这个问题交给国际联盟去解决。这样就给意大利造成了继续侵略的机会。罗斯福现在提议的这个只由四个国家组成的机构,在类似的情况下,能迅速做出关于封锁苏伊士运河的决定。

斯大林对中国参加这个四国机构存有疑问,他不相信中国在战争结束时会是非常强大的。罗斯福回答道,他曾坚持要中国参加莫斯科四国宣言,并不是因为他没有认识到现在的中国还很弱,而是他想到更远的将来。中国是一个有四亿人民的国家,把他们当作朋友,总比当作潜在的敌人要好得多。

德黑兰会议还就战后德国的处置问题进行了讨论,但是未达成具体协议。美英都主张分割德国,美国主张将德国一分为五,英国则主张将德国东南部与别的国家合并组成联邦。斯大林对这一问题的态度比较慎重,他认为应当摧毁的不是德国,而是"希特勒国家"。所以,斯大林主张,

必须彻底肃清普鲁士的军国主义势力。会议对这一问题的讨论没有结果，三国首脑决定由欧洲咨询委员会再进一步研究这个问题。

波兰问题也是德黑兰会议的重要议题之一。苏联1939年9月出兵占领的波兰领土，恢复了沙俄政府1795年第三次瓜分波兰后的版图。此外，苏联还占领了东加里西亚和立陶宛大部分地区。英美政府一致认为，1939年波兰领土的任何变更都是不能接受的，而苏联政府则坚持1941年6月德国入侵苏联前的领土不容更改。在12月1日的圆桌会议上，罗斯福断然拒绝。丘吉尔考虑到苏军在战场上已越出国境向西挺进，苏联将完全占领波兰，于是随机应变，改取主动迎合苏联的要求，提出将波兰边界西移至东起"寇松"线西迄奥得河之间，用德国的领土来补偿波兰在东部失去的疆域。丘吉尔的这一提议，是为了换取苏联承认英国在巴尔干半岛的利益。斯大林赞同这个提议。就这样，美英苏三国为了各自的利益，背着波兰人民做出了处置波兰领土的决定。

据说，在德黑兰会议期间，伊朗国王曾分别拜会了美、英、苏三国政府首脑，但只有斯大林回拜了伊朗国王，因而受到了最高级的礼遇。

开罗会议和德黑兰会议的召开，表明国际反法西斯联盟空前地加强和巩固了。斯大林评价说："德黑兰会议是关于对德国联盟战线巩固的鲜明标志之一。"

三、诺曼底登陆——史上最长的一日

"霸王"计划

自1941年德国入侵苏联后，苏联红军便一直单独在欧洲大陆上与德军作战，斯大林向丘吉尔提出在欧洲开辟第二战场对纳粹德国实施战略夹击的要求，但当时美国尚未参战，英国根本无力组织这样大规模的战略登陆作战。

1943年5月，同盟国决定于1944年5月在欧洲大陆实施登陆，开辟第二战场。1943年8月，英美魁北克会议批准"霸王"计划。1943年11月，英美苏德黑兰会议确定于1944年5月发动"霸王"行动。

作战计划早在之前就开始制定了。在欧洲西线战场发动大规模攻势，首先要确定的是登陆地点。根据历次登陆作战的经验教训，登陆地点应具备三个条件：一要在从英国机场起飞的战斗机半径内，二航渡距离要尽可能短，三附近要有大港口。以此条件衡量，从荷兰符利辛根到法国瑟堡长达480千米的海岸线上，有三处地区较为合适：康坦丁半岛、加莱和诺曼底。康坦丁半岛地形狭窄，不便于展开大部队，最先被否决。至于加莱和诺曼底，两地各有利弊。加莱距英国最近，仅33千米，而且靠近德国本土，但缺点是德军在此防御力量最强，守军是精锐部队，工事完备坚固，并且附近无大港口，也缺乏内陆交通线，不利于登陆后向纵深发展。而诺曼底虽然距离英国较远，但优点一是德军防御较弱，二是地形开阔，可同时展开30个师，三是距法国北部最大港口瑟堡仅80千米。几经权衡比较，盟军选择了诺曼底，于1943年6月26日起制定具体计划，以"君主"为作战方案的代号，以"海王"为相关海军行动的代号。

然后是确定盟军最高统帅的人选。丘吉尔本来要任命英帝国总参谋长艾伦·布鲁克，但后来考虑到在整个战役中，美军人数将大大超过英军，因此建议罗斯福任命马歇尔为最高统帅。但美国海、空军参谋长都不赞成马歇尔离开美国参谋长联席会议，最后这个职位落到艾森豪威尔身上。德黑兰会议后不久，罗斯福正式任命艾森豪威尔为西北欧盟国远征军最高统帅。

艾森豪威尔1944年1月14日到达伦敦，着手建立他的司令部。经英美两国联合参谋长委员会商定，盟军副统帅是泰德（英），英军地面部队司令是蒙哥马利，美军地面部队司令是布莱德雷；海军总司令拉姆齐（英），空军总司令是利·马洛里（英），参谋长还是美将史密斯。

早在艾森豪威尔的司令部成立之前，英美早在1943年3月就在伦敦秘密地成立了一个参谋部，由英国中将摩根领导，负责研究和制定诺曼底登陆作战计划，筹集兵员和各种军用物资。到1944年6月6日登陆作战时，他们已在英国准备好了大量的军队、飞机和舰只等，计有陆军39个师，各类飞机13000多架，战列舰6艘，低舷重炮舰2艘，巡洋舰22艘，驱逐舰93艘，小型战斗舰艇159艘，扫雷艇255艘；各种类型的登陆舰艇1400多艘，连同运输舰只船舶共达6000多艘。总之，战斗员和基地、后勤人员合计，盟国陆海空三军官兵总数是287万多人，其中美军153万多人。

从1943年3月起，英美空军就对德国及其占领国实行"战略轰炸"，其目的是按照卡萨布兰卡会议的决定，摧毁和打乱德国军事、工业和经济体系，瓦解德国人民的士气，使其军事力量大大削弱。1943年，英美两国飞机对德国及其占领国投弹207600吨；1944年投弹915000吨。

盟军轰炸的首要目标是制造潜艇的船坞、飞机制造厂、滚珠轴承厂、炼油厂和其他军事工业。盟国飞机在对德国61座大城市的轰炸中，摧毁或严重破坏了360万幢房屋，使750万人无家可归。炸死约30万人，炸伤78万人。"战略轰炸"虽未达到预期的目的，但却严重影响到德国工业生产、军队部署和士气，例如导致很多工人不得不从生产战线上被调去做修复工作；从1943年起，差不多有200万人困守在高射炮的弹药库和炮位上，不能到前线去作战。在前线的官兵也因关心家人的生命和财产而惶惶不安。

1944年4月，艾森豪威尔对英美空军加以改组，统一指挥，使战略轰炸直接为登陆作准备。4、5月间，盟国空军对法国铁路、公路交通线和飞机场的轰炸更为猛烈，炸毁了火车机车1500台和大量德国飞机。结果，在盟军登陆前夕，法国基地上的德国飞机只有500架，并且其中一半由于缺乏零件、汽油和没受过训练的飞行员而不能上天，所以盟军完全取得了制空权。

制海权方面，盟军也具有极大的优势。英美海军在大西洋上的长期海战中，逐个击沉了德国的一些较大的战舰。例如，在1939~1942年，德国潜艇总共只损失158艘；而在1943~1945年则损失600艘。到盟军在诺曼底登陆时，德国在英吉利海峡和比斯开湾一带还有500艘水面舰艇和潜水艇。但除了5艘驱逐舰以外，水面舰艇大多为鱼雷艇、摩托鱼雷艇、扫雷艇和巡逻艇。此外有130艘大型远洋潜艇，但它们不适于在英吉利海峡那样的浅水区作战，因而无用武之地。这样的海军兵力根本不是盟国的对手。

为了迷惑德军，盟军最高统帅部大用疑兵之计。它集结了一支假舰队，发出大量电讯，造成假象，以造成盟军总司令部设在肯特的假象。以勇猛著称的美国将领乔治·巴顿也被特意安排在肯特街头闲逛，德国情报人员因此认定巴顿是盟军总司令。在进攻前夕，英国飞机又撒下大量的锡箔片，使德军从海岸雷达上看来，好像一支舰队正从第厄普向东驶去，开往加莱。

盟军实际选择的登陆地点是诺曼底海滩从东到西5个滩头——剑滩、朱诺滩、金滩、奥马哈滩、犹他滩，全长约80千米。根据艾森豪威尔和蒙哥马利修订后的计划，第一批进攻部队是5个师，每师占领1个滩头。为了保证登陆部队迅速占领滩头阵地，站稳脚跟，盟军又派出3个师在冈城东北和科汤坦半岛东部空降着陆，占领通往海滨的要道，阻击敌军。

史上最重要的天气预报

D日是美军常用军事术语，这种表示有两个意义，第一是表示作战时间尚未确定,第二表示行动计划高度保密。D日通常用来表示攻击日,历史上最著名的是诺曼底登陆的D日。

英美苏德黑兰会议原定于1944年5月发动"霸王"行动,但后来为确保拥有足够的登陆舰艇,英美联合参谋长委员会决定将登陆日期推迟到6月初,并且将原定同时在法国南部的登陆推迟到8月。

根据"霸王"计划,英美地面部队将在D日分别占领他们的滩头阵地,然后在D日后的第一天,将这两块滩头阵地连接起来,并在D日后第2天到第9天这段时间内向西北、西部和南部扩展,从而形成一个集结场,在那里增加力量,准备向巴黎和莱茵河突破。

为了实现这一目的,首先,英国军队必须守住卡昂附近的左侧翼,抵挡住德国装甲部队的反击;其次,位于中心的英美军队必须在内地占领所有足够远的高地,保护人造的桑葚海港免于德军炮火的直接袭击;再次右路的美国军队必须占领科唐坦半岛的基地,并继续前进到亚瑟港,这对盟军能够长期卸载部队和物资至关重要。

在海滩和内地要实现人员和供给的增加必须伴有完全的空中优势。盟国远征空军的利马洛里上将支配着3467架重型轰炸机,1645架中型、轻型和鱼雷轰炸机以及5409架战斗机。所有这些都将为进攻地区提供一把连续的空中保护伞,并向四周延伸阻断德军的陆地和空中行动。总之,计划设计得十分详细,没有给德军留下任何的机会。

本来确定具体的日期和时刻就是一个复杂的协同问题。各兵种根据自身特点提出各自的要求。陆军要求在高潮上陆,以减少部队暴露在海滩上的时间;海军要求在低潮时上陆,以便尽量减少登陆艇遭到障碍物的破坏;空军要求有月光,便于空降部队识别地面目标。最后经过综合考虑,拟定在高潮与低潮间登陆。D日安排在满月的日子。由于5个滩头的潮汐不尽相同,所以规定5个不同的登陆时刻。符合上述条件的登陆日期,在1944年6月中只有两组连续三天的日子,6月5日至7日和6月18日至20日。

然而,有一个因素盟军无法施加任何的控制,那就是天气。这导致D日一直难以确定下来。

5月8日,艾森豪威尔将D日定为6月5日,并将6月6日和6月7日作为合适的替换日。在5月剩下的日子里,南部英格兰和英吉利海峡一直处在美丽的夏日阳光照耀下,连微风都很少。这是进攻的理想天气。

在英国皇家空军上校斯塔格的领导下,一批英国和美国的气象员组成了盟国远征军最高统帅部气象委员会。5月29日,气象委员会对6月最初几天的天气情况做了一个长期预测,并对此持乐观态度。以气象委员会的预测为基础,D日战争机器被发动起来了。

所有英国士兵和车辆被从密封的营地移到了等待的战舰上。印有象征解放的白色五角星标记的坦克和卡车夹在160千米长的护卫队之间,隆隆驶向南部沿海港口。没人确切知道这些士兵要去哪里,甚至连这些士兵自己也不知道。但英国的每个人都意识到他们将迎来历史性的重要时刻。

然而,一个"意想不到的变化"出现了,给"霸王"笼罩了阴影。

6月3日晚上9点半,斯塔格上校在最高司令部和他的副官们举行的会议上描绘了一幅阴沉的气象图。斯塔格说,长时期的稳定天气将因亚速尔群岛上空的高压带出现紊乱。"一连串的三个低压带正慢慢地从苏格兰穿过大西洋,向纽芬兰岛移动",这将导致直到6月7日英吉利海峡都会有强风出现,而且伴有覆盖率达100%,低度为150~300米的云层。

在这样的天气状况下,无论是海上炮轰还是空中袭击都无法进行。艾森豪威尔决定将决议延迟到第二天也就是6月4日星期天早上4点15分,但与此同时下令航程最远的小型舰队开航。

接下来的24小时里,艾森豪威尔的精神一直很紧张。星期天早上4点15分,指挥官们再次进行会晤。房间内的紧张气氛更加强烈了。斯塔格进一步确认了他先前的预测。海军上将拉姆齐主张按照计划进攻。蒙哥马利将军的观点类似。但利·马洛里上将说他的轰炸机不能在预测中的厚重云层里作战。

艾森豪威尔将军认为,既然盟国的地面部队与德国的地面部队相比不占绝对优势,"霸王"行动就一定要靠制空权支持,所以盟军不能冒险推进"霸王"行动。因此,艾森豪威尔又将D日向后推迟了一天。

当6月4日晚上9点30分指挥官们再次进行会晤的时候,天空在下着雨,一片阴暗,大风仍在猛烈地吹着。指挥官们严肃地盯着斯塔格,他们知道进攻行动不能再推迟了。因为海潮很快就将达到最低点,而部队也不能再继续被困在登陆艇的甲板上了。推迟登陆对盟军是十分危险的。盟军总部为此忧心忡忡,对气象总部寄予厚望,祈求着天气的好转。

斯塔格上校整天埋头专心于一大堆复杂的气象资料中,仔细地寻找、分析和推断,以求绝处逢生。6月4日上午,气象图上突然发现了一个意想不到的情况,有一股冷气流正在向英吉利海峡移动,可能在下午或夜间通过朴茨茅斯。同时，大西洋上的低气压云团已越来越沉重，降慢了向英格兰移动的速度。斯塔格上校很快得出推论：从冷气流通过到低气压云团来临之前这段时间，英吉利海峡的天气将好转；这一天很可能是6月6日。

这是一个风险很大的预报，经过气象专家们的反复分析和论证后，当晚9时30分，斯塔格上校向盟军总部会议报告说，从5日的下午到6日的上午天气将转好，风力会减弱，云层将减薄，可以保证头两批登陆部队在6日的拂晓和黄昏登上诺曼底海滩。6日中午以后，天气又将转阴或雨。

听到这个报告，将军们脸上的乌云一扫而光，唯有艾森豪威尔将军不露声色。他要求气象总部进一步分析确定，做到预报万无一失。

6月5日凌晨，斯塔格上校再次向盟军总部报告：6日的大部分时间有利于登陆，6日以后的天气虽将转阴或雨，但不会威胁登陆行动的完成。艾森豪威尔将军终于下定决心抓住这一天赐良机，他做出了自己一生中最重大的、也是对人类命运至关重要的决定：6月6日登陆！这个历史性的决定以"翠鸟加五最后确认无疑"的代号，发往各个部队。

艰难的登陆战

史上最长的一日开始了。

1944年6月6日凌晨，美英盟军的2395架运输机和847架滑翔机，从英国20个机场起飞，上面载着3个空降师。飞机群向南疾飞，到法国诺曼底海岸后边的重要地区后伞兵空降着陆。黎明时分，英国皇家空军出动1136架飞机，对勒阿佛尔和瑟堡之间事先选定的10个德军海岸炮垒猛烈轰炸。天亮后，美国第8航空队的轰炸机开始出击，1083架飞机对德军海岸防御工事投下1763吨炸弹，此时距部队登陆还有半小时。之后，盟军各类飞机同时出击，将炸弹倾泻到敌人的海岸目标和内陆的炮兵阵地。5时50分，太阳初升，盟国海军战舰开始猛轰沿海敌军阵地。霎时间，漫天炮火，地动山摇，德国士兵一个个龟缩在钢筋混凝土的掩体里。

首先是运输舰把进攻部队分别送到距岸17千米（美军登陆区）和11千米（英军登陆区）的海面，然后"换乘"大型登陆艇和小型登陆艇。小艇是攻击艇，每艇载30人，并排前进按时抵达攻击滩头。紧随其后的是运载重武器、大炮、坦克和工程设备的大型登陆艇。登陆艇上还分别安装着大炮、迫击炮和火箭炮，靠岸时就直接向敌人的海岸防御工事进行射击。此外还有两栖坦克，它们一游上海岸就能直接投入战斗。最后是登陆船，直接开到岸边，卸下人员、装备和供应品。

6日早晨6时30分，美军开始在奥马哈和犹他滩头登陆。

在犹他滩，盟军实际登陆的地点，比预定地往东偏了1.6千米，但德军在登陆点部署的兵力并不多。攻击行动展开后，盟军部队仅用3小时就跨越了滩头，掌控了沿海的公路。当天中午之前，登陆部队与5小时前空降于敌后的部队碰头。到了当天午夜，盟军已向内陆推进了6.5千米。在所有登陆作战中，犹他滩登陆是伤亡人数最少的一场战役，2.3万名官兵中，仅伤亡197人。

在奥马哈滩，美军的进攻就没那么顺利了，事实上它是诺曼底登陆战役中战斗最为激烈的海滩。大浪、晨雾、烟尘和侧面的气流使部队还未登陆就精疲力竭，负载沉重的士兵跌跌撞撞地走下船来，随即遭到猛烈炮火的袭击。霎时间，阵亡的和负伤的战士，横七竖八地布满了海滩。下一批进攻的部队遭到了同样的命运。在这关键时刻，美军两个突击营用绳梯爬上了海岸上的悬崖峭壁，夺取了敌人的海岸大炮，摧毁了1座炮台。但敌军的其余火力点仍猛烈射击，把美军阻挡在海滩上。美军第1步兵师师长许布纳当机立断，命令驱逐舰冒着有可能误伤自己人的危险，向德军炮群和火力点进行近距离的射击。驱逐舰果然威力巨大，德军士兵举着双手从工事里走了出来。美第1师官兵经过浴血奋战，终于占领了一条纵深不到3千米的滩头阵地。到6日夜晚，陆续有3.4万名美军上了岸。

英国军队于7时20分开始登陆。

在金滩，英军第50师开始时遇到一些困难，但在皇家海军艾杰克斯号的强力炮火袭击下，逐渐摧毁了德军的抵抗。到傍晚时已有2.5万名盟军顺利登陆，并进入内地大约8千米。

在朱诺滩，加拿大第3师遇到了顽强的抵抗，但在肃清了滩头敌军之后，他们迅猛推进，进展最大，当晚就到达卡昂—贝叶公路。

在剑滩上，英国第3师也遇到了激烈的抵抗，但到傍晚时，他们成功与第6空降师会合了。

到了6月6日傍晚，盟军已在欧洲大陆建立了牢固的登陆场。伤亡人数少于预计。到6日夜晚，将近10个师的部队连同坦克、大炮和其他武器已经上岸了，后续部队源源不断地赶来，盟军对德国守军的优势不断扩大。

6月5日的恶劣天气，使西线德军大部分将领都认为盟军不会在这时进攻，所以防守变得懈怠。6日凌晨2点左右，巴黎的龙德施泰特总司令部接到报告，说有大规模的英美空降部队着陆。但龙德施泰特却判断，空降伞兵只不过是一种声东击西的手法，盟军的主要登陆地点应该在加莱附近。

未过多久，西线德国海军部队向总司令部报告说，海岸雷达站的荧光屏上出现大量的黑点，应该是一支庞大的舰队正向诺曼底海岸开来。西线总司令的参谋长却回答："什么，在这样的天气里？一定是你们的技术员弄错了。不会是一群海鸥吧？"

当西线德军终于反应过来盟军正在进行大规模登陆时，他们请求希特勒批准出动2个装甲师去对付盟军空降部队。希特勒却命令，在白天侦察弄清形势之前，禁止动用这支战略预备队。希特勒认为这只是牵制性的佯攻。

此时，一向主张在海岸滩头击败登陆盟军的隆美尔，正在德国为爱妻露茜过生日。6日上午10时15分，隆美尔接到参谋长斯派达尔的电话，请他立即赶回指挥部。隆美尔听了电话之后"为之愕然，震惊不已"，然后毫无表情地自言自语道："我太愚蠢了！我太愚蠢了！"站在他身边的露茜发现他已完全判若两人。

6月7日，希特勒将西线装甲集群的5个装甲师交给隆美尔指挥，隆美尔决心凭借这支精锐部队大举反击，但面对严峻局势，他不得不把反击目标首先定为阻止盟军将5个登陆滩头连成完整的大登陆场，其次再确保卡昂和瑟堡。可惜这支装甲部队在盟军海空军的绝对优势火力下，根本无法成建制投入作战，无力发动决定性的大规模反击。

美英加的后续部队源源而来，登陆场逐渐扩大，补给物资不断增加。在战役的最初6天里，有326547人、54186辆军车和104428吨物资通过海滩运到岸上。到6月12日，几个滩头已连接成一条阵线。

然而跟预期相比，盟军的进展仍然显得缓慢。按原计划规定，卡昂是登陆第一天夺取的目标，但一直久攻不下。从6月6日到7月5日的1个月里，盟军实力与日俱增，各种车辆已达17.7万辆，登陆部队超过了100万人。尽管希特勒一直无法集结大规模的兵力来进行反击，隆美尔方面投入战斗的兵力还不到盟军的一半，但在一个月里盟军始终在海滨徘徊，在卡昂和圣洛一线只前进了30千米。

根据7月5日艾森豪威尔向马歇尔的报告，盟军进展不顺的原因主要有三个：一是德国士兵的战斗素质；二是自然条件不利，沼泽遍布，道路狭窄，灌木篱笆丛中隐藏着敌人的火力点，不易突破；三是天气多雨，空军不能最大限度地发挥作用。

刺杀希特勒

7月17日一大早,隆美尔像往常一样驱车到前线巡视。回司令部途中,突然发现有两架低空飞行的"飓风"式飞机向他们俯冲过来。司机加速向前面一片小树林驶去,但还没等下公路,飞机就开火了。汽车被掀翻,隆美尔受严重脑震荡,被送进医院。隆美尔负伤退出战斗,但德国人一直加以保密。

盟军在西线的推进依然不顺,蒙哥马利组织了"古德伍德"行动,但部队只前进了11千米。有人揶揄说:"7000吨炸弹换来的只是11千米!"蒙哥马利受到广泛的批评。更不能让人接受的是,战役头6周的伤亡数字表明,美军损失达6万多人,而英军损失只有3万多,相差近一倍。这说明英军不卖力,而让美军去卖命。罗斯福按捺不住了,向马歇尔抱怨蒙哥马利不积极行动,并派陆军部长史汀生赴英敦促艾森豪威尔尽快过海接掌指挥权。

恰在这个当口,从柏林发出的无线电波里,传出一件令全世界为之震惊的消息——有人刺杀希特勒!

行刺发生在7月20日中午。这天晚上9点过后,德国广播电台每隔几分钟就预告一次元首将在深夜发表广播演说。凌晨1点,希特勒那独特的嗓音传遍全世界:

我的德国同志们!

我今天对你们讲话,第一是让你们听到我的声音,知道我安然无恙;第二是为了使你们了解在德国历史上从未有过的一次罪行。

一小撮野心勃勃、不负责任同时又愚蠢无知的军官合谋杀害我,以及与我在一起的武装力量最高统帅部的将领。

冯·施道芬堡伯爵上校放置的炸弹在离我右边两米的地方爆炸,它使一些与我精诚合作的同事受了重伤,其中一人已经去世。我本人只受了一点轻微的擦伤、碰伤和烧伤。

我把这看作上天降大任于我的一个证明!

因此,我现在命令,任何军事当局、任何指挥官和士兵都不得服从这个阴谋集团发出的任何命令。我同时命令,人人都有责任逮捕任何发布或持有这些命令的人,如遇反抗,可就地处决!这一次,我们将用我们民社党人习惯的方式来同他们算账。

施道芬堡是谁

克劳斯·冯·施道芬堡伯爵1907年出生在德国南部的著名世家。他的外曾祖父是抵抗拿破仑时期的军事英雄,母系这方也是名将的后裔。他父亲曾做过伍尔登堡末代国王的枢密大臣。母亲是著名的女伯爵。

1938年,施道芬堡31岁,他被选拔进总参谋部任职,正是在这一年,纳粹的排犹主义使他第一次对希特勒产生了怀疑。之后,怀疑便与日俱增。大战爆发后,他作为参谋军官到过波兰、法国和苏联,目睹了党卫队的大屠杀、阴森可怖的集中营,这些使他对第三帝国的幻想彻底破灭了。

1943年施道芬堡加入了一个反对希特勒的密谋组织——"黑色乐队"。这个集团有许多知名人士,其中有原陆军总参谋长贝克、前莱比锡市长戈台勒。而这个组织的领导者,就是德高望重的贝克将军。很快,施道芬堡便以其勃勃的生气、清楚的头脑、宽广的思路、杰出的才干,赢得了大多数密谋分子的拥护和信赖,成为"黑色乐队"的核心人物。

盟军在法国成功登陆后,施道芬堡开始犹豫是否还有必要除掉希特勒,毕竟随着盟军和苏军的节节胜利,德国的败局已经注定。最后,这个组织的其他人主张继续行动,理由是除掉希特勒可以尽早结束战争。而且在西线停战后,还可以防止俄国人打进德国。施道芬堡顿开茅塞,立即着手准备刺杀行动。但从何下手?由谁下手?

机会终于来了。1944年7月19日,施道芬堡接到最高统帅部命令,要他次日下午一点到"狼穴"向希特勒报告关于编组新的"人民步兵师"的进展情况。

这是一次上天赐予的良机,施道芬堡和他的伙伴兴奋不已。贝克立即召集成员开会,坚定地表示:"胜败在此一举!"他向施道芬堡交代说:"成功后迅速飞回柏林,占领柏林的行动要靠你来指挥。"施道芬堡信心满满,表示没有问题。

7月20日,施道芬堡进入"狼穴"后,先去找另一名密谋分子统帅部通讯主任菲尔基贝尔将军,约好炸弹一响,立即切断"狼穴"的所有电话、电报和无线电通讯,使它同外界特别是柏林完全隔绝。

然后,施道芬堡来到凯特尔的办公室,故意把帽子和皮带留在外面的会客室。凯特尔告诉他,由于元首要接待来访的墨索里尼,所以会议从1点提前到12点半,而且改在地面上的木结构会议室举行。

快到12点半的时候,凯特尔和施道芬堡离开房间去会议室。刚出屋没几步，施道芬堡说他把帽子和皮带忘在会客室了，要凯特尔稍等片刻，便转身回到屋里。在会客室，他迅速打开皮包，用一把小夹子启动炸弹上的引爆装置——玻璃管，让里面的药水流出来。药水将在10分钟后把一根很细的金属丝腐蚀掉，然后撞针就会弹出来击发雷管。

他刚把这件事情做完，就听到凯特尔在外面催他了，于是抓起帽子和皮带奔出房间。4分钟后，两人走进会议室，会议已经开始。希特勒背对门坐着，正在听陆军副总参谋长豪辛格作东线形势汇报，并不时用放大镜看地图。进屋后，凯特尔走向希特勒左边的座位，施道芬堡则走到右边距希特勒不到两米的位置，中间隔两个人。他把皮包放在厚实的桌子底座内侧，然后用脚将皮包悄悄推进希特勒，然后就偷偷溜了出去，此时离爆炸只剩下1分钟了。

豪辛格将军关于东线战况的汇报将要结束时，时针指向12点42分，他忧心忡忡地说："如果我们在贝帕斯湖周围的集团军不立即撤退，一切灾难……"正在这时，只听"轰"的一声，会议室剧烈抖动了一下。此时施道芬堡正站在离爆炸点200码的地方。看到会议室里烟火升腾，碎片翻飞，他兴奋地以为希特勒必死无疑，便转身匆忙离开"狼穴"，回柏林发动他的政变去了。

然而希特勒并没有死，甚至连重伤也没负。原来施道芬堡放的皮包附近站着一位名叫勃兰特的上校军官，他觉得皮包碍脚，便把它拿到桌子底座的外侧。勃兰特下意识的举动，救了希特勒一命。炸弹炸死了几个德国军官，希特勒本人只受了一点轻伤。

刺杀失败后，希特勒迅速展开镇压活动。党卫队出动了，施道芬堡、贝克、奥尔布里希特等人被逮捕并就地处决。随之而来的是一场空前彻底和残酷的大搜捕，被怀疑与密谋有牵连的人都被逮捕、审判、处决，光被处死的就有4980人，另外还有成千上万的人被投入集中营。

死者中，有一些是自杀的，其中最引人注目的当属隆美尔了。"7·20事件"的密谋者曾多次与隆美尔接触，而隆美尔这时也开始设想联合英美反苏的计划，与希特勒的矛盾不断激化。8月12日，密谋刺杀希特勒的重要成员戈台勒被捕，从他箱子里搜出来的有关文件上有隆美尔的名字。另外一名参与这个组织的成员霍法克也向希特勒的秘密警察证实：隆美尔曾让起义的人相信，如果阴谋得逞，他可以算一份。9月末，希特勒最信任的心腹马丁·博尔曼在从元首大本营发出的一份印有"帝国秘密事务"字样的呈文中报告，隆美尔曾说"暗杀成功后他将领导新政府"。这些文件让希特勒对最喜欢的隆美尔将军作出了死刑判决。

10月14日，希特勒派人送毒药给隆美尔，并传达了希特勒的允诺：如果服毒自尽，将对他的叛逆罪严加保密，并为他举行国葬，其亲属可领取陆军元帅的全部抚恤金；否则将受法庭审判。隆美尔选择了前者。希特勒果然下令为隆美尔举行国葬，陆军元老龙德施泰特元帅致悼词，希特勒为其送葬。希特勒甚至专程给隆美尔的妻子露茜发去了电报："您丈夫的逝世给您带来了重大的损失，请接受我最真挚的吊唁。隆美尔元帅的英名，与他在北非的英勇战绩一样，都将永垂不朽！"

"眼镜蛇"行动

盟军一直困在诺曼底周围的狭小地带，施展不开。在登陆8周之后，美军决定发动大规模攻势，打开局面，这次行动的代号就是"眼镜蛇"。

7月12日，布莱德雷向他的下属指挥官简介他的眼镜蛇计划，该计划包括3个阶段。主攻部队将由柯林斯的第7军指挥。第1阶段，将由埃迪少将的第9和霍布斯少将的第30步兵师实施突破攻击，在德国的战术区打开一个缺口，然后按住两侧进行渗透，同时许布纳少将的第1步兵和布鲁克斯少将的第2装甲师将深入防线，直到抵抗崩溃。在第2阶段，5~6个师突击部队，将通过在德军防线和西翼的缺口。如果这2个阶段是成功的，德军在西部的防线将变得不可收拾，第3阶段将容许盟军相对容易地推进到灌丛的西南端，切断及攻占布列塔尼半岛。

由于恶劣天气影响而数次推迟后，眼镜蛇行动于7月25日展开。首先是大约3000架美军飞机，对敌人一个长约11千米、宽约3千米的阵地投弹4000吨。这场可怕的轰炸结束时，呈现在眼前的是一片陌生的土地：村庄没有了，道路不见了，山头削平了，沟渠填满了——地图也失去了作用。

接着，美第1集团军派出6个师发起强攻，在敌人防线上打开了一个缺口。布莱德雷迅速扩大战果，把第1集团军的4个军全部投入战斗，第7和第8军不到1周就前进了50千米，占领了阿佛朗什，迫使德军向东南方向退缩。美国人以排山倒海之势汇成一股橄榄绿色的巨大洪流，奔腾向前，追赶着狼狈后撤的德国人，其进展如此神速，以致布莱德雷不得不靠飞行员报告哪里又升起了红、白、蓝法国国旗，才知道部队已经打到哪里。

这时希特勒和他的最高统帅部终于认识到，诺曼底战役是盟军的主要战略行动，慌忙把部署在加莱地区的第15集团军紧急调往诺曼底阵线，但为时已晚，加上交通不便，行动缓慢，收效甚微。

8月1日，美将巴顿指挥的第3集团军从阿佛朗什出击，投入战斗。

巴顿是在7月初的一天，接到了期待已久的命令，要他7月6日到法国去建立他的司令部，但要保密，不能让德国人知道。巴顿来到前线之后，很快发现自己是个多余的人。他一直被调在"待命"状态。7月12日，布莱德雷把"眼镜蛇"计划的内容透露给他，而他则想起自己曾把类似的想法告诉过布莱德雷。

听说希特勒遇刺的消息后，巴顿很着急，生怕战争会突然停止。他向布莱德雷恳求说："看在上帝的份儿上，你得在战争结束前让我投入战斗。"这时巴顿终于派上了用场。巴顿的坦克部队兵分三路：一路向西，8月6日切断了布列塔尼半岛上的德军阵线；另一路向东南挺进，8月8日攻下勒芒，然后挥师北上。8月13日美军和法国第2装甲师（这支部队由雅克·勒克莱尔将军指挥）进抵阿尔让唐外围，对德军诺曼底阵线南翼进行扫荡；第三路挥戈东进，8月17日直取奥尔良，18日攻下夏特勒。

在美军辉煌胜利的刺激下，蒙哥马利也积极行动起来。英、加和波兰军队从卡昂南下，向法莱斯推进，准备包围德军。8月16日，加、波军队占领了法莱斯。19日，这个钳形攻势完成，形成了阿尔让唐—法莱斯的口袋，包围德军8个步兵师和2个装甲师，结果俘敌5万人，毙敌约1万人。战斗十分惨烈，后来艾森豪威尔回忆说："在这个包围圈封闭后的48小时，有人领我步行通过这个地区，那里的景象只有但丁才能形容。你完全可以在死尸和烂肉堆上一气走几百米而踩不着别的东西。"

溃退的德军向塞纳河方向狼狈逃窜，德军西线总司令冯·克鲁格被撤职，克鲁格在回国途中由于担心希特勒把诺曼底的失败归罪于他，而服毒自杀了。

僵持局面终于打开了。美军史诗般地冲出了厮杀近两个月的诺曼底，大踏步地向法国心脏地区挺进，其速度之快，德军连炸桥的时间都没有。7月31日，美军已站在通向布列塔尼和法国中部的大门口。艾森豪威尔向马歇尔报告说，"巴黎的塞纳河已唾手可得"。

巴黎解放

盟军在"眼镜蛇"行动后势如破竹，希特勒为此焦头烂额，但他的倒霉事还不止于此。8月15日，酝酿已久的"龙骑兵"行动终于在法国南部展开。盟军50万人马在美国第7集团军司令帕奇中将的指挥下，在普罗旺斯地区顺利登陆，直奔土伦和马赛。德守军第19集团军的精锐部队早被调往诺曼底战场，已处于绝对劣势，面对盟军强大攻势纷纷溃败。

而8月15日这天最开心的应该是巴顿了。晚上听着广播,巴顿突然从椅子上跳起来,奔出屋外,向参谋们大声喊道:"我刚从广播里听说,我正在法国指挥第3集团军!"

原来,为了让德国人相信巴顿一直在英国准备在加莱海峡登陆,艾森豪威尔对巴顿已在法国指挥作战一事进行保密。这样,尽管巴顿驰骋疆场、所向披靡、攻城略地、节节胜利,但战报中就是不提他的名字,也不提他的第3集团军。然而熟悉巴顿作战风格的德国人,看到一支部队在向布雷斯特、昂热、勒芒、奥尔良、阿尔让唐进攻,很快就断定是巴顿在指挥。即使远在美国的巴顿夫人,也能轻易在地图上标出她丈夫的方位,并在心中默默地把巴顿的名字填到公报上。

德国人还从被俘的人员及截获的文件中确认了他们的对手正是巴顿,并用多种语言向全世界公布了这一消息。对于巴顿,德国人比美国人了解得还清楚。但艾森豪威尔还是继续对外保密。

巴顿对此十分不甘。这不仅是个人荣誉问题,而且会影响到第3集团军的士气。他的部队像他一样需要荣誉来激励,他要使他们成为整个远征军中"最翘尾巴的小伙子"。但"该死的保密"把第3集团军的胜利掩盖起来了,还"怎么可能使它保持高昂的士气呢"?第3集团军的官兵们也有不满情绪,他们指责最高统帅部是在妒忌他们的首长,剥夺他们的功绩。官兵的敌对情绪甚至妨碍了战争的顺利进行,以致马歇尔将军后来不得不派一名助手来欧洲调查。

美国国内的巴顿崇拜者们,也开始为他鸣不平。美国的一家报纸发表了一篇社论,公开把这个问题提出来,指责统帅部既要借助巴顿,却又不给他应得的荣誉。被逼无奈之下,艾森豪威尔只好举行了一个记者招待会,宣布巴顿将军正在法国指挥第3集团军作战。

这一宣布不要紧,记者们很快就从各地飞奔巴顿的指挥所,使他应接不暇。一时间,巴顿的名字垄断了报纸、电台的头条新闻,巴顿自己形容,他再次成了"公共财产"。这是他乐意的事,更让他兴奋的是,在舆论的推动下,国会宣布授予他永久性少将军衔,比布莱德利还早两周。

20日以后,盟军全线追击,向塞纳河高速挺进。盟军势如破竹,呈现在面前的是平坦宽阔的公路,青葱翠绿的一望平川。巴顿属下的法国第2装甲师师长勒克莱尔重回祖国,不禁感慨万千。1942年底,勒克莱尔从中非乍得湖畔率领一旅法军北上,行军39天,1943年2月初到达突尼斯,后来参加了盟军围歼北非德意残军的战斗。诺曼底登陆时,经艾森豪威尔和戴高乐商定，勒克莱尔率领法国第2装甲师开赴英国，参加诺曼底战斗。他感慨道，这似乎是1940年战局的重演，不过胜负双方颠倒了过来。这次是德国人在出其不意的攻击下，乱作一团，溃不成军。

巴顿的部队先后在巴黎西北的芒特、巴黎以南的默伦和枫丹白露、巴黎东南的特鲁瓦渡过塞纳河，把河西的残余德军压向狭窄的下游地区。随后，英国和加拿大军队从西面赶来，参与对挤在河岸上的逃敌的围歼。这次围歼中，盟国空军再次发挥了威力，向等待过河的德军头上扔下了无数吨的炸弹。莫德尔这位刚上任10天的德国西线总司令，带着几万败兵，仓皇逃去。

8月25日法国首都巴黎解放了。这比艾森豪威尔的计划要提前得多。他对进攻巴黎这样的大城市不感兴趣，他只想更快、更多地消灭敌人，更早向德国境内推进。另外，艾森豪威尔担心残酷攻坚战会毁坏这个欧洲文明的摇篮。他决定绕过巴黎。然而，就在巴顿的部队占领芒特那天，长期处于纳粹暴政统治下的巴黎人民举行了起义。

艾森豪威尔面临的局势顿时复杂了。如果命令部队援助起义，德国人很可能一怒之下狗急跳墙，将这座古都变成一座废墟。这种危险并非没有，德国守军已奉希特勒之命在桥梁、名胜古迹、重要建筑物、各要害部门安放好了炸药。但若不援助起义，巴黎人民便有可能遭到纳粹"最广泛的血腥报复"。盟军此时已站在巴黎大门口，见死不救怎么也说不过去。事实上，盟军登陆法国后，得到法国人民的大力支援，辉煌战果的背后也有他们的一份力量。

这个时候，戴高乐将军不失时机地返回法国，他问艾森豪威尔，为什么不进攻巴黎。艾森豪威尔答以"攻打巴黎会造成严重破坏和居民伤亡"。戴高乐说："但巴黎人民已经起事，再不进攻就没有道理了。"艾森豪威尔："是啊，他们动手太早了。"

第二天，戴高乐又催促艾森豪威尔尽快进军巴黎。这时，巴黎起义领导人传出消息说，德军已与他们达成暂时停火，撤到东城区，如盟军不赶快进城，德军很可能会再杀回来。艾森豪威尔无可奈何地说："现在看来，我们好像不得不进入巴黎了。"于是按照事先与戴高乐达成的协议，命令勒克莱尔的法国第2装甲师火速从阿尔让唐进军巴黎。

1944年8月25日，法国第2装甲师从巴黎的南门和西门进入城市。当天下午，根据艾森豪威尔的命令，法国的勒克莱尔将军光荣地接受了德军的投降。

不久，戴高乐也驱车进入巴黎。他来到市政厅，向下面欢呼的人群伸开双臂高呼:"法兰西共和国万岁!"戴高乐之前曾要求艾森豪威尔借给他两个师,"以显示威力和巩固他的地位"。艾森豪威尔没有同意,但同意了让戴高乐由布德雷陪同,检阅两个路过巴黎开往前线的美国师。巴黎居民万人空巷,热烈欢迎戴高乐这位法兰西民族英雄。

巴黎的解放成为诺曼底战役结束的标志。

四、苏军大反攻

解放列宁格勒

1944年初,世界战争局势逐渐明朗,同盟国形势越来越好。苏联、美国、英国三个大国无论在军事上还是在经济上的实力都在迅猛增长,大大超过了德国和日本。

实际上,早在1943年,这三个主要同盟国生产的飞机就已经比轴心国多出了2.5倍,坦克和自行火炮多出了5倍,火炮和迫击炮多出了3.6倍。苏联、美国和英国三国的武装部队的总人数超过德国和日本将近1倍。

从这个对比来看,战略的主动权已经掌握在同盟国手中,他们已经具备了发动大规模进攻战役的一切条件。不过德国和日本的实力也不可低估。以德国为例,1943年它利用本国和被占领国的资源,生产了2.5万架飞机,10万多辆坦克和强击火炮。到1943年12月1日为止,德军总人数为1016.9万人。陆军709万人,空军191.9万人,海军72.6人。其中作战部队为668.2万人,后备军为348.7万人。那个时候,希特勒几乎占领了整个欧洲,不过他的重点仍然是苏联。

苏联的武装部队也非常强大,至1944年1月1日,苏联不含内地各军区的军队人数已经达到856.2万人。陆军733.7万人,空军53.6万人,海军39.1万人,国土防空军29.8万人。其中作战部队为635.4万人,最高统帅部预备队约为48.8万人。除了这些,苏军在远东、后贝加尔和南高加索还驻有大量部队。

1943年12月中旬,根据敌我力量的消长和苏德战场上的变化,苏共中央政治局、国防委员会和大本营召开了联席会议,对国内经济、军事、政治形势展开了深入的讨论,对双方力量对比和战争前景进行了细致的分析。最后得出结论:苏军在兵力兵器及经济方面都已经超过了敌人,可以在整个战略正面连续地准备和实施一系列大规模战役。

1944年初,苏军冬春战役的目标是粉碎苏德战线两个战略侧翼的敌军,解放仍被敌人占领的大片国土。苏军把重点放在了解放第聂伯河西岸的乌克兰和克里米亚上，以便春季能在这一带推进到国境线。在北面的重点是，彻底解除德军对列宁格勒的封锁，将敌军逐出列宁格勒州。

因此，从1944年1月14日起，列宁格勒方面军、沃尔霍夫方面军、波罗的海第2方面军和波罗的海红旗舰队，在列宁格勒州3.5万名游击队员的配合下，先后对德国第18和16集团军发动进攻。这一战役击毙德军官兵9万人，俘敌7200人，彻底解除了对列宁格勒的封锁。苏军解放了列宁格勒州，为以后解放波罗的海沿岸3个共和国创造了条件。

在南部，苏军进攻的重点是第聂伯河西岸的乌克兰。这里是富饶的工业区和粮仓。希特勒一再强调说，如果守不住东线阵地，到万不得已时，只能考虑撤退北翼的德军，但决不能放弃南翼。所以，希特勒将91个师的精锐重兵镇守在了这一地带。总兵力176万人，拥有火炮和迫击炮16800门，坦克和强击火炮2200辆，作战飞机1460架。

为了打垮这股强大的敌军，苏军最高统帅部也集中了优势兵力，派出了223万兵力，共有162个步兵师、12个骑兵师、43个航空兵师、19个坦克军和机械化军以及11个坦克旅。配备的武器包括火炮和迫击炮28654门，坦克和自行火炮2015辆，作战飞机2600架。

无论是兵力还是兵器，苏军都占据了绝对的优势。为了让几个方面军能协同作战，增强克敌制胜的效果，苏军最高统帅部又派朱可夫元帅亲自负责协调乌克兰第1和第2方面军的作战指挥，华西列夫斯基元帅负责协调乌克兰第3和第4方面军的作战指挥。

苏军攻势迅猛，重创敌人坦克第4和第1集团军，迫使他们向西和西南后退80~200千米。仅在1943年12月24日至1944年1月6日这两周中，苏军就击毙德军官兵72500名，俘敌官兵4468名。

据当时担任机械化旅旅长的巴巴贾尼扬上校回忆追击敌人的途中："在切尔诺鲁兹卡附近，我让我乘坐的坦克停下来，因为有大批的德军俘虏挡住了道路。我注意一看，简直使我目瞪口呆，原来这支约300人的纵队只有我们一名战士在押送。我命令纵队停住，一名十分年轻的冲锋枪手来到我跟前，清晰地报告说：'红军战士皮加列夫押送战俘273人！''就您一个人，不怕这么一群人跑掉吗？''往哪里跑，上校同志，'士兵笑了，'现在他们可老实多了……'确实，现在条件不同了。"

1944年1月5日，乌克兰第2方面军发起基洛夫格勒战役。至1月10日，向西推进了50千米，迅速解放了乌克兰重要交通枢纽和中心城市基洛夫格勒。但是由于德军迅速调来强大的坦克部队进行反击，苏军攻势受阻。

1月10日至11日，乌克兰第3和第4方面军对尼科波尔、克里沃罗格地域的德国第6集团军发起进攻。不过由于兵力不足，未能取得重大战果，不得不暂时停止进攻。

名将瓦杜丁之死

为了对德军实施新的突击，苏军最高统帅部给各个方面军都补充了人员、技术兵器和运输车辆。

1月底，遵照大本营的指示，4个方面军准备实施3个进攻战役，分别是：乌克兰第1方面军左翼和第2方面军实施科尔松—舍甫琴柯夫斯基战役；乌克兰第1方面军右翼实施罗夫诺—卢茨克战役；乌克兰第3和第4方面军实施尼科波尔—克里沃罗格战役。

1月24日，乌克兰第2方面军开始实施科尔松－舍甫琴柯夫斯基战役。两天以后，乌克兰第1方面军也转入进攻。

当时参战的苏军共有27个步兵师，4个坦克军，1个机械化军和1个骑兵军。而德国守军共有9个步兵师、1个坦克师和1个摩托化旅。虽然还有大量增援兵力，但是从总体上看苏军在兵员和兵器方面都占据着强大的优势。

苏军两个方面军的突击集团在突破敌人防御后，两面合击，迅猛前进。至1月28日，苏联两个方面军的突击集团在兹维尼哥罗德卡胜利会合，切断了德军的退路。大量德军陷入合围。

但是在离被合围的德军不远的地方，德国"南方"集团军群司令部拥有大量的坦克师。他们不仅打算去解围，还计划以坦克第1集团军从西面、第8集团军从南面两路实施突击，反包围突入兹维尼哥罗德卡地域的苏军。

1月28日，有3个坦克师和3个步兵师开始攻击攻苏军两翼。至2月11日，德军增至8个坦克师和6个步兵师，德军调来解围的兵力已超过被围的兵力。

德军统帅部相信，他们肯定能为被围的德国部队解围。德国坦克第1集团军司令胡贝还夸下海口，给被围德军发电报说："我来救你们。胡贝。"希特勒本人也对胡贝将军的强大坦克集团抱有很大的希望，他亲自给被围的德军司令施滕麦尔曼发电报说："可以像依靠石头墙一样依靠我。你们将从合围中解救出来。目前应坚持住。"

为了破灭德军的这一企图，朱可夫迅速将坦克第2集团军从预备队中调到危险地段上，对德军实施了最坚决的反突击。到了2月11日，被

-177-

压迫在合围圈中心地带（斯捷勃列夫、科尔松—舍甫琴柯夫斯基）的德国部队，供应来源几乎全被切断。就在这一天，"南方"集团军群也合围成功，对外发动了正面决定性的进攻。

德国坦克第1集团军以4个坦克师的兵力，从里齐诺以西地域向累襄卡实施突击。同时，德国第8集团军也以将近4个坦克师的兵力，从耶尔基向累襄卡发起进攻，而被围德军则冲向突破口接应。

苏军击退了德军从耶尔基发动的冲击，但是德军坦克第1集团军的部队攻入了累襄卡，被围的德军于2月11日夜里突围到慎迭罗夫卡。力图会合的这两个德军集团之间的距离，已缩小到10~12千米。

在万分紧急的情况下，朱可夫迅即命令苏军坦克第21集团军和近卫坦克第5集团军主力以及几个步兵师和反坦克炮兵师，火速增援上述突破地段，并命令苏军航空兵对累襄卡和慎迭罗夫卡实行大规模强有力的空袭。敌人损失惨重。

2月12日白天，外围德军被迫放弃了与被围德军会和的企图。被围德军陷入绝望。德国"南方"集团军群指挥部被迫准许他们丢弃汽车、重武器以及除坦克以外的一切技术兵器，用本身的力量向累襄卡方向突围。

2月16日夜间，陷入绝境的德国被围部队借助夜幕和暴风雪的掩护，分成三路纵队，一枪不发，悄悄地开始突围。不过苏军迅速做出了反应，以坦克、炮兵和夜航轰炸航空兵进行猛烈打击。德军四散奔逃，溃不成军。

2月17日整整一个上午，苏军以更猛烈的火力歼灭德军突围纵队，德军除了一小部分坦克和运载将军、军官和党卫军的装甲车得以突围之外，基本上全部被歼和被俘。科尔松—舍甫琴柯夫斯基战役远远超出了苏军最初预定的目标。

两个乌克兰方面军不仅围歼了威胁其侧翼的敌军重兵集团，拔除了卡涅夫突出部，而且重创敌人15个师，大大削弱了德军的力量。

为了庆祝乌克兰第1和第2方面军的胜利，苏联首都莫斯科以祖国的名义，鸣放礼炮20响。参战的部队都受到表扬。

然而，苏联名将瓦杜丁大将却在这次战役之后牺牲了。他不是死在德国侵略军的枪炮下，而是被苏联国内的一群匪徒所杀害。

据苏联元帅朱可夫回忆：2月28日，他到乌克兰第1方面军司令部去找瓦杜丁再次讨论当前战役的问题的时候，瓦杜丁对朱可夫说："我想到第60和第13集团军去，检查一下那里与航空兵协同的问题是如何解决的，以及在战役发起前能否完成物资技术保障的准备。"朱可夫建议他派副司令员去，但瓦杜丁坚持要自己去。

2月29日，瓦杜丁在离开第13集团军司令部前往第60集团军的时候，看到了一群人，大约250~300人，同时听到在这群人中响起了零落的枪声。

瓦杜丁命令汽车停下来查明情况的时候，躲在农舍里的匪徒们突然朝汽车开枪，瓦杜丁的腿部中弹。由于只有前往戈夏村才能给他进行包扎，所以他在抢救的路途中失血过多，后来虽然苏联派出了最好的医生，但还是没能挽救瓦杜丁的生命。

4月5日，一代名将瓦杜丁闭上了双眼。莫斯科鸣放了20响礼炮，以哀悼祖国的忠诚儿子和颇有才能的统帅。

白俄罗斯战役

1月27日，苏军开始实施罗夫诺—卢茨克战役，这是一个规模不大的战役。苏军仅用3个集团军就基本上达到了战役目的。至2月11日，苏军先后解放了卢茨克、罗夫诺、马涅维契、谢佩托夫卡等城市，夺回了一些大的公路和铁路枢纽，从而改善了实施兵力机动的条件。

1月30日至2月29日，苏军又投入70.5万的兵力，以绝对优势在尼科波尔—克里沃罗格战役中击溃了德军12个师，拔除了尼科波尔登陆场，肃清了第聂伯河扎波罗热弯曲部的德军，并且彻底破灭了德军想恢复其与被围在克里米亚的第17集团军的陆上交通联系的希望。

3月11日，苏军最高统帅部给乌克兰4个方面军重新明确了任务和此后实施协同作战的程序：乌克兰第1方面军强渡德涅斯特河，向切尔诺夫策发展突击，以便占领该地并一直推进到苏联国境线；乌克兰第2方面军坚决地追击德军，不让德军在南布格河组织防御，攻占莫吉廖夫—波多尔斯基、德涅斯特一线，并夺取德涅斯特河上的渡口；乌克兰第3方面军在康斯坦丁诺夫卡、新敖德萨地段夺取南布格河上的渡口，不让敌人退往南布格河对岸；尔后，占领蒂拉斯波、敖德萨，并继续进攻，推进到普鲁特河和多瑙河北岸。

3月上旬，乌克兰第1、2、3方面军先后发动了进攻，旨在击溃德国"南方"集团军群和"A"集团军群的敌军，解放第聂伯河西岸的乌克兰土地，把德军赶出国境。

3月的乌克兰正是春季，雪融化得很厉害，道路泥泞不堪。在这种恶劣的天气下，红军指战员依然在两个月里，强渡了因古列茨河、南布格河、德涅斯特河和普鲁特河，向西和西南推进了250~450千米，到达罗马尼亚边境和喀尔巴阡山麓，把德军南方战线截成两段。

3月26日，乌克兰第2方面军部队在翁格内以北宽85千米的正面上进抵苏联国境线。莫斯科用几百门火炮鸣放礼炮，大放节日焰火，热烈庆祝这一重大事件。几乎与此同时，乌克兰第1方面军所辖第1坦克集团军的部队也进抵苏联—罗马尼亚边境。

尽管德军已被赶出乌克兰，但是希特勒依然命令盘踞在克里米亚的第17集团军死守到底。因为从军事上来说，占领克里米亚不仅能牵制苏军大量兵力，还能牵制黑海舰队的行动。从国际关系上讲，德国占领克里米亚可以对土耳其施加压力，使其不敢站到同盟国一边；可以把罗马尼亚和保加利亚控制在侵略集团之中。克里米亚具有重要的战略意义。

4月8日，乌克兰第4方面军从北面彼列科普地峡，独立海滨集团军从东面刻赤地域的登陆场，同时向半岛腹地发动进攻，到5月12日，彻底击溃了敌人。克里米亚战役以彻底粉碎德军第17集团军而告终。

在克里米亚战役正酣时，斯大林于4月22日又召集副统帅朱可夫、代理总参谋长安东诺夫、装甲坦克兵司令员费多连科、空军司令员诺维科夫等商讨夏季战局计划。他们分析了1944年在苏德战场上德军可能采取的行动以及将会遇到的困难，并预计盟军将于6月份以大批兵力在法国登陆，德军将不得不在两个战场上作战，其处境将更加艰难，最终将无力回天。朱可夫请求斯大林要特别注意德军的白俄罗斯集团，因为粉碎了这个集团，德军在其整个西部战略方向上的防御就垮台了。

白俄罗斯地处苏联的最西边。1941年希特勒发动侵苏战争时，白俄罗斯首当其冲。希特勒在白俄罗斯已经统治了3年，盘踞在白俄罗斯的德军是布施元帅指挥的"中央"集团军群，共有120万人，火炮和迫击炮9500门，坦克和强击火炮900辆，作战飞机1350架。

苏军攻打白俄罗斯的部队是4个方面军：波罗的海第1方面军和白俄罗斯第3方面军，由总参谋长华西列夫斯基元帅负责协调其作战行动；白俄罗斯第2和第1方面军，由副统帅朱可夫元帅负责协调。

这4个方面军共有240万人，36400门火炮和迫击炮，5200辆坦克和自行火炮，5300架飞机。

这次战役，苏军依然占据着绝对优势，这种优势是以前历次战役中所未有的。为了集中优势兵力合围并歼灭"中央"集团军群的基本兵力，担任主攻的白俄罗斯第3和第1方面军，集中了4个方面军总人数的65%，炮兵的63%，坦克的76%，飞机的73%。为了保障白俄罗斯战役的顺利实施，后勤部门给部队输送了约40万吨弹药，30万吨燃料和润滑油以及约50万吨粮秣。

6月23日，苏军4个方面军先后发动进攻，进展十分迅速。无论在哪一个主要方向上德军均无法阻止苏军前进，无法避开打击。所以苏军的胜利也十分迅猛，26日，苏军解放了维帖布斯克，27日解放了奥尔沙，28日解放了莫吉廖夫。

在6天的时间里，苏军向西推进了80~150千米，解放成百上千个居民点，合围并消灭了敌军13个师，从而获得了向白俄罗斯首都明斯克方向发展的条件。

7月3日，苏军趁胜解放了明斯克。在明斯克以东，苏军合围了德军官兵10.5万人。在7月5日至11日的7天激战中，苏军毙敌7万余人，俘敌3.5万人，其中包括12名德国将军。至此，白俄罗斯战役第1阶段的任务胜利完成。

7月4日，苏军最高统帅部具体确定了各个方面军的任务：波罗的海第1方面军应向考那斯方向发动进攻；白俄罗斯第3方面军应解放立陶宛首都维尔纽斯；白俄罗斯第2方面军应向波兰境内的比亚维斯托克进军；白俄罗斯第1方面军应向巴拉诺维济和布列斯特方向迅猛前进。

按照这个部署，白俄罗斯第3方面军于7月4日开始向立陶宛首都维尔纽斯进发，7月13日，苏军在游击队的配合下，解放了维尔纽斯。

白俄罗斯第2方面军向西前进了230千米，强渡了许多江河，7月27日，解放了波兰东部重镇、铁路和公路交通枢纽比亚维斯托克。此后，他们继续扩张战果，向东普鲁士前进。

与此同时，白俄罗斯第1方面军也于7月初解放了科韦耳市。

7月20日，苏军强渡西布格河，进入波兰国土，受到当地居民的热烈欢迎。在波兰人民的协助下，苏军于7月24日解放了波兰城市卢布林，一天以后就在登布林以北进抵维斯瓦河。7月28日，另一支部队解放了俄国名城布列斯特和布列斯特要塞。

到7月底，苏军击溃了德"中央"集团军群的基本兵力，推进到苏联国境线，从而达到了解放白俄罗斯的作战目的。

7月27和29日，苏军具体确定了各个方面军在波罗的海地区和西方方向上的任务：波罗的海第1方面军负责切断"北方"集团军群与东普鲁士之间的交通线；白俄罗斯第3方面军最迟于8月1~2日占领考那斯，并于8月10日前至与东普鲁士的交界线，从东面进入东普鲁士，摧毁德国军国主义的温床和堡垒；白俄罗斯第2方面军向沃姆惹、沃斯特罗温卡方向发动进攻，于8月上旬抢占那累夫河登陆场，就地牢牢地巩固下来，准备从南面进入东普鲁士；白俄罗斯第1方面军奉命以右翼向华沙进攻，应不迟于8月8日占领普腊加，并在普乌土斯克地域抢占那累夫河登陆场；方面军左翼占领华沙以南维斯瓦河对岸登陆场，为下一步进攻做好准备。

按照这个部署，苏军迅猛向西推进，大纵深突破，这让德军统帅部惊恐不安。就在这时，西线的美英军队也在法国大举进攻。希特勒尝到了两线作战的苦果，顾此失彼，处境越来越艰难了。

7月31日，"中央"集团军群司令官莫德尔元帅在命令中惊恐地写道，苏联军队已到了东普鲁士国境线，"后面已没有可退的地方"。不过由于德军的顽强抵抗，波罗的海第1方面军未能切断德"北方"集团军群同东普鲁士的交通线。

与波罗的海第1方面军相比，白俄罗斯第3方面军进展则颇为顺利。8月17日，该方面军的一个营首先攻入东普鲁士。

德尔菲诺少校指挥的法国"诺曼底"歼击航空兵团也在这个重要方向上作战。他们同苏联飞行员一起，痛击德军。

白俄罗斯第2方面军继续发展进攻，于9月份在奥斯特罗温卡方向上将敌人击退到那累夫河岸。

1944年8月底，苏军先后到达波兰东部的耶尔瓦加、多贝莱、奥古斯托夫、那累夫河和维斯瓦河，白俄罗斯战役到此结束。

经过白俄罗斯战役，苏军解放了白俄罗斯、立陶宛共和国以及拉脱维亚的一部分，解放了波兰东部地区。

华沙起义

苏军解放波兰东部、进抵维斯瓦河之后，波兰国家军遂于1944年8月1日在华沙举行起义，力图控制波兰首都。

早在1942年1月份的时候，波兰共产党就已经在华沙成立了波兰工人党，同时建立了武装司令部，着手组建人民近卫军，以此抵抗德国侵略者。除此之外，一些流亡在苏联的波兰共产党人和爱国人士也组成"波兰爱国者联盟"，请求苏联政府帮助建立波兰军队，以便打回老家去，光复祖国。

1943年5月，新型的波兰军队在苏联国土上建立起来了。到1944年7月，这支波军已发展为10万多人。1943年12月31日至1944年1月1日，波兰工人党和人民近卫军的代表、波兰社会党左派、农民党和党的代表以及知识分子左派的代表等，在华沙秘密召开"全国人民代表会议"，决定把国内的武装力量统一起来，正式组成人民军。

1944年7月29日，设在苏联的"科希秋什科"电台用波语广播了下列节目："华沙，这个从未屈膝投降、从未停止战斗的城市，行动时刻到来了……

通过巷战，在房屋里、工厂里、商店里进行战斗，我们将使最后解放的时刻日益接近，我们将保护国家的财富和兄弟同胞的生命。"

在此后几天里，这家电台一再对华沙居民发出呼吁："华沙的人民，武装起来！进攻德国人！帮助红军渡过维斯瓦河。传递情报，指明道路……"

当时德国的溃败趋势已经逐渐明朗，然而波兰起义者虽然在人数上与德军旗鼓相当，但在武器和技术装备方面德军依然占据着绝对的优势，德军可以召唤空军和坦克部队进行支援，而波兰国家军则无此后盾。

德国在华沙地区的军队约有4万人，波兰国家军约有3.8万人，其中包括4000名妇女。他们拥有步兵的轻重武器，但严重不足，弹药仅仅只可以供7天的战斗。

7月31日下午，在国家军司令部里，华沙地区司令蒙特尔上校报告说，德军在维斯瓦河东岸的桥头堡已被苏军坦克突破，德军防御已呈瘫痪状态。苏军先遣部队已占领华沙郊区若干地方（后来查明，这个消息是不准确的）。

根据这个报告，总司令博尔命令蒙特尔上校于8月1日下午5时向德军发动进攻。几分钟内，华沙完全淹没在炮火声中。德军在街上巡逻的部队遭到了攻击，并被解除了武装，许多目标都被占领。

第二天、第三天，国家军队开始攻击德军战术据点。但是因为缺乏重武器，无法摧毁钢筋混凝土工事，收效甚微。尽管伤亡很大，战斗的结果令人失望，但是这一切都没有影响进攻的势头。不过最让人失望的是，维斯瓦河东岸苏德两军交战的枪炮声逐渐减弱，到8月4日，完全停止了战斗，华沙上空也看不到苏联的飞机。蒙特尔上校考虑到诸多因素，命令部队从8月5日起转入防御。

在起义的最初阶段，波兰国家军就控制了华沙3/5的地区。华沙德军防卫司令施塔赫尔反应迟钝，直到8月4日才宣布全城戒严。不过希特勒可不迟钝，当华沙起义的消息一传到希特勒的耳朵里，立即在8月2日任命党卫军的高级将领巴赫·齐列夫斯基为华沙城防司令，负责镇压起义。德国陆军司令希姆莱也火速派出了增援部队，给华沙德军运去了重炮、火箭和火焰喷射器。此外，党卫军"赫尔曼·戈林"坦克师和另外两个师也部署到华沙南郊，以镇压起义和加强对红军的防御。

从8月4日起,德军便开始对起义者发动猛烈进攻,随着战斗的升级,手段也越来越残酷。德军开始大量屠杀战俘、和平居民和医院里的伤病员。他们甚至把几百名妇女儿童赶到前线,让这些人走在进攻的德国坦克前面,以防波兰起义者的射击。

但波兰人宁死不屈,他们说:"一旦武器在手,我们就要他们以血还血!"到9月份,起义者的处境更为艰难,伤亡日多,弹药匮乏,粮食不济,饮水也成了问题。他们频频问苏军呼吁,请求紧急支援。

8月底,白俄罗斯第1方面军的部队在华沙北面进抵那累夫河,在塞罗茨卡地区占领一个登陆场。苏军几次试图在华沙附近强渡维斯瓦河,但均未能粉碎德军坦克和步兵的抵抗,遭受重大牺牲后被迫返回原地。

尽管如此,白俄罗斯第1方面军和波兰第1军指挥部仍以炮击和空袭来支援起义者。从9月13至10月1日,苏联空军先后出动飞机4821架次,直接袭击华沙的敌军,并向起义军投下了大量急需的武器、子弹、军用物资、药品及粮食。英国空军也向华沙投入了一些补给品。但这些依然是杯水车薪。

9月底,华沙的起义者弹尽粮绝,他们发出的最后几次广播中说:

"……您的英雄们是一些士兵,他们用左轮手枪、汽油瓶作为武器,跟坦克、飞机、大炮搏斗。

"您的英雄们是那些妇女,她们在弹雨纷飞的炮火下护理伤员,传送信件,她们在炸得倾塌的地下室炊制食品,喂养小孩,供应成人。她们安慰垂死者,减轻他们的痛苦。

"您的英雄们是这些孩童,他们在还在冒烟的废墟间安静地嬉戏。

"这些就是华沙的人民。

"能够鼓舞起这样广泛的英雄行为的民族是不朽的,因为死者可以说已经战胜了;而生者将继续战斗,取得胜利,并一再证明:只要波兰人活着,波兰就存在下去。"

波兰国家军司令部在同人民抵抗领袖们商量之后,认为继续战斗已不会达到起义的目的,只能延长人民的痛苦,于是通过波兰十字会与德军谈判。

10月2日,起义军与德军签订了停火协定。同日,波兰代表团在德军司令部签署了投降书。在长达两个月的战斗之后,波兰国家军放下了武器。在这次起义中,德军损失2.6万人,波兰国家军的3.8万人中有1.5万人壮烈牺牲了。据波兰方面统计,平民死者大概有15~20万人左右。

在华沙巷战正酣时,罗马尼亚人民也于1944年8月23日举行了武装起义，保加利亚于 1944 年 9 月 9 日举行了反德武装起义。罗马尼亚和保加利亚的解放，为苏军进入匈牙利和南斯拉夫开辟了道路。1944 年 9 月 21 日，南斯拉夫人民解放军最高统帅约瑟普·布罗兹·铁托到达莫斯科，同苏联领导人举行会谈，就苏军暂时进入南斯拉夫达成协议，同时缔结了苏军同南斯拉夫人民解放军协同作战的协定。

进军东欧

9 月 28 日，苏军在南斯拉夫军队和保加利亚祖国阵线军队的配合下，再次向德军发起了进攻。

10 月 20 日，苏军解放了南斯拉夫首都贝尔格莱德，同时还占领了两个重要的战略据点，切断了德军的退路。苏联给了南斯拉夫相当数量的军事援助，帮助他们装备了 12 个步兵师和两个空军师。南斯拉夫人民解放军经过好几个月的激战之后，终于在 1945 年 5 月 15 日彻底击溃了德国侵略军，取得了民族解放的胜利。

在解放了贝尔格莱德之后，苏军和保军便开赴匈牙利战场，围歼那里的德军。德军企图凭借多瑙河天然屏障，守住出产石油的匈牙利，保护德、奥南翼的安全，所以大量调兵遣将，加强"南方"集团军群的力量，妄图阻止苏军在匈牙利的攻势。

苏军经过艰苦奋战，于 1945 年 1 月包围了匈牙利首都布达佩斯的德军。为了避免不必要的流血牺牲，苏军建议被围德军投降，但德军不仅拒绝接受投降条件，还杀害了苏方的两位军使。苏军开始攻打布达佩斯。

1 月 18 日，苏军解放了佩斯，全线进抵多瑙河。2 月 13 日，苏军又解放了位于多瑙河对岸的布达。这一仗歼灭德军 18.8 万人。

布达佩斯的解放使苏军能够进一步打击匈牙利、奥地利和捷克斯洛伐克的德军。不过德军依然在做拼死抵抗，他们调集了 43 万人马，于 1945 年 3 月初在匈牙利的巴拉顿湖地域进行疯狂反扑，力图阻止苏军前进。

苏军经过一个月的激战，击溃了巴拉顿湖的德军，于 4 月 4 日解放了匈牙利全境。德军残部向西逃遁。苏军乘胜前进，4 月 13 日解放了维也纳。

1944 年底，罗马尼亚、保加利亚相继解放。希特勒为了巩固战线的南翼，派重兵直接占领了捷克斯洛伐克。1945 年 1 月中旬，苏军发动了西喀尔巴阡战役，于两个月后解放了斯洛伐克大部和波兰南部地区。

4 月 4 日，苏军解放了斯洛伐克首都布拉迪斯拉发，月底解放了工业中心布尔诺。

5月5日，捷克斯洛伐克首都布拉格人民举行抗德起义。斯大林命令乌克兰第1方面军火速支援，将德军歼灭。

1945年初，在苏军实施的各大战役中，维斯瓦河—奥得河战役和东普鲁士战役是其重点，它们都在柏林方向上。由于希特勒在西线对盟军发动反扑，丘吉尔急电斯大林请求支援，苏军提前8天发动了进攻。1月12日，科涅夫元帅指挥的乌克兰第1方面军首先从散多梅希登陆场发动进攻，直取布累斯劳。两天后，朱可夫元帅指挥的白俄罗斯第1方面军从马格努舍夫登陆场发起攻势，直指波兹南。

两路大军以雷霆万钧之势，迅猛突破德军防线，向西推进。在23天的战斗中，苏军摧毁了维斯瓦河和奥得河两河之间的德军防御，向西推进了500千米，歼敌35个师，重创敌军25个师，俘虏德军官兵14.7万人。

东普鲁士战役也是1月中旬开始的。至1月底，盘踞在东普鲁士的78万德军被苏军分割为3个孤立的集团。经过3个月的苦战，苏军逐个击溃了德军。

在白俄罗斯第1方面军主力进抵奥得河后，德军最高统帅部迅速集结了一股强大的兵力，准备从北面击溃前出奥得河的苏军。苏军识破德军意图之后，立即派出白俄罗斯第2方面军向西挺进，消灭东波美拉尼亚之敌。

3月初，苏军前出波罗的海，3月底解放了格丁尼亚和但泽，波兰国旗当即飘扬在这两座名城的上空。

4月9日，苏军占领哥尼斯堡，四月下旬击溃了德军残部。东波美拉尼亚战役解除了白俄罗斯第1方面军所受的威胁，为攻打柏林创造了有利的条件。

五、百万盟军前进！

盟军向德国边界推进

巴黎解放以后，艾森豪威尔厉兵秣马，指挥几路大军同时向德国边界挺进。他的战略计划是：蒙哥马利的北方集团军群从沿海一带向东北推进，消灭德军有生力量，摧毁德国V-1飞弹的发射基地，占领良港安特卫普，改善盟军供应条件，前出德国北部平原，从北面包围鲁尔。布莱德雷的中央集团军群突破德国边界防线，强渡莱茵河，直指卡塞尔，完成对鲁尔的包围，消灭西部德军主力，摧毁德国工业潜力，然后再继续东进。

8月30日，克里勒将军指挥的加拿大第1集团军从塞纳河上的桥头堡埃尔伯夫出发，9月1日占领第厄普。9月4日，加军包围了勒阿弗尔，德军拒绝投降。盟国海空军猛烈轰击，空军投弹1.1万吨，海军用口径15英寸的大炮发射炮弹300发，到9月12日上午，德军7000人乖乖地当了俘虏。

加拿大第1集团军的主力沿海岸向东北扫荡，解放了许多小港。布伦和加来的德国守军负隅顽抗，在遭到盟国海空军的猛烈袭击后，才于9月23日和30日先后缴械投降。9月8日，加军占领了比利时的奥斯坦德。15日解放了泽布腊赫，肃清了海峡沿岸的敌人。

与此同时，在加军的右翼，英国第2集团军乘胜东进，9月3日解放布鲁塞尔。根据比利时抵抗运动的战士们提供的情报，英军于9月4日一举占领了重要港口安特卫普，港口设施完好无损。

在中线，霍奇斯指挥的美国第1集团军从巴顿东西两侧的基地出发，用3个军的兵力向东挺进，直指比利时的纳慕尔、列日和德国边界。9月2日，美军进入比利时，一路势如破竹，8日占领列日，10日解放卢森堡首都卢森堡城，11日进抵德国边境。在进军途中，一支德寇挡住去路，美军毫不客气地在法比边界俘虏了这支德军。

在霍奇斯右翼是巴顿的第3集团军。8月29日，第3军团占领了兰斯和马恩河上的夏龙，9月1日占领了凡尔登，然后渡过默兹河向梅斯挺进。9月5日，美军到达了重要的交通枢纽南锡，7日强渡摩泽尔河。9月11日，美军在摩泽尔河东岸的梅斯和南锡之间建立了阵地。9月12日，另一支美军渡过摩泽尔河，从南锡的东北迂回包抄，15日攻下南锡。

9月21日，北上的美国第7集团军和第3集团军的大部队在厄比纳尔会师，这样盟国各路大军就联成一体，时刻准备好了向德国边境发动全面进攻。

自诺曼底登陆以来的3个多月中，德军损失重大，西线只剩下49个师，并且每师兵力不过半数。大多数德军将领都认为，唯一的希望就是迅速撤到莱茵河东岸，据险防守。但是希特勒认为，他还有1000万以上穿军装的人，德国的工厂还能维持高速生产，甚至达到了战时的高峰，德国的实力还很强。他下令减少后勤人员，增加战斗部队，把海军、空军人员转为步兵，同时还扩大兵役年龄界限，通过这种方式又拼凑了25个新师补充西线。

9月5日，希特勒又让冯·龙德施泰特重新担任西线总司令，莫德尔降为B集团军司令。3月之中，三易统帅，希特勒总是习惯把失败的责任推给下属。他命令冯·龙德施泰特：守住德国同荷兰和比利时的边界、齐格菲防线和摩泽尔河，然后组织反击，迫使西方盟国单独媾和，以便他集中力量去对付苏联。

在诺曼底战役胜利之后，盟国各路大军顺利东进，艾森豪威尔兴致勃勃，满怀必胜的信心，以为能稳拿柏林。他认为柏林是主要目标，必须集中全部精力和资源迅速向柏林突进；同时要把这个战略同俄国的战略协调起来，采取最直接最迅速的路线，用美英联合兵力并在其他适当部队的支持下，通过关键性的中心城市，占领两翼的战略地区，向柏林推进。

蒙哥马利极力主张把主要的兵力和物力资源集中到战线的一部分，最好是集中到北部，迅猛地、持续不断地攻入德国，直捣柏林。但巴顿反对这个主意，他认为只要给他适当的支持，第3集团军就可以在几天之内占领莱茵。艾森豪威尔自己则主张在"宽大的正面"上向莱茵河推进。虽然艾森豪威尔反对上述的两个建议，但还是批准了蒙哥马利的一项空降作战计划：用3个空降师去帮助英国第2集团军克服荷兰境内的3个障碍——马斯河、伐耳河和下莱茵河，抢先占领这些河上的主要桥梁，使英军取得一些阵地，进而前出德国北部平原，迂回齐格菲防线，包围鲁尔。

9月17日下午，英国第2集团军的3个师和1个旅从地面向荷兰发动进攻。与此同时，盟国第1空降集团军开始空降作战行动，美国的两个空降师降落在荷兰东南部的奈梅根地区和埃因侯温的北面，18日和19日先后同前进到这里的英国第2集团军的部队取得了联系。英国第1空降师和波兰的1个空降旅降落在下莱茵北岸的阿纳姆以北地区，遭到德军的猛烈反击。这支伞兵孤军奋战，坚持8日后牺牲了近7000人，仅存的2300多名幸存者被迫撤回下莱茵的南岸。

这是一次大规模的空降作战行动。从9月17日到30日，盟军空投了34876人，5230吨装备和供应品，1927辆军车，568门大炮。此后盟军又不断地给这支军队空运补给物资，先后出动飞机7800架次。这次空降作战行动虽然牺牲较大，但是前进了80千米，为英军以后强渡莱茵河创造了有利的条件。

为了摧毁齐格菲防线，艾森豪威尔要求美国陆军部每月供应800万发炮弹。刚好这时候的美国人民反法西斯热情空前高涨，他们把1200万儿女送到部队去打击法西斯侵略者，很多女士都参加了妇女辅助队，开赴前线做各种力所能及的工作。留在国内的美国人则以忘我的劳动创造了大量的物质财富，以千百万吨衣物食品供应前线，制造了大量的武器弹药和其他军需品，为前线的胜利创造了雄厚的物质条件。除此之外英国和加拿大的人民也生产了大量武器和军需品供应前线。

1月中旬，早已经做好了充分准备的盟军全线发动了猛烈的进攻，以突破齐格菲防线。但是德军反抗也异常激烈，想从他们那里夺得一寸德国土地都要付出重大的代价，所以进展不大。

11月底，美第3集团军摧毁了梅斯地区以及摩泽尔河和塞勒河沿岸的敌军防御，准备向萨尔进军。南方集团军群一举攻入阿尔萨斯—洛林。11月23日，法国第2装甲师攻入了斯特拉斯堡，俘虏了1.5名德国军人。27日，法军肃清了城外四周堡垒里的德军，完全解放了法国这座历史名城。德军龟缩到科耳马尔城，在莱茵河西岸保持了一个强大的桥头堡。

到11月底，盟军已增加到300万人。加拿大第1集团军以付出1.3万人的伤亡代价，肃清了舍尔德海口一带的敌人，使安特卫普可供盟军使用。虽然这个大港依然经常遭到德国V-1飞弹和V-2火箭的袭击，但每天还能卸货2500吨，从而使盟军的供应大有改善。

由于全线720千米都保持攻势，艾森豪威尔仍感兵力不足，致使德军有隙可乘，在盟军薄弱的阵线上实行反扑。

希特勒在阿登地区的反扑

早在1944年8月19日，盟军在法国的阿尔让唐—法莱斯地区围歼德军。希特勒一边指示法国南部德军全线撤退，一边准备反扑。他秘密地下达一道命令"准备于11月发动进攻，25个师必须在今后一两个月内向西线推进。"

这道命令使了解内情的德国将领感到吃惊，他们不知道从哪里可以再搞到25个师。但是疯狂的希特勒自有办法，他实行"总体战"体制，授予戈培尔以专制权力去增加军工生产和强迫人们参军。应征年龄从16岁到60岁，而且没有一个人能逃避兵役。工人、小业主、家庭佣人、大学生、正在受训的预备役军官，以前征兵时不合格的人，刚出狱的犯人——所有这些人都被吸收到这支队伍里。在经过6至8个星期的训练后，这些新兵就开到了前线。11月初，希特勒又拼凑了18个师的新兵送到西线。

希特勒11月底进行反扑的战略意图是：集中优势兵力，迅速突破盟军防线，直捣默兹河。一旦渡过默兹河，德军就形成两把尖刀，直插西北面的布鲁塞尔和安特卫普。而在拿下安特卫普和舍尔德海口以后，欧洲盟军将被切成两半，他们在北方的4个集团军——美国第1、第9集团军，英国第2和加拿大第1集团军就能被消灭掉。"那时西方盟国将准备缔结单独和约，德国就能把它的全部兵力转向东方。"

希特勒选择的进攻地点是卢森堡、比利时和德国交界的阿登地区。这里是森林茂密的山地，是西方盟军防守的720千米战线上最薄弱的地段。1940年希特勒大举进犯西欧各国时就是从这里突破的。

反攻部队第6党卫队坦克集团军在阵线的北翼，担任主攻；第5坦克集团军与它并肩前进，突破中线；第7集团军的任务是在南部迅速建立一道壁垒，掩护进攻部队的南翼。此外，希特勒还下令搜罗了1000多名伞兵，准备在盟军阵线后面空降，占领要冲。他还别出心裁，下令训练一支突击队，穿上盟军服装，乘坐缴获的盟国军车，伪装成美军，潜入盟军后方，占领默兹河上的桥梁，发布假命令，散布德军已获大胜的谣言，制造混乱，扰乱军心。

防守阿登这条140千米战线的，是美国第1集团军的第5军和第8军。在德军重点突破的地段上，美军只有2个步兵师，1个骑兵巡逻队和1个毫无作战经验的坦克团作为预备队。所以，在发动进攻时，德军占有绝对优势。

在进攻前夕，希特勒还特意给他的法西斯将领们打气。他大谈国际政治，妄图把胜利的希望寄托在反法西斯联盟的解体上。他对他的将军们说："历史上从来没有过像我们敌人那样的联盟，成分那样复杂，而各自的目的又那样分歧……一方面是极端的资本主义国家；另一方面是极端的马克思主义国家。一方面是垂死的帝国英国；另一方面是一心想取而代之的原来的殖民地美国……如果我们发动几次进攻，这个靠人为力量撑住的共同战线随时随地可能霹雳一声突然垮台……只要我们德国能保持不松劲的话。"

德军的将领们大多不相信这次进攻会获得成功，他们认为这是一个野心太大的计划。陆军元帅龙德施泰特说得更尖锐："安特卫普？如果我们能到达默兹河，我就跪下来感谢上帝。"但希特勒坚持己见，声言将军们的唯一职责就是服从他的命令。

在严格保密的情况下，德军20个师悄悄地集结到阿登前沿阵地。1944年12月16日晨5时30分，密集的德军大炮突然开火，几乎所有的美军阵地都遭到了猛烈的袭击。不久以后，在美国兵还没有清醒过来的时候，德国的突击部队蜂拥向前，为坦克开辟道路，紧接着坦克部队就开始了冲击。

北翼的德军遭到美第5军和增援部队的阻击，战斗激烈，进展缓慢。中线的德军进展迅速，因为这里的守军是美国第8军的第28师，他们在亚琛周围苦战了两个月，损员6184人，正在阿登休整补充。另一支守军是美国第106师，他们是刚从国内调来的新兵，3天前才进入阵地，毫无作战经验。

12月17日晚，德第5坦克集团军在施尼—艾菲尔包围了美军第106师的2个团，2天以后这支8000多人的部队向德军投降了。美国官方历史说，这是美军在欧洲战场上最严重的一次失败。

18日，德军进抵作为公路交通枢纽的巴斯托尼。美军坚决死守，寸土不让。19日，美第101空降师火速赶来增援。两军展开了争夺巴斯托尼的白刃战，双方都有大部队增援，战斗持续了20天。

在南翼，德第7集团军建立起一道壁垒，保护中线。此外，在美军后方，伪装成美军的德军虽然起到了一些破坏作用，但是很快就被美军发现并清除了。

12月24日下午，德第2坦克师进抵距离默兹河只有6.5千米的小镇塞莱斯，纵深突进将近100千米。第二天，美国第2装甲师在英国的一支装甲部队的协助下，在美国战斗机、轰炸机的支援下，一举击溃了德军第2坦克师，打毁敌坦克80辆，使德军最终未能到达默兹河。

对于美国高级指挥官来说，希特勒的这次反扑是突然袭击。起初，布莱德雷还以为这是一次破坏性进攻，旨在阻止巴顿对萨尔发动攻势。12月17日，前线告急。艾森豪威尔把最高统帅部仅有的预备队第82空降师和第101空降师拨归布莱德雷使用。布莱德雷迅速把第82空降师派往北翼的斯塔弗洛，把第101空降师派往中线的巴斯托尼。

由于希特勒党卫队分子的破坏活动，前线情报极其混乱。所以直到12月18日晚间，盟军最高统帅部才搞清楚了敌情，确定这是德军一次大规模的反攻。艾森豪威尔认为，没有必要在南北两翼同时反击。因为北翼在德军进攻中正首当其冲，应采取守势。但在南翼应尽早组织反击。

危急时刻，美军表现出高度的机动性，各集团军迅速调兵遣将，驰援阿登。艾森豪威尔一方面向英美政府告急，要求尽快向前线增兵；另一方面也在努力鼓舞士气："敌人一冲出他们的固定防线，就给我们一个机会把他们的大冒险变为他们的惨败。所以我号召全体盟军战士，鼓起勇气，坚定信心，努力奋斗。希望每个人都坚定这个唯一的信念：消灭敌人,从地面、从空中、从一切地方消灭敌人!让我们以这个决心和我们为之奋斗的不可动摇的信念团结起来!在上帝的保佑下,我们朝着最大的胜利奋勇前进!"

12月22日,巴顿从南面发动进攻。他派出1个步兵师到卢森堡城东北支援南翼美军阵地,同时又派出1个步兵师和第4装甲师到巴斯托尼去解围。但是由于冰雪塞途,这支援军到26日才赶到巴斯托尼与被围的美军取得联系。

23日,天气转晴,盟军出动了约5000架飞机,猛袭德军的进攻部队和运输车辆,侦察敌人的重要活动,大大缓和了危局。同时由于空军给巴斯托尼的守军投下了急需的供应品,在很大程度上鼓舞了士气。此后,除了恶劣天气干扰以外,空军一直大显身手,充分发挥了地空战术协同的效率。

在北翼,由于德军的进攻,布莱德雷的中央集团军群司令部已经无法同北面的美第1和第9集团军保持正常的通讯联系。12月19日,艾森豪威尔把美国第1和第9集团军暂时拨给蒙哥马利指挥。蒙哥马利把他的预备队布置在默兹河西岸,严阵以待,防止德军渡河。同时采取各种措施,整编和补充美第1集团军,不断派兵去挫败北翼敌人的攻势。

1945年1月3日,美第1集团军从北翼发动了进攻,南北夹击德军。同一天,德军用2个军的兵力对巴斯托尼发动了最后一次猛攻,展开了阿登战役中最激烈的战斗,妄图拿下这个重镇。但是在巴顿的猛烈反击下,德军以失败告终。1月8日,希特勒命令德军撤退到豪法里兹西部。巴顿乘胜紧追,但是由于冰雪阻滞,进展缓慢。到了1月16日,美第3集团军才和第1集团军在豪法里兹会师,这时敌军早已逃跑了。

1月28日,盟军终于把法西斯侵略军赶回德国边境,恢复了原来的阵线。

在盟军开始反攻以后,丘吉尔曾致电斯大林求援。1月12日,苏联军队从波兰的维斯杜拉河(现名维斯瓦河)发动了强大的攻势,重创德军。1月22日,希特勒急忙把党卫队第6坦克集团军从西线调往东线。这大大减轻了西方盟军的压力,加速了他们的进展。

在阿登之战正酣时,希特勒乘巴顿北上,盟军南方集团军群扩大防地、战线空虚之际,又动用10个师的兵力在阿尔萨斯发动了"北风"攻势,对盟军进行第二个打击。但是德军只是在德法边界上前进了30千米,丝毫没有改变阿登的战局。

希特勒在阿登的反扑是他的垂死挣扎。据德军最高统帅部作战部长约德尔后来供称，安特卫普计划是一次异常大胆的军事行动，"但我们处于绝望境地，改善这种处境的唯一办法就是采取最后决策。我们不可能期望逃避我们所面临的厄运，战斗而不是等待，我们还可能拯救一点东西"。希特勒孤注一掷，付出了巨大的代价，伤亡和被俘的德军约10万人，损失坦克800辆，飞机1000多架，依然没有捞到任何好处。

阿登战役结束之后，德国在西线上只剩下了66个师，但是大部分部队的武器装备和训练都很差，有24个师甚至连反坦克炮都没有。

艾森豪威尔放弃占领柏林

1945年1月底至2月初，美第7集团军和法第1集团军全线进抵莱茵。根据艾森豪威尔的战略部署，从北到南，各个集团军都要清除莱茵河西岸的残敌，扫清障碍，以利大军渡河。

从2月8日到3月25日，盟国各个集团军先后肃清了从阿纳姆（荷兰）到瑞士边界的莱茵河西岸的德军，进抵莱茵河畔。由于阿登战役的失败，德军士气低落，兵力兵器遭到了无法补偿的损失，齐格菲防线已成一个空架子。所以，盟军并没有遇到太顽强的抵抗。

3月7日，美第1集团军的第9装甲师进抵雷马根，战士们惊奇地发现，莱茵河上的鲁登道夫大铁桥还没有破坏。德军原本准备在下午4时炸桥，可是当他们扭动开关的时候才发现电线失灵，炸药未能起爆，大桥安然无恙。一名德军中士又点燃了300千克备用的炸药，但在一声巨响后，大桥岿然未动。这时美军探索着冲到桥东，在那里建立了第一个桥头堡。艾森豪威尔得到这一消息后非常高兴，积极支持布莱德雷迅速渡河。第1集团军迅速向东岸增援，击退了敌人多次进攻。

3月10日，希特勒撤去了冯·龙德施泰特西线总司令职务，任命意大利战场的凯塞林来接替他。然而，大厦将倾，什么将帅也挽救不了败局了。

从3月7日到31日，美、英、加、法等同盟国家的7个集团军先后在莱茵河上抢占了很多渡口，相继渡河，向德国腹地挺进。

美第1集团军和第9集团军渡河以后，迅速从南北两面包围德国主要工业区鲁尔以及退守那里的德国B集团军群。

在对鲁尔的包围圈即将完成时，蒙哥马利命令英国第2集团军和美国第9集团军必须以最大的速度和干劲向易北河猛进，直指从汉堡到马格德堡一线。他特别强调需要"突然出击"，以快速装甲部队为先导，沿途占领飞机场，以利随后用来进行密切的空中支援。

然而当蒙哥马利的部队已经整装待发的时候，"艾森豪威尔不仅完全改变了计划，而且直接通知了斯大林"，以便他的作战行动同苏军的作战计划协调起来。他同意蒙哥马利在鲁尔东面同布莱德雷会师。然后不仅美国第9集团军不让蒙哥马利指挥，而且还清楚表明，盟军的主要突击方向不是柏林，而是莱比锡和德累斯顿，并同苏联人会师。

当蒙哥马利向艾森豪威尔呼吁，在到达易北河之前，既不要改变计划，也不要变动指挥安排时，艾森豪威尔更全面地说明了他的意图："我的计划很简单，其目的在于分割和消灭敌军并同苏联军队会师。只要斯大林能给我情报，卡塞尔—莱比锡轴心是达到这个目标的最直接的进军线。"

对于艾森豪威尔的这种做法，丘吉尔和英国军界人士都极为恼火，因为英国一直想让蒙哥马利担任副统帅，全面指挥盟军所有的地面部队。但是美国的马歇尔等人则支持艾森豪威尔的行动，他们认为在纯军事问题上盟军最高统帅有权直接与苏军最高统帅进行联系。

然而，艾森豪威尔放弃占领柏林的真实意图又是什么呢？

事实很明显，由于希特勒在阿登的反击，盟军耽误了6个星期的时间。结果，当蒙哥马利的北方集团军群离柏林还有480千米的时候，苏军距柏林只有60千米左右，并且早已准备攻打柏林了。艾森豪威尔预见争夺柏林的比赛快要输掉了，罗斯福也有这种看法。

其次，当时的希特勒还在柏林做困兽之斗，如果强攻德国首都，就要付出巨大的伤亡代价。并且，在雅尔塔会议上，苏美英三大国早已经划定了各自在德国的占领区，柏林在苏联占领区内。即使美军付出巨大代价占领了柏林，布莱德雷说："我们还要退出来并把地方让给人家。"所以美国高级将领不愿为了政治上的威望而付出这样重大的牺牲。

第三，据美国情报部门获悉，希特勒在德奥边境的萨尔斯堡一带山区，建立了"民族堡垒"，储备了大量的弹药物资，甚至修建了飞机制造厂，准备纠集纳粹狂热分子，负隅顽抗，战斗到底。布莱德雷说："在当时，传奇式的堡垒在我们看来是完全现实的和非常严重的威胁，我们不能轻视它。它一直严重地影响到我们在战争最后几个星期里的战术思想。"

第四，在反法西斯联盟内部，英美同苏联始终存在着矛盾和斗争。特别是到了1945年春天，他们的共同敌人希特勒的失败已经成为定局，这种矛盾和不信任也越来越明显。但是美国想争取苏联参加对日本的战争，所以在很多地方都尽量迁就苏联。

因为上述的这些原因，所以艾森豪威尔决定不同苏联争夺柏林，而是"尽量多用美国军队去占领德国"。

易北河会师

当盟国大军渡过莱茵河时,西线德军号称还有60个师,但实际兵力还不到半数。但是盟军却已经增加到了93个师,空军早已经取得了制空权,拥有飞机1.7万多架。在盟军地面和空中的绝对优势兵力的打击下,德军已成强弩之末,不堪一击,只有少数法西斯党卫队的狂热分子还负隅顽抗,作困兽之斗。

4月1日,美第1和第9集团军在帕德博恩以西会师,封闭了对鲁尔的包围圈,把德国B集团军群紧紧地围困在鲁尔地区。莫德尔两次突围都告失败。4月14日,莫德尔做出一个空前的决定:下令解散B集团军群,使部队免受投降之辱。他首先命令瓦格纳遣散年纪最小和最老的士兵,让他们回家去。72小时后,其他的人有3条出路:回家、以个人身份投降、试图突围。

15日,美军把鲁尔口袋切成两半。16日,东半部德军瓦解了。美军敦促莫德尔投降,莫德尔派出一名德国军官带去了他的口信:"由于受到效忠希特勒的誓言的束缚,将军不能投降。"但是4月18日,被围的西半部德军还是投降了;在整个鲁尔战役中,美军俘敌32.5万人,据说莫德尔本人自杀了。

鲁尔战役还没有结束,美第1集团军和第9集团军来不及打扫战场,就把肃清残敌的任务交给了新近建立的美第15集团军。他们自己则日夜兼程,每天以50~80千米的速度向东挺进,沿途包围和俘虏已处于瓦解状态的小股德军。美第9集团军的先头装甲部队于4月11日跑到易北河边,并于12日在马格德堡附近建立一个小小的桥头堡,第二天另一支美军又建立了一个桥头堡。由于德军出动飞机猛烈反击,所以美军被迫于14日放弃了这两个桥头堡。不过美军的第三个桥头堡却很快建立并守住了。

在东线,经过长期准备的苏联军队4月16日实施了攻占柏林的计划。苏军从奥得河边向西面发动强大的攻势,"到处取得迅速的进展",彻底动摇了德军的防御。这时,艾森豪威尔就"更不想占领柏林了"。

4月19日,美军占领了莱比锡。25日,美第1集团军的巡逻队在托尔高与苏军会师,从而把德国分割成两半。"美苏双方商定,沿易北河及其支流木耳德河来划分两军中央战线的会合线。"

在北方,英第2集团军从奥斯纳布吕克—不来梅一线向东北挺进。5

月2日他们占领卢卑克,前出波罗的海,在维斯马同苏军会师。5月3日,汉堡德军投降。加拿大第1集团军解放了荷兰的全部国土。5月5日,荷兰、丹麦以及德国西北部的德军向蒙哥马利投降了。

在中南,美第3集团军占领了哥特、埃尔富特,并挥戈东南,向捷克斯洛伐克和多瑙河流域推进。5月18日,巴顿的部队进入捷克斯洛伐克,6日进驻比尔森。另一支部队则于5月4日解放了林茨。

在南方,美第7集团军经过3天的激战攻下了纽伦堡,渡过多瑙河,进入巴伐利亚平原,解放了希特勒法西斯的最早活动场所慕尼黑。5月4日,他们占领了萨尔斯堡。同一天,另一支盟军拿下了希特勒的山间别墅伯希特斯加登。"民族堡垒"的神话揭穿了:这里并无大量德军据险死守。为了彻底摧毁希特勒的这个黑窝,美第8航空队把它炸成一片废墟。

5月3日,美第7集团军的另一支进入奥地利的部队拿下因斯布鲁克;在奥地利游击队的帮助下,他们进入勃伦纳隘口。5月4日,他们同意大利北部的美第5集团军部队在维皮泰诺会师。

最南翼,法第1集团军沿上莱茵河东进,占领了卡尔斯鲁厄、斯图加特。5月1日,法第1集团军肃清了瑞士边境康斯坦茨湖以西的敌军。

5月5日,德国C集团军群向盟军南方集团军群无条件投降。

这时,德国法西斯的罪魁祸首希特勒已经完蛋了。苏军已攻入德国首都,柏林街头战火熊熊。德军兵败如山倒,但是由于他们当中很多人曾在苏联作恶多端,生怕苏军给他们最严厉的惩罚,所以极力避免向苏军投降,纷纷像潮水一般涌往西线,向美英军队投降。

根据希特勒的遗嘱,继任德国总统的邓尼茨,派约德尔到设在法国的艾森豪威尔司令部洽降。1945年5月7日凌晨2时41分,约德尔代表德军最高统帅部在无条件投降书上签字。

苏联和英国、美国、法国、加拿大等同盟国军队的进攻以及欧洲被占领国人民的武装斗争和大起义,这三条战线的内外夹攻,东西合击,彻底打垮了希特勒的法西斯暴政,使欧洲摆脱了黑暗的深渊。

六、雅尔塔会议——确立战后新秩序

准备——马耳他会议

1945年初,德日法西斯的失败已成定局。随着大战进行到收尾阶段,结束战争和安排战后世界而产生的一系列政治问题需要迅速解决。其中最重要的几个问题是:制定盟军在反希特勒德国战争最后阶段的协同一致的军事行动计划,处置战败的德意志"帝国"的基本原则,对日作战,实现战后世界国际安全问题的基本原则。美、英、苏三大国需要举行新的最高级会晤。

1944年7月19日,美国总统正式提出了举行新的最高级会晤的建议。美、英、苏三国政府首脑在来往信函中就召开新的三国最高级会议问题交换意见,决定"三巨头"在1944年11月在苏联沿海城市雅尔塔举行会议。由于罗斯福总统就职典礼,会议延期到1945年1月底至2月初举行。

丘吉尔提议以"阿尔戈航海者"为会议代号,这个词来源于古希腊的勇士到黑海沿岸去寻找金羊毛的神话故事。罗斯福对这个名称表示欢迎。

在这胜利前夕,丘吉尔想起了26年前的巴黎凡尔赛。当时德国被打败,它的盟友奥匈帝国分崩离析。欧洲人等来了渴望已久的和平,至少英国人和法国人感到心满意足。当时的凡尔赛会议上,英国首相劳合·乔治、法国总理克列孟梭和美国总统威尔逊"三巨头"为战后世界设计了蓝图。

然而欧洲人得到的不是和平,而是20年的休战。20年后,德国死灰复燃,重燃战火,把整个欧洲和世界都拖入比上次大战更残酷、更漫长的战争中。现在胜利在望,可身为英国首相的丘吉尔心里清楚,这场仗绝不是靠英国或苏联打赢的,还有美国。若没有美国参战,丘吉尔不知道战争会发展成什么样子。

对于日后世界的另一"极"——苏联,丘吉尔的感情就复杂得多了。丘吉尔是著名的反共分子,在二战中出于现实的考虑,选择与斯大林合作对抗纳粹德国。但丘吉尔从心底里对苏联和斯大林都无好感。事实上,丘吉尔乃至大多数英国人,几十年来都怀着厌恶、甚至仇恨的眼光注视着苏联。

丘吉尔没有忘记苏联在1918年单独与德国媾和,致使德军集中兵力于西线,几乎将协约国打败。他也没有忘记英王维多利亚女王的外甥、俄国沙皇尼古拉罗曼诺夫二世一家被布尔什维克枪杀在叶卡捷琳娜堡的地下室里。当然,丘吉尔忘不了的还有:苏联几十年在欧洲、亚洲和全世界鼓吹革命;同纳粹瓜分波兰;恃强凌弱入侵芬兰;为纳粹德国打败法国而欢呼雀跃。

苏联对波兰的态度更让丘吉尔耿耿于怀。英国是为波兰的独立而向德国宣战的,波兰在伦敦设有流亡政府。波兰军队忠实地跟随英国军队转战西欧、北非、意大利。但苏联1939年却在卡廷森林枪杀上万名波兰军官，并在卢布林建立亲苏的民族委员会。1944年8月苏联又听任德军镇压华沙起义者，使波兰流亡政府的国内组织元气大伤。1945年1月5日，苏联宣布承认卢布林委员会为波兰共和国临时政府。而英美两国都不承认这个政府。

丘吉尔看到苏联红军正如决堤之水，席卷东欧诸国，更加觉得担心，他害怕这样的场景在战后出现：苏联把整个东欧纳入自己的控制之下，德国被摧毁了，法国虚弱不堪，英国多少年来苦心维持的欧洲大陆均势荡然无存。

有能力与苏联在欧洲大陆抗争的只有英国和美国，而英国又被战争弄得民穷财尽，所以丘吉尔对美国总统罗斯福寄予厚望，他希望与英国同文同宗的美国兄弟能发挥巨大影响，在处理战后问题上与自己合作，不仅要彻底削弱德国，让其从此服服帖帖，更要在雅尔塔与斯大林争一高低，遏制苏联的扩张。

为此，1月5日，丘吉尔致电罗斯福总统，希望在赴雅尔塔之前，与美国总统会晤，取得一致。罗斯福同意了。两国代表团商定，先在马耳他集合，然后一起飞往雅尔塔。

丘吉尔和随行人员乘坐2架"空中霸王"式运输机飞抵马耳他。在罗斯福总统到来之前，英、美两国最高军事领导人——英帝国总参谋长艾伦·布鲁克、美国陆军参谋长乔治·马歇尔及艾森豪威尔将军的参谋长比尔德·史密斯先就欧洲盟军的战略问题举行会议。

面临着胜利，英美军方领导人却各执己见，会议几乎破裂：马歇尔将军支持艾森豪威尔将军的扩大正面战略，即肯定蒙哥马利担任主攻的同时，必须保证其南翼的安全。其实也就是允许布莱德雷的第12集团军群和德弗斯的第6集团军群发动助攻。英国人则坚持说，只要蒙哥马利从北面渡过莱茵河、直捣北德平原就行了。最后由于马歇尔强烈要求执行艾森豪威尔的计划，英国人被迫妥协，但要求艾森豪威尔保证北面的进攻为主攻，而且要在彻底歼灭莱茵河以西德军之前就过河。

这样激烈的争执是丘吉尔没有料到的。但与解决这些争执相比，丘吉尔更希望罗斯福总统能早日到来，制定两国在雅尔塔会议上的共同政策。

2月2日9点35分，罗斯福总统乘坐的"昆西号"巡洋舰缓缓驶入马耳他瓦莱塔港。午饭前，丘吉尔首相在女儿萨拉和外交大臣艾登的陪同下登上"昆西号"。看到罗斯福，丘吉尔不禁暗暗一惊。只见那个著名的"罗斯福式宽下巴"消失了，罗斯福总统面色枯槁，只有两片松弛的皮肤毫无生机地挂在腮上。不仅是丘吉尔，马歇尔将军和美国海军作战部长欧内斯特·金海军上将见到罗斯福总统消瘦的面庞也大吃一惊。

丘吉尔想跟罗斯福好好讨论一下东欧的政治问题、战后德国问题和波兰等问题。罗斯福对这几个话题却避而不谈。虽然在晚宴上两国首脑也提及这些问题，但仅仅是泛泛而谈，没有深入讨论。英国外交大臣艾登对此大感失望，丘吉尔更不用说了。

罗斯福身体状况恶化

1945年2月2日晚，英国首相丘吉尔和美国总统罗斯福一起前往马耳他的卢卡机场。23时30分载着英国、美国首脑和政府随员的20架美制C-54"空中霸王"式运输机和5架英制"约克"式运输机腾空而起，向东飞去。他们将飞到苏联克里米亚的雅尔塔，与苏联部长会议主席斯大林会晤。

丘吉尔满心不安，在之前的马耳他会议上，他没有从罗斯福口中得到他想要的承诺。丘吉尔怀疑罗斯福是不是因为身体不适而影响了判断力，以至于对同英国一道遏制苏联不感兴趣。事实上，罗斯福总统的身体状况的确日益堪忧，两个月后就与世长辞了。

然而事情并非全部因为罗斯福的身体状况，丘吉尔是为英国考虑，罗斯福却得为美国考虑。他不可能罔顾美国自身利益，去为英国火中取栗。

与战争过后的国际秩序相比，罗斯福更关心眼下太平洋上的战事。

在太平洋上，美国军队已将日军打得节节败退。日本本土通往东南亚的海上生命线已被美国舰艇切断，本土正在遭受美国B-29型"超级空中堡垒"巨型轰炸机越来越猛的轰炸。美国军队很快就要在日本的冲绳岛登陆，拉开进攻日本本土的序幕。罗斯福不应再担心战局出现反复，但是日军的疯狂表现让罗斯福忧心不已。

日本人发明了"自杀式"攻击，组织起"神风特攻队"，驾驶装满炸药的飞机撞击美国军舰。发了疯的日本大本营竟喊出"一起玉碎"的口号。

据美国参谋长联席会议估计，如果美国在日本本土登陆并征服日本，至少要付出伤亡120万人的代价。罗斯福要为这129万美国青年的生命考虑，所以他需要斯大林帮忙，出兵中国东北，消灭有百万之众的日本精锐之旅关东军。而丘吉尔考虑的只是维护英国在东欧的影响和它庞大的殖民帝国，罗斯福并不希望用美国士兵的生命换取大英帝国的辉煌。

罗斯福不想给斯大林留下英美两国联合起来向苏联施压的印象。

罗斯福甚至曾对儿子埃利奥特说："殖民体系意味着战争。"当丘吉尔质疑他"在试图搞垮大英帝国"，罗斯福毫不客气地回击道："你们开发印度、缅甸、爪哇的资源，掠夺这些国家的财富，而又不给当地居民以教育、像样的生活水平和最低的卫生条件。你们做的一切，正是在否定和平的任何价值。"

在出发参加雅尔塔会议之前，罗斯福对妻子伊莉诺表示："我若能发展同斯大林元帅的个人关系，定能大有作为。"罗斯福念念不忘为人类留下一份将受益无穷的国际组织——联合国。

和1919年的美国总统伍德罗·威尔逊一样，罗斯福总统坚信人类需要一个超国家的有效国际组织来规定国与国交往的基本准则，制止战争，制裁或出兵打击未来的侵略国。威尔逊总统倡议成立的国际联盟，在德意日法西斯的侵略扩张面前一无所成，最终以悲剧而告终。罗斯福要避免自己重蹈威尔逊总统的覆辙。

罗斯福坚信正义、法律、道义的力量，但也承认大国在国际事务中举足轻重的作用。因此他认为美国需要苏联的合作，一道携手共造和平。

罗斯福的愿望在他去世后实现了。1944年8月21日至9月28日，美英苏三国代表于美国华盛顿的敦巴顿橡树园进行谈判，签署了关于建立维护和平与安全的普遍性国际组织的"建议草案"。1945年4月25日，50个国家的代表在美国旧金山召开联合国成立大会。经过两个月的讨论协商，于6月26日一致通过了联合国宪章，成立了联合国组织。

25架大型运输机载有700余名英美两国政府要员，经过7个半小时的飞行，穿过南斯拉夫、保加利亚和罗马尼亚，在苏联克里米亚的机场着陆。随后，早就在机场等候的苏联外交人民委员莫洛托夫陪着丘吉尔和罗斯福驱车前往130千米以外的雅尔塔。

战后德国的处置

三巨头会议在雅尔塔的利瓦吉亚宫举行，这是沙皇尼古拉二世在1911年兴建的避暑行宫。十月革命后，利瓦吉亚宫被改造成劳动者结核病疗养院。这个宫殿融合哥特风格和摩尔风格，典雅豪华。里面的家具全部是苏联工作人员专门从莫斯科大饭店运来的。

2月4日，斯大林乘火车抵达雅尔塔，下午3点，先去拜访了丘吉尔。两人对苏德战场的形势交换了看法。斯大林告诉丘吉尔：苏军正与德军在奥得河东岸激战，用不了多久就可以渡过奥得河。斯大林还说："德国所有能征善战的将军都被希特勒处决了,只剩下古德里安。希特勒是个铤而走险的亡命徒,此时还把11个装甲师留在布达佩斯。难道他不知道,德国过不了多久就不是强国了,再不能四处派兵了?"

然后,斯大林向丘吉尔告辞,前去拜会罗斯福总统。两人还是先谈德国,罗斯福说:他对克里米亚遭到的破坏大为震惊,比一年前更痛恨德国人了。斯大林说每个人都痛恨德国人。他们"是野蛮的畜生,似乎对人类创造的一切精神文明都有刻骨仇恨"。

两人还聊起戴高乐。罗斯福对这位自命不凡的法国首脑很有些厌烦。斯大林则说戴高乐太不现实,法国在战争中没打什么仗,却要求战后同美国、英国和苏联平分秋色。罗斯福悄悄告诉斯大林,戴高乐在卡萨布兰卡会议上还把自己比做法国当代的贞德。

与永远彬彬有礼的丘吉尔相比,斯大林对罗斯福的印象要好得多。

斯大林向罗斯福转述了戴高乐对自己说的话:莱茵河是法国的天然边界,希望法国军队永远驻扎在莱茵区。罗斯福对斯大林说,丘吉尔希望法国战后能在莱茵区驻军20万人,自己则重整军队。罗斯福还说了一些英美在划分德国占领区时的分歧。

下午5时,三国举行第一次全体会议。包括三巨头在内的10位美国领导人、10位苏联领导人和8位英国领导人围坐在圆桌旁,开始了具有历史意义的会议。会议进行了两个小时。

会议之后,罗斯福总统举行晚宴,招待英苏两国政府首脑、外长和首席顾问。宴会上丘吉尔发表祝酒词:"全世界在注视着我们。如果我们的会议圆满成功,数百年的和平将继之而来。我们三大国为这次战争付出了巨大的代价,做出了无以伦比的贡献,我们应该维护和平。"

2月5日下午4时,第二次全体会议开始,罗斯福提议讨论有关德国的政治问题,即分割德国问题。

在之前的欧洲协商委员会上,苏、美、英三国代表就讨论过这个问题,并建议将德国分为英、美、苏三国占领区。美国财政部长摩根索曾提出一个计划,建议将德国分割为7个邦,变成一个农牧业国家。罗斯福倾向于赞同这个主张。

在德国问题上,斯大林的看法与罗斯福相似,也主张分割德国,于是想把分割德国的方案确定下来。但丘吉尔坚决反对制定分割德国的方案,他说自己对这个问题还未准备充分。最后罗斯福提出一个折中方案,将是否分割德国的问题交给英国外交大臣和苏美驻英大使组成的委员会去解决。

随后就是关于法国占领区的问题了。丘吉尔像法国的保护人一样，立刻站起来："法国人想要一块占领区，我准备奉送他们一块，甚至会很高兴地给他们一块英国的地盘。"丘吉尔表面上在为法国考虑，实际上却是在打自己的算盘：欧洲大陆的传统均势已被破坏，英国需要法国、甚至德国来抗衡苏联。所以丘吉尔不仅要给法国一块占领区，还要为法国争取在对德国管制委员会和联合国中与三大国平等的地位。

丘吉尔问罗斯福："我不知道美国能同我们一起占领德国多久。"罗斯福立刻答道："2年。"丘吉尔最担心的事终于发生了，他仿佛挨了一记耳光。斯大林则两眼放光，他请罗斯福再确认一遍，罗斯福说："期限是2年。为了和平，我可以得到美国公众和国会的绝对合作，但不能耗费巨资在距美国3000英里的欧洲长期驻军。"

丘吉尔极力为法国争取利益，他说："不管怎么样，我们需要法国的帮助。"罗斯福却不冷不热地说道："只要法国人不在发号施令的岗位上就行。"斯大林听出罗斯福在支持他，就兴冲冲地说："我希望法国强大起来，但别忘记，法国向德国敞开了大门……管制德国只能由那些从战争一开始就反对德国的人来做。法国不在其列。"

丘吉尔想反问："战争开始时苏联在干什么？"但还是把话压了下去，道："战争爆发时我们都极其困难。但法国必须有重要的地位。我们反对德国人时最需要法国人。当美国人撤回国时，我们就得想想未来了。"

这时霍普金斯给罗斯福总统递了一张字条，上面写道："1.法国已在欧洲协商委员会之内，现在的主要问题是德国问题。2.答应给法国一块占领区。3.推迟关于德国管制委员会的决定。"

罗斯福看罢，建议说给法国占领区，但将管制委员会问题留在以后讨论。斯大林同意。三人最后决定以后研究。

事实上，后来三国签署的雅尔塔协议，就未来德国的处理问题表述得相当含糊。

尾声：日本投降

一、重返菲律宾之战

盟军突破"太平洋防波堤"——马里亚纳群岛

战争双方通过三年的较量，双方实力越来越悬殊。日本战败已成定局。尤其是美军占领马绍尔群岛和对特鲁克的袭击以后，使日本统治集团感到：敌人反攻的速度在不断加快，随时都有可能被盟军攻陷的可能。

为了改变战争的不利局势，日本大本营决定立即加强中太平洋的防御。1944年2月，联合舰队司令部从特鲁克迁到帛琉。同时，水上飞机主力的前哨基地也迁到帛琉。2月中旬，直属大本营的第1航空舰队开到南洋和菲律宾一带。

接下来，大本营相继成立了由小烟英良任司令官的新编第31军、由南云忠一任司令的中太平洋舰队、由小泽治三郎任司令官的第1机动舰队。日本当局可谓做足了充分的战斗准备。

4月间，当日本侦察机在加罗林群岛发现美国航空母舰突击队之后，联合舰队司令部又从帛琉群岛迁往菲律宾南部的达沃。

5月3日，日本大本营向丰田副武发出"阿号作战"命令。命令决定集中大部分的决战兵力，一举消灭敌人的舰队，挫败敌人的进攻意图；预定以5月下旬为目标，在从中太平洋至菲律宾及澳大利亚北部一带海域捕捉敌人舰队的主力。

与此同时，美国舰队也做好了进击马里亚纳群岛的准备工作。3月底，美国第58航空母舰特混舰队向加罗林群岛西部进发，准备去袭击日本联合舰队的新基地帛琉群岛。4月初，第58特混舰队对帛琉进行了第一次打击，几乎炸毁了地面上所有的飞机，炸沉了停泊在港内的大小舰只，并对附近的雅浦等小岛进行了袭击，然后安然返航。

4月中旬，第58特混舰队再次出动，直接支援麦克阿瑟部队攻打荷兰底亚。

6月6日，即欧洲盟军在诺曼底登陆这一天，斯普鲁恩斯指挥的美国第5舰队从马绍尔群岛的马朱罗基地起航，以米彻尔为司令的第58航空母舰特混舰队为先导，紧接着是由535艘舰艇组成的两栖作战部队，载有12.7万名地面作战部队的官兵向西北方向进发，直指马里亚纳群岛。

6月11日，米彻尔命令他的舰基飞机猛烈袭击马里亚纳南部诸岛。由于日本在中太平洋的一部分飞机被调到哈马黑拉岛保护比亚克去了，因此，敌人飞机损失惨重。

6月13日，米彻尔派出7艘新型快速战列舰去轰击塞班岛和附近的提尼安岛。14日，他又派出2个航空母舰特混大队去袭击硫磺岛和乳岛的飞机场，以切断日本本土同马里亚纳群岛的空中交通联系，从而完全孤立马里亚纳。

美国第5舰队于6月中旬进攻马里亚纳群岛，完全出乎日本大本营意料之外，他们估计盟军将在6月以后发动攻势。所以，日本海空军的一部分兵力还在新几内亚西部同麦克阿瑟的部队争夺比亚克岛。

6月13日，当美国海军对塞班和提尼安岛实行炮击以后，形势已基本上明朗了。当天晚间，日本联合舰队总司令丰田副武发出命令，要部队根据"阿号作战"计划准备决战，同时还命令在新几内亚西部作战的部队返回原驻地。

6月15日凌晨，美军开始在塞班岛登陆。这一天，日本大本营还把停放在横须贺的海军航空兵的120架飞机拨归联合舰队，丰田便用这批飞机组成八幡航空队，调往硫磺岛，由第1航空舰队指挥。

小泽治三郎指挥的日本第1机动舰队于6月13日接到了准备决战的命令，便电令参加比亚克岛战斗的几个分舰队向他集中。6月16日，在帛琉群岛北面的公海上，小泽与他们会师。

这时，由9艘航空母舰为中心的日本第1机动舰队便向东航行，直指马里亚纳群岛。

6月19日天明，日本舰队到达塞班岛西面海域，小泽决定在这里击溃美国的航空母舰和其他舰只。

6月18日下午，美军情报部门得知，日本机动舰队在美国舰队西南570千米处。斯普鲁恩斯在和参谋们讨论了1小时之后，决定不去迎击敌人。他在命令中说："我们的主要目标是攻下、占领和守住塞班、提尼安和关岛。其余任何事情都必须服从这个主要目的。"在这种情况下，第58特混舰队主要是掩护部队，保护塞班岛的滩头阵地。

6月19日清晨，美国舰队派出33架飞机去袭击关岛。这时岛上的日机正准备去进攻美国第58特混舰队,于是双方便展开一场短促的空战。美机击毁日本战斗机30架,轰炸机5架。

19日晨6时许,第58特混舰队改变了方位,开向西南,等待迎攻。到上午10时,美舰雷达发现240千米处有飞机从西面飞来。第58特混舰队稳步地开去迎战,出动所有可用的战斗机,总共450架以上。接着米彻尔又命令所有的轰炸机和鱼雷轰炸机起飞,去轰炸关岛的机场,使日本飞机无法再利用它们。

在先后持续8小时的激烈空战中,日本第1机动舰队的飞机损失惨重。在空战正酣时,有15架日机同时中弹起火,像燃烧着的火鸡一样慢慢坠入海中。美国飞行员得意地把这次空战叫做"马里亚纳打火鸡"!

小泽的旗舰、重型航空母舰大凤号和另一艘航空母舰翔鹤号被美国鱼雷击沉,人员损失很多。小泽命令舰队向西北方向撤退,以便加油,并准备在第二天再战。

6月20日,美国舰队到处搜索日舰,到16时才获悉,日本舰队在第58特混舰队西北350千米处,向西航行。16时30分,米切尔命令216架美机起飞追击日本舰队,并炸沉航空母舰飞鹰号,炸伤另外2艘和战列舰、巡洋舰各1艘,击落日机40架。

在持续2天的菲律宾海战中,美国损失飞机100架。日本舰队遭到惨败。陆基飞机丧失殆尽。参战的360架舰载飞机只剩下25架。更为惨痛的是,参战的几百名飞行员也同飞机一起葬身海底,这是短期内无法弥补的损失。

日本舰队在菲律宾海的惨败,为美军占领马里亚纳主要岛屿大开了方便之门。

攻破日本防卫大门——塞班岛

塞班岛一年四季都是夏天,终年遍地鲜花,是南海的乐园,是最优美的旅游、疗养胜地。它的面积为120平方千米,距东京两千多千米,笠原群岛七百多千米,是第一次世界大战后日本委任统治地的政治中枢。塞班岛的战略位置十分重要,占领了它,就等于攻破日本的防卫大门。如果从岛上机场出发,美国的超级空中堡垒飞机便可以直接轰炸日本本土。

在塞班岛上担负防守任务的是司令官小烟英良率领的第31军。而小烟英良当时出差,不在岛上,由第43师团长斋藤义次中将指挥。中部太平洋方面舰队司令长官南云忠一海军中将和第6舰队司令长官高木武雄中将也在岛上参加指挥。

日本陆海军首脑在连续惨败之余，已经乱了手脚，意见出现分歧，一会儿把右边的兵力往左调，一会儿又把左边的兵力往右调。再加上战线拉得太长，陆军和海军的实力都在锐减。而且在塞班岛这样重要的战略要地，防卫兵力甚少，野战阵地构筑得也不完整。

塞班岛上日本守军计有陆军27500人，海军1万人，兵力不足。为了拼死挣扎，岛上的日本冲绳县人、朝鲜人共2.1万余人及岛上原住民4000人，也全部被征集来参加战斗。

日本陆军第43师团是在1943年7月新组成的，原驻防在名古屋附近。5月9日，主力由名古屋港秘密出发，5月19日到达塞班岛。第二次输送一个联队共4000名，途中运输船被击沉，只有约1000名士兵在海上漂浮中遇救，6月9日才到达塞班岛。这个师团能够担当防卫的只剩下1.3万了。

由于塞班岛海岸边都是珊瑚礁，土质疏松，很不牢固。再加上时间仓促，建筑材料不足，粮食和弹药的准备都不充分，防卫能力十分单薄。

在第43师团后续部队到达塞班岛的第4天，6月11日午后，美舰载机200架猛烈轰炸塞班岛，140架轰炸提尼安岛，140架轰炸关岛。

第二天早晨，480架美机铺天盖地飞临塞班岛上空，炸弹密如雨下，把塞班岛的中心城镇加拉潘大部分夷为灰烬。

6月13日，又有120架次飞机轰炸港湾、飞机场，并把新构筑的阵地变成弹坑，塞班岛周围已被美军的战舰完全包围。

紧随飞机轰炸以后，美军舰炮开始轰击的目标是海岸炮台、高射炮阵地、物资储存处、防御阵地等，连续炮击三昼夜，对岛上的破坏程度是太平洋战争中过去所未曾有过的。塞班岛上的椰子林全部烧光，露出地面的阵地全被炸平，日军司令部和各部队之间的通讯线路全被切断，指挥机陷于瘫痪。

从6月15日黎明，美军舰炮猛烈射击两小时后，大编队飞机向登陆预定海岸的第二线阵地进行地毯式轰炸，从海上的航空母舰上起飞的"复仇者式"飞机进行最后一轮轰炸。当天傍晚，美军冒着持续不断的日军炮火，已有两万多海军陆战队连同重武器登陆成功。

美海军斯普鲁恩斯将军为总指挥官，荷兰德·史密斯海军中将指挥登陆部队共约6.2万兵力，准备一举攻占塞班岛。

16日，精锐的后续部队继续登陆，不断扩大占领地域。此次登陆战，2万名美军共死伤约2500余人。防守部队由斋藤义次师团长指挥疯狂反扑，都被美军强大炮火和坦克的火力压垮，迫使日军主力部队节节后退。

到17日傍晚，日军防守部队已伤亡一半以上，第一线主力部队已基本被消灭，剩余日军只好撤退到山地的地下阵地中去。

塞班岛中部有一座塔波乔山，地形非常复杂。日军在山内修筑洞窟阵地，构筑四通八达的要塞，给进攻的美军造成很大困难。

美步兵第27师的两个团遇到日军顽强抵抗，连续三天不能前进一步。6月23日以后，美军加强攻势，在连续的炮击掩护下，美军发起立体进攻，日军潜伏在洞窟内顽强抵抗，战斗非常激烈。26日傍晚，美军占领塔波乔山，继续北进，30日占领塞班岛上最大的水源地，7月3日占领加拉潘市区。

6月26日，美装甲部队突破日军严密防线，占领塔波乔山山顶。部分残余日军仍躲在山北麓进行顽抗。

美军三个师由南向北稳步推进，日军的抵抗越来越顽强，决心死守。美军的伤亡也很大。美总指挥官特纳少将对进攻速度太慢很不满意，决定亲临阵前指挥，战况十分激烈。

7月7日傍晚，日军已只剩下3000多人，其中还包括伤病员在内。到这时，日军向美军阵地发起自杀性的总攻击，发了疯的日军一面高喊万岁，一面往前冲，直至死亡殆尽。守军指挥官斋藤义次中将自杀。偷袭珍珠港的联合舰队司令官南云忠一中将也在岛上用手枪自杀。

据战后统计，塞班岛上日本陆海军共有约44000名，战死41000多名。两万多非战斗员中，有日本人、朝鲜人，有些被强迫自杀，有些被日军处死，共死亡8000到10000人。这次战役中，美军也付出了很大代价，战死2053人，受伤及失踪约13000人。

美军在拿下塞班岛和打垮了日本舰队的空军之后，便取得了马里亚纳地区的制空权。

东条英机内阁垮台

1944年初，日本伊势神宫社务所收到一封来信，这封信是堺市金冈陆军医院内的一位伤残军人写来的，表达了受压迫受奴役的日本人民再也不能忍受东条等一小撮军国主义分子的欺凌了。信中这样写道：

"日本战败，我希望看一看天皇成为美国俘虏、成为奴隶时的模样。喜好战争的日本，命中注定要遭到老天爷的惩罚，一定失败。立即和美英握手拯救一亿国民吧！只有这样做，才能使我们的丈夫、儿子、父亲不再被运往战场，不再在空袭下担惊受怕，肚子也能吃上一顿饱饭。我们厌恶战争，东条英机是不是第二个平清盛呢？"

平清盛是日本历史上源平之战的战败者，在此把东条英机比作平清盛第二，可见日本国民对他的愤怒。东条英机内阁执掌日本朝政两年四个月，最初任首相兼陆相兼内相，后来还兼外相、文部大臣、商工大臣，到1944年2月，又兼任参谋总长，集军政大权于一身，专横独裁无以复加。

及至塞班岛全军覆没，太平洋的制海权、制空权完全落入盟军之手，不仅是日本国民怨声载道，甚至连朝野上下都迫切盼望东条早日下台，于是，日本统治阶层内部也发生了倒东条英机运动。

日本统治阶层内部倒东条的运动发生在1944年2月特鲁克等岛屿被空袭的时候。这座"不沉的航空母舰"变成日军的墓地，形势严峻。紧急关头，日本大本营内部的军务局长、作战科长、战争指导科长等主要决策人员一致认为，当时已经很难依靠作战来挽回败局了，应该讨论结束战争的办法了。

7月3日，大本营第一部作战指导课长松谷诚大佐在陆军大臣室向东条陈述了大家的意见，并且指出德国一旦崩溃，日本也应该考虑结束战争。在战况最不利的情况下，只要能保持国体不改变就可以了，并建议派特使去苏联，加紧对苏外交。

对于东条来说，谁胆敢提反对意见就整谁，这已成为惯例。松谷的直言让他大为不悦，第二天便下令把松谷贬到中国派遣军去当参谋。在这种淫威之下，再没有人敢提出结束战争的建议了。

由于海军内部和众多元老重臣都对东条指导战争处理国务感到失望。7月17日下午，陆军部召集两位次长、次官、军务部各部长会议，讨论今后的战争指导方针，会议共提出四条可供选择的方案：

1.不管后果如何，年内动员所有力量进行决战；2.年内把主要国力和战斗力投入到决战中去，尽可能保证国内有自给存活的能力；3.兼顾作战和国内存活两个方面；4.以自给存活为重点，尽最大努力作战。

日本陆军内部高级干部对战局政局的忧虑已无法克制，纷纷要求东条辞职，日本政局更加不稳。当天，陆军部次官富永恭次把陆军部会议的内容如实报告给东条，要求他不再担任参谋总长，主张由梅津美治郎继任。

7月17日零时20分，东条改组内阁的方针遭到重臣会议否决。17日晚，内务大臣木户把重臣会议要求东条内阁下台的信息直截了当传达给东条。

18日上午10时，东条召开内阁会议，决定内阁全体辞职。19日新内阁成立,由朝鲜总督小矶国昭陆军大将任首相,杉山大将任陆相,米内光政海军大将任海军大臣。

8月19日,裕仁天皇出席新内阁首届最高战争指导会议,在判断世界形势方面,承认德国已经失败的事实,但回避讨论如何收拾本国战局的问题。会议认为,不管欧洲形势如何演变,日本一定要倾注全力击溃敌军,为完成最终战争目的而奋斗。

然而,对新内阁的夸张语调和一厢情愿的梦想,日本政府和大本营都处于六神无主的状态。

中国战场的形势发展对日军也越来越不利。日本打不赢已是定局,诱降蒋介石已不可能。一百多万日本军队被困在中国战场抽不出身来,极大地支援了美英盟军在太平洋战场上的战斗。对苏外交也严重受挫。

小矶首相试图与中国政府谈判停战事宜,以便从中国战场腾出手来挽救局势。对此,不仅中国政府不理睬,日本国内也极少有人支持。这是一个短命的内阁。

莱特湾海战

盟军突破了日本的"太平洋防波堤"的防御线,从此可以任意选择进攻目标,轰炸,甚至在日本本土登陆,从根本上改变了日本的战略态势。而以对外掠夺和海上运输为基础的日本战争经济的弱点日益暴露,战略物资储备已消耗殆尽,经济实力日渐衰落。

在这种新形势下,日本大本营于1944年7月21日做出如下决定:

1. 加强菲律宾、中国台湾、琉球群岛、日本、千岛群岛这一水域的第一道防御线;

2. 进行准备工作,以防敌人一旦在这条防御线的任何地方发动进攻时,都能集中陆海空军力量阻截和消灭敌人;在这条防线上的作战统称"捷号作战"。

遵照大本营的指示,各个方面军的司令官命令部队做好决战准备。

8月4日,日本联合舰队得到指示,应在菲律宾方向作战,在决定性的海战中打垮敌人。日方配备了三个舰队迎击美军的进攻。第1机动舰队配置7艘航空母舰,第2舰队拥有5艘战列舰和11艘重巡洋舰,第5舰队有3艘巡洋舰和7艘驱逐舰。

美军这时在太平洋上已拥有海空军优势,可以任意选择进攻目标。但陆军上将麦克阿瑟和海军总司令意见不一,各有主张。前者要迅速占领菲律宾,后者认为要取得达沃空军基地。二人僵持不下,参谋长联席会议也感到棘手。

1944年7月底，罗斯福跑到珍珠港亲自出面协调。他召集这两员大将开会，希望找到陆、海军都能接受的战略决策。会上，麦克阿瑟向罗斯福力陈占领菲律宾的政治和军事意义，这位总统也表示信服。

1944年8月，尼米兹命令美国第3舰队司令哈尔西从南太平洋北上，接替斯普鲁恩斯指挥中太平洋舰队，并计划参加即将到来的对菲律宾的进攻。为了给进攻菲律宾的部队准备前进基地和后勤供应基地，哈尔西的部队要在1944年9月15日拿下加罗林群岛西部的帕琉群岛，占领帕琉群岛和马里亚纳群岛之间的犹里斯珊瑚岛。

9月间，根据尼米兹的命令，第5舰队、第5两栖作战部队司令和地面部队指挥官分别由哈尔西、西奥道、威金逊和盖格担任，同时第5舰队改称第3舰队。海军中将米彻尔仍然指挥快速航空母舰特混舰队，其番号由"第58"改为"第38"。

1944年9月初，美国第3舰队司令哈尔西在他的旗舰"新泽西号"上与第38特混舰队会师，并开始对菲律宾中部进行空袭，以便对即将进行的进攻摩罗泰岛和佩列流岛给予战略支援。空袭结果令人满意。

1944年9月15日，美国西南太平洋部队和中太平洋部队协同一致，对日军控制的2个岛屿摩罗泰和佩列流发动进攻。西南太平洋的第7两栖作战部队越过了重兵防守的哈马黑拉岛，运载2.8万名部队，突然袭击，一举攻下了摩罗泰岛。岛上日本守军几百人仓皇逃入山中。

9月间，美军还占领了附近的小岛安戈尔和东北部的犹里斯岛。这2个小岛也作为空军基地和后勤基地，为进攻莱特提供了方便。

1944年9月和10月上旬，美国第3两栖作战部队集结于马努斯，第7两栖作战部队集结于荷兰底亚，准备向莱特发动进攻。与此同时，盟国空军也广泛出击，以孤立莱特。

10月17、18日，美军先头部队便在莱特湾两岸的小岛上登陆，以掩护大军的进攻。

10月20日凌晨，美军运输舰开进莱特湾，直指攻击目标——莱特首府塔克洛班附近，另一支部队进抵塔克洛班以南27千米的杜拉格附近。在对海岸进行了最后的炮击之后，部队分乘各种登陆艇，包括两栖坦克，冲向海滩。日军大多退到西北部山区事先准备好的阵地，抵抗微弱；美军伤亡很小。与进攻太平洋上其他岛屿相比，莱特登陆非常顺利。

到20日日暮时，6万名进攻部队和10万吨物资和装备已经上了岸。莱特湾两岸的滩头阵地都扩大到1.6千米以上，塔克洛班飞机跑道也落入美军手中。

在第1批部队登陆莱特后几小时，麦克阿瑟在菲律宾总统奥斯敏纳陪同下，乘一艘登陆艇驶向岸边。但因码头太小，舰艇太多，无法泊岸。麦克阿瑟不得不跳到水中，趟着齐膝深的海水走到岸上。他立即向所有的菲律宾人发表广播演说："菲律宾人民！我回来了！……"

麦克阿瑟在莱特登陆出乎日本陆军中将铃木宗作的意料之外。10月17日，当丰田得知美军先头部队已在莱特湾登陆时，他马上命令日本机动舰队分4路向菲律宾进军。18日下午，停泊在林加岛的栗田健男指挥的第1突击舰队从北面进入莱特湾，以打击美国舰队，在滩头附近攻击美国两栖部队的运输舰只。

栗田舰队的其余舰艇由西村祥治率领，开向莱特湾的南口，从南部打击美军，配合栗田南北合击。

停泊在琉球群岛北部天见岛的志摩清英的第2突击舰队在接到丰田命令后，立即南下莱特湾南口，与西村合作，打击美军。

泊在日本内海的小泽治三郎的主力舰队也迅速南下菲律宾海域，其任务是引诱美国第3舰队离开莱特湾附近到公海来决战，使美国运输舰只无人掩护，好让栗田等突击舰队进攻。

这时，美国第3和第7舰队实力雄厚，水面舰只和舰载飞机都占优势。

在10月23日到26日，连续4天的海战中，美国舰队共击沉日本战列舰3艘，航空母舰4艘，轻、重巡洋舰10艘，驱逐舰9艘。此时日本海军已经名存实亡。美国方面损失伤亡相对较小，莱特湾海战是美国海军的一大胜利。

美军重返菲律宾

日本舰队在莱特湾海战中惨败之后，岛上的陆军却进行着顽强的决战。直到1945年1月1日，美军在极为艰苦的战斗中才迫使日军逐渐后退，莱特战役基本结束。

还在莱特战役期间，美军就在民都洛岛登陆，以便取得进攻吕宋的基地。进攻吕宋的日期定为1945年1月9日，克鲁格指挥的第6集团军负责进行这个战役。艾奇伯格指挥的第8集团军接防莱特、萨马和民都洛，并准备肃清吕宋以南诸岛的日军。

澳大利亚第1集团军负责消灭新几内亚、新不列颠和布干维尔被孤立的日军，夺回婆罗洲（现名加里曼丹）及其丰富的油田。第6集团军计划在仁牙因湾登陆，占领中吕宋平原，拿下马尼拉。菲律宾的游击队

-211-

要破坏吕宋南部的交通线。金凯德指挥的第7舰队定名为吕宋特混舰队，负责运输、掩护和支援登陆部队。哈尔西的第3舰队空袭台湾和吕宋北部的目标，进行战略支援。

山下奉文的第14方面军在吕宋已增至25万人。岛上只有150架日本飞机，这时日本第1航空舰队司令大西泷次郎，利用青年愿意拼命的心理，倡导神风突击战术：飞机满载炸弹对准敌舰的甲板猛扎下去，撞得机毁人亡，引起敌舰大爆炸而将其摧毁。

于是，日军中便出现一大批这种亡命徒式的"神风特攻机队"，使美国军舰遭到可怕的损失。10天之中共炸沉17艘美国舰艇，重伤20艘，轻伤30艘。但是山下失去海空军支持，孤立无援，很少有守住吕宋的希望。

为阻挠吕宋落入美军手中，山下计划进行拖延战术。他把部队分为3组：尚武集团，在北部，14万人，防止盟军从仁牙因登陆；建武集团，在中部，3万人，保卫克拉克机场设施；振武集团，在南部，11万人，保卫南吕宋。

1945年1月9日，美国第6集团军的4个师在仁牙因湾登陆，31日占领克拉克机场及其要塞等设施。2月3日美军进抵马尼拉外围，但经过1个月的苦战，美军才肃清了菲律宾首都的敌军。日军败退时恼羞成怒，残杀了数以万计无辜的和平居民。此后，吕宋的日军退往东部山中，负隅顽抗。

到1945年9月初，被困的日军纷纷向本岛的美军缴械投降。9月3日，在吕宋中北部山中苟延残喘的日本第14方面军司令官山下奉文大将和参谋长武滕章中将，在碧瑶向美军签署了投降书。菲律宾的日本侵略者彻底失败了。

1944年10月，美军在莱特登陆时，菲律宾人民抗日军为了配合盟军的攻势，对日军展开了大反攻，解放了许多地方。其中人民抗日军中的华侨抗日游击支队非常活跃，他们和菲律宾人并肩战斗，共同打击日本侵略者，用鲜血结成了战友情谊。

1945年1月，人民抗日军在八打雁进行牵制战，使美军能在仁牙因湾出敌不意进行登陆。人民抗日军还切断了日军后方重要交通线，从而加速了日军在马尼拉周围基地防御线的瓦解。

美军重返菲律宾，美国帝国主义者又重新露出他们的本来面目。他们不但不感谢人民抗日军3年抗战和协同美军最后打败日本占领军的功劳，相反却将人民抗日军视为他们独占胜利果实的最大障碍。

为了保证战后对菲律宾的控制，美国大肆镇压菲共领导的人民抗日军武装力量,同时积极扶植以 M.A. 罗哈斯为首的菲律宾地主资产阶级右翼集团。

1945年2月5日,美军按预定计划将参加攻打马尼拉的人民抗日军包围,解除其武装。人民抗日军总部人员也在2月间遭美军逮捕,后经菲律宾广大人民和人民抗日军的强烈抗议才被释放。

1945年3月3日,美军完全占领马尼拉市,菲律宾自治政府也随之宣布恢复。

菲律宾人民依靠自己的力量,通过武装斗争,付出巨大牺牲,为抗日战争的胜利做出了重大的贡献。

二战后菲律宾人民争取民族独立的运动空前高涨,美国企图修改《泰丁麦克杜菲法》,延期宣布菲律宾独立的阴谋破产。

1946年7月4日美国宣布菲律宾独立,同时,两国签订"总关系条约"和"贸易协定"(又称贝尔协定),美国保持在菲律宾的经济和政治方面享有特权地位。美国获得了在菲律宾驻军的权利,于是建立了克拉克空军基地和苏比克海军基地。